JN261976

M&A・組織再編

ストラクチャー別
会計・税務の
ポイント

太陽ASG有限責任監査法人 ■編

税務経理協会

はじめに

　近年では，競争環境の激化，市場の成熟化など，企業を取り巻く経済環境は急激に変化しています。このような中，企業が自力で成長し対応していくには限界があり，M＆Aにより他社に蓄積された経営資源を獲得・共有して適応していくことが，今日では重要な経営戦略の1つとなっています。また，グループ内組織再編によりグループ内で分散した経営資源を再配分し集中することで，グループ内でのシナジーを創出し，環境変化に対応していくことも盛んに行われています。現在，世に存在する大多数の事業会社が一度はM＆Aや組織再編を検討されたことがあるといっても過言でないかもしれません。

　このような環境の中，事業会社においてM＆Aプロジェクトのメンバーに選任された実務担当者の方々は，M＆Aや組織再編を成功に導くために，ビジネス，組織，人事・労務，システム，環境，行政，法律，財務・会計・税務等，様々な角度からの事前検討に日々奔走されていることかと思います。
　その中でも，会計・税務面では，企業結合会計，事業分離会計，組織再編税制，グループ法人税制，連結納税等，普段の日常業務ではほとんど触れることのない非常にとっつき難いルールの存在により，現在検討しているストラクチャーが，どのようなインパクトを与えるのか，他に選択肢が存在するのではないか，と非常に頭を悩まされている実務担当者も多いようです。既に企業結合会計や組織再編税制等に関する専門書は世の中に数多く存在しますが，あまりに専門的過ぎて理解できない，あまりに分厚くて手にとり辛い，そこまで詳しく理解しなくとも主な論点やその結論だけ知りたい，という方も多いのではないかと思っています。

　そこで，本書では実務上最低限検討が必要と考えられる論点や最低限知っておいた方がよいであろう論点にある程度絞り，細かな論点は敢えて省略した上で，可能な限りシンプルに理解しやすいよう図解を多く取り入れながら解説す

ることを試みています。特に，経営企画部，財務・経理部等でM＆Aを担当する方々や投資ファンドでストラクチャリングを担当する方々を念頭に，M＆Aのストラクチャー選択に際してよく使われる手法を紹介しつつ，そのストラクチャーが会計・税務にどのような影響を与えるかのイメージを持っていただくことを最優先の目的として記述しております。

　本書の構成は，以下のとおりです。
　まず基礎編では，M＆Aに関する会計・税務の基本的考え方・ポイントを解説しています。第1章では，M＆A，組織再編に際して押さえておくべき企業結合会計，事業分離会計といった会計上のポイントを，第2章ではM＆A，組織再編に際して押さえておくべき組織再編税制，グループ法人税制及び連結納税制度等の税務上のポイントを解説しています。
　次にストラクチャー編では，M＆Aにおいてよく用いられるストラクチャーごとに会計上・税務上の処理を解説しています。第3章では，企業買収や経営統合でよく用いられるストラクチャーの会計・税務について，図表を交えながら解説しています。また，第4章では，グループ内組織再編においてよく用いられるストラクチャーの会計・税務について，グループ内事業統廃合，持株会社化及び完全子会社化の3つに分けて解説しています。

　本書がM＆A検討の初期段階において，ストラクチャー選択の端緒として，読者の一助となれば幸いです。

　最後になりましたが，本書の執筆にあたりまして多大なご協力とご配慮をいただきました㈱税務経理協会の新堀博子氏に，この場をお借りして感謝申し上げます。

2012年9月

執筆者一同

目　次

はじめに

基　本　編

第1章　企業結合会計・事業分離会計のポイント ……………2

- 1　企業結合会計のポイント …………………………………………3
  - 1　基本的な考え方…………………………………………………3
  - 2　取得（パーチェス法）の会計処理……………………………6
  - 3　共通支配下の取引等の会計処理………………………………18
  - 4　共同支配企業の形成の会計処理………………………………20
- 2　事業分離会計のポイント …………………………………………23
  - 1　基本的な考え方…………………………………………………23
  - 2　分離元企業の会計処理…………………………………………27
  - 3　被結合企業の株主の会計処理…………………………………32
  - 4　結合企業の株主の会計処理……………………………………35
  - 5　分割型会社分割における分割会社の株主に係る会計処理…38
- 3　今後の企業結合会計の方向性 ……………………………………39
  - 1　国際財務報告基準と日本基準の動向…………………………39
  - 2　企業結合に関する国際財務報告基準と日本基準の差異……39

第2章 組織再編税制・グループ法人税制・連結納税制度等のポイント……43

- 1 組織再編税制・連結納税制度等・その他税制のポイント…44
- 2 組織再編税制…………………………………………………44
    - 1 基本的な考え方……………………………………………44
    - 2 税制適格・非適格の判定…………………………………44
    - 3 税務処理……………………………………………………50
- 3 グループ法人税制……………………………………………65
    - 1 基本的な考え方……………………………………………65
    - 2 完全支配関係………………………………………………65
    - 3 グループ法人税制の主な内容……………………………66
    - 4 グループ法人税制と組織再編税制の関係………………71
- 4 連結納税制度…………………………………………………73
    - 1 基本的な考え方……………………………………………73
    - 2 連結納税制度における加入時の税務処理………………76
- 5 会社清算における税務処理…………………………………80
    - 1 清算法人における税務……………………………………80
    - 2 清算法人の株主の税務……………………………………82

ストラクチャー別編

第3章 企業買収ストラクチャー別会計・税務のポイント整理……88

- 1 企業買収における主なストラクチャー……………………89
    - 1 株式取得……………………………………………………90

2　吸収合併……………………………………………………………91
　　　3　吸収分割……………………………………………………………93
　　　4　株式交換……………………………………………………………96
　　　5　株式移転……………………………………………………………97
　　　6　事業譲渡……………………………………………………………98
　　　7　会社分割＋株式取得……………………………………………… 100
　　　8　事業譲渡＋株式取得……………………………………………… 101
　　　9　企業買収のストラクチャー別メリット／デメリット（まとめ）… 102
　　　10　企業買収における実務上の留意点……………………………… 104
　2　企業買収におけるストラクチャー別会計・税務……………… 106
　　　1　株式取得に関する会計処理・税務処理………………………… 106
　　　2　吸収合併に関する会計処理・税務処理………………………… 110
　　　3　吸収分割に関する会計処理・税務処理………………………… 118
　　　4　株式交換に関する会計処理・税務処理………………………… 124
　　　5　株式移転に関する会計処理・税務処理………………………… 129
　　　6　事業譲渡に関する会計処理・税務処理………………………… 134
　　　7　会社分割＋株式取得に関する会計処理・税務処理…………… 137
　　　8　事業譲渡＋株式取得に関する会計処理・税務処理…………… 144

第4章　グループ内組織再編ストラクチャー別会計・税務のポイント……………………………………………………151

　1　グループ内組織再編における主なストラクチャー……… 152
　　　1　グループ内事業統廃合…………………………………………… 152
　　　2　持株会社化………………………………………………………… 158
　　　3　完全子会社化（スクイーズアウト）…………………………… 162
　2　事業統廃合の会計・税務…………………………………… 166
　　　1　吸収合併（親会社が100％子会社を吸収合併する場合）の

　　　　会計処理・税務処理…………………………………………………… 166
　　2　吸収合併（親会社が子会社を吸収合併する場合（子会社に
　　　　少数株主が存在する場合））の会計処理・税務処理 …………… 171
　　3　吸収合併（子会社同士が合併する場合）の会計処理・税務
　　　　処理……………………………………………………………………… 176
　　4　吸収合併（子会社が親会社を吸収合併する場合）の会計処
　　　　理・税務処理…………………………………………………………… 182
　　5　分社型吸収分割（親会社が100％子会社に事業を移転する
　　　　場合）の会計処理・税務処理………………………………………… 187
　　6　分社型吸収分割（親会社が子会社に事業を移転する場合
　　　　（子会社に少数株主が存在する場合））の会計処理・税務処
　　　　理………………………………………………………………………… 193
　　7　分割型吸収分割（親会社が子会社に事業を移転する場合）
　　　　の会計処理・税務処理………………………………………………… 199
　　8　分割型吸収分割（子会社が親会社に事業を移転する場合）
　　　　の会計処理・税務処理………………………………………………… 206
　　9　分社型吸収分割（子会社が他の子会社に事業を移転する場
　　　　合）の会計処理・税務処理…………………………………………… 211
　　10　分割型吸収分割（子会社が他の子会社に事業を移転する場
　　　　合）の会計処理・税務処理…………………………………………… 218
　　11　無対価吸収分割（100％子会社が親会社に事業を移転する
　　　　場合）の会計処理・税務処理………………………………………… 226
　　12　グループ内事業譲渡（親会社が子会社に事業を移転する場
　　　　合－現金対価）に関する会計処理・税務処理…………………… 232
3　持株会社化 ………………………………………………………………… 237
　　1　単独新設分割に関する会計処理・税務処理……………………… 237
　　2　単独株式移転に関する会計処理・税務処理……………………… 241
　　3　グループ内株式移転に関する会計処理・税務処理……………… 245

目　次

4　完全子会社化（スクイーズアウト含む）·················· 252
　1　株式交換による完全子会社化に関する会計処理・税務処理······ 252
　2　自己株式取得による完全子会社化に関する会計処理・税務処理·· 256

付録：ストラクチャー別法的手続················· 263

基本編

基本編

第1章　企業結合会計・事業分離会計のポイント

【本章のポイント】

■　結合企業（企業結合により他の企業又は事業を獲得する企業）の会計処理は，企業結合を①結合企業による被結合企業（又は事業）の取得とみる場合，②他社との共同事業を行う場合（共同支配企業の形成），③グループ内組織再編を行う場合（共通支配下の取引等）の3パターンに分けられます。

■　企業結合を①結合企業による取得とみる場合には，結合企業の受入資産・負債は時価で評価されるとともに，取得原価との差額がのれんとして認識されます。

■　企業結合が②他社との共同事業を行う場合，又は③グループ内再編に該当する場合には，結合企業の受入資産・負債は帳簿価額で評価されます。また，企業結合直前の連結財務諸表上でのれんが計上されている場合，及び少数株主（②③のケース）又は共同事業者（③のケース）に対して結合企業の株式を発行するような場合を除き，基本的にのれんは発生しません。

■　事業分離に伴う被結合企業（分離元企業），被結合企業の株主，結合企業の株主の三者の会計処理については，事業分離会計基準において規定されています。

■　事業分離会計基準では，分離事業の「対価の種類」と「継続的関与の有無」の2点により，分離事業に対する投資が継続しているか，清算されたかに場合分けしています。そして，分離事業に対する投資が継続していると考えられる場合には移転（交換）損益を認識せず，分離事業に対する投資が清算されたとみられる場合には移転（交換）損益を認識することとしています。

1 企業結合会計のポイント

❶ 基本的な考え方

① 企業結合に関する会計基準の体系

　企業結合に関する会計基準は、「連結財務諸表に関する会計基準」及びこれに付随する諸基準（以下，連結会計基準等），「企業結合に関する会計基準（以下，企業結合会計基準）」，「事業分離等に関する会計基準（以下，事業分離会計基準）」及び「企業結合会計基準及び事業分離等会計基準に関する適用指針（以下，企業結合等適用指針）」で構成されています。

　このうち「企業結合会計基準」は，主に結合企業側の会計処理を個別財務諸表上の処理，連結財務諸表上の処理に分けて規定しており，「事業分離会計基準」は，企業結合に関連する当事者のうち買収会社の株主，被買収会社及び被買収会社の株主の会計処理を規定しています。ただし，これらの会計基準を補足する「企業結合等適用指針」については，買収会社とその株主，被買収会社とその株主の会計処理をカバーするものとなっています。これらの関係を図示したものは【図表1-1】のとおりです。

　なお，現金対価による株式の取得，及びこれに伴い子会社化した場合の連結財務諸表作成の処理は，連結会計基準等に規定されています。

基本編

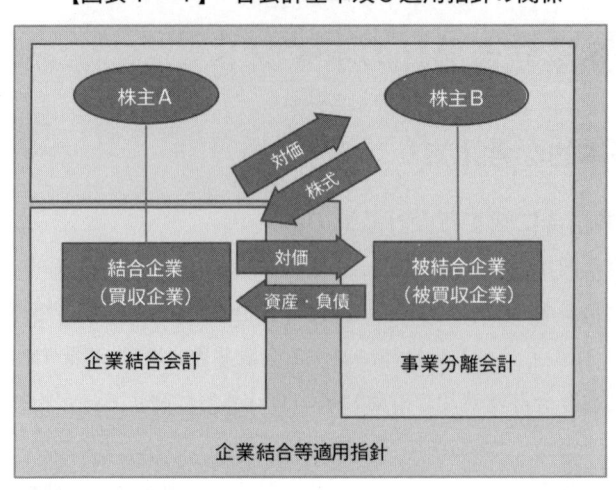

【図表1－1】 各会計基準及び適用指針の関係

② 企業結合の3類型

　企業結合会計では，企業結合を3つの類型に分類し，それぞれの会計処理方法を定めています。それぞれの定義は，【図表1－2】のとおり規定されています。

【図表1－2】 企業結合の3類型

類　型	定　　義	事　例
(ア) 取　得	下記(イ)及び(ウ)以外の企業結合	買収
(イ) 共通支配下の取引等	「共通支配下の取引」 結合当事企業（又は事業）のすべてが，企業結合の前後で同一の株主により最終的に支配され，かつ，その支配が一時的ではない場合の企業結合 「等（少数株主との取引をいう）」 少数株主から子会社株式を追加取得，又は一部売却する取引	グループ内再編
(ウ) 共同支配企業の形成	複数の独立した企業が契約等に基づき，共同支配企業（複数の独立した企業により共同で支配される企業）を形成する企業結合である（共同支配企業の形式に該当するか否かの判定フローは，「4　共同支配企業の形成の会計処理」をご参照下さい）。	事業統合

③ 企業結合会計基準における会計処理の概要

　企業結合会計では，企業結合の法的形式にかかわらず経済的実態に応じて統一的な会計処理が求められています。すなわち，企業結合会計基準では，企業結合をある企業による他の企業の支配の獲得とみて，通常の新規投資と同様に，受入資産・負債を企業結合時点における時価で受け入れ，これに付随してのれんを認識することを原則としています。この会計処理は，先行して定められた連結会計基準等において，子会社の資産・負債を時価評価することと整合するものです。

　ただし，企業結合には，パートナーシップによる合弁企業の設立のように複数の企業に支配され取得企業が1社に決まらない場合や，すでに支配下にあるグループ会社を再編する場合のように，企業結合に伴う支配権の移転がなく，企業結合の前後で経済的実態に変化のない（従来からの投資活動が継続している）場合があります。そのため，企業結合会計基準では，一定の要件を満たした場合には時価での受入れではなく，企業結合前の適正な（連結上の）帳簿価額により受入資産・負債を評価し，基本的に新たなのれんの計上による償却負担が発生しない処理も規定しています。

【図表1-3】 企業結合会計の会計処理の概要

類型（例）	企業結合会計上の区分	個別上の処理 （受入資産・負債の評価）
買　収	取　得	時　価
グループ再編	共通支配下の取引等	帳簿価額
合　弁	共同支配企業の形成	

基 本 編

❷ 取得(パーチェス法)の会計処理

① 取得の会計処理プロセスの概要

企業結合が共通支配下の取引等及び共同支配企業の形成の要件を満たさない場合,買収会社は企業結合について取得の処理を行うこととなります。取得の会計処理プロセスの概要は,以下のとおりです。

【図表1-4】 取得の会計処理プロセス

取得の会計処理プロセス		実施内容
STEP1	取得企業の決定	取得の会計処理を行う企業を特定する
STEP2	取得原価の算定	取得の対価及び取得に直接要した費用を算定する
STEP3	取得原価の配分	① 被取得企業の財務諸表の修正 　被取得企業の財務諸表が一般に公正妥当と認められる企業会計の基準に準拠していない場合,これに準拠するよう修正する ② 時価評価 　受入資産・負債を企業結合日における時価で評価する ③ その他の取得原価の配分 　識別可能資産・特定勘定を認識する ④ のれんの算定 　取得原価と資産・負債時価評価後の純資産との差額として,のれんを算定する
STEP4	株主資本の変動額の決定	引き継ぐべき純資産の部の内訳を決定する

第1章 企業結合会計・事業分離会計のポイント

【図表1-5】 STEP 2以降の取得の会計処理プロセスの全体像（吸収合併のケース）

STEP2 取得原価の算定

取得原価 = 取得の対価 + 取得に直接要した費用の合計

取得の対価と取得に直接要した費用の合計を取得原価とする。

STEP3 取得原価の配分

被取得企業のB/S修正 → 時価評価 → その他の取得原価の配分 → のれんの算定

企業結合日における時価を基礎として資産・負債の時価評価を行う。

被取得企業のB/Sに計上されていたかどうかにかかわらず、特定の無形固定資産等や取得後短期間で発生することが見込まれた費用又は損失を負債として認識する。

取得原価の配分額（資産・負債）と取得原価との差額を「のれん」として認識する。

・「正のれん」は、20年以内のその効果の及ぶ期間にわたり合理的な方法により規則的に償却する。負ののれんは発生年度の利益とする。

STEP4 株主資本の変動額の決定

仕訳イメージ

資本金／資本準備金／現金（付随費用）

取得の対価として発行した株式の時価の範囲で、合併契約書で定めた増加資本金・増加資本準備金の処理を行う。

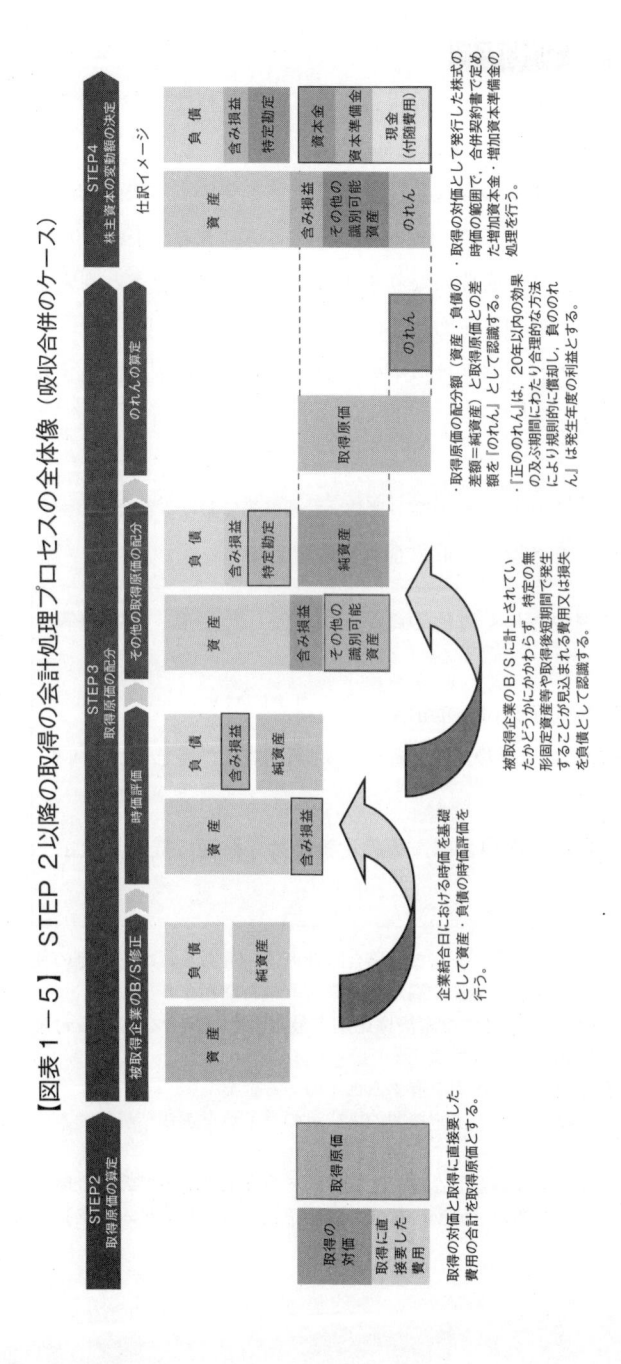

基本編

② 取得企業の決定　STEP 1

　企業結合が取得に該当する場合，まず取得企業の判定が行われます。通常は支配を獲得し親会社となった企業，又は他社（又はその事業）を吸収した企業が取得企業となりますが，法律上の存続会社が取得企業とならず，法律上の消滅会社が取得企業と判断されるケース（逆取得という：詳細は後述）がありうるため，取得企業の決定プロセスが必要になります。そして，取得企業と判定された企業において取得の会計処理が行われます。

　取得企業の決定に際しての判断基準は以下のとおりであり，以下に該当する企業が取得企業となります。

取得企業の決定基準

　原　　則：支配を獲得することとなる企業（連結会計基準等における親会社）

　不明な場合：以下の要素を考慮して取得企業を決定します。

> ・対価の種類として現金もしくは他の資産を引き渡した企業，又は負債を引き受ける企業
> ・対価の種類として株式を交付した企業※
> ・相対的な規模（例えば総資産額，売上高あるいは純利益）が著しく大きい企業
> ・結合当事企業が3社以上の場合は，その企業結合を最初に提案した企業

※　株式を交付した企業が取得企業にならない場合（逆取得）もあるため，対価の種類が株式である場合には，以下の要素を満たす企業が取得企業となります。
　・総体としての株主が占める相対的な議決権比率の最も大きい割合を占める企業（議決権内容や潜在株式の存在も考慮する）
　・企業結合後に最も大きな議決権比率を有する株主のいる企業
　・取締役など重要な経営事項の意思決定機関の構成員の過半数を選任・解任できる株主がいる企業
　・人員の派遣により取締役会等の重要な意思決定機関を事実上支配している企業
　・株式の交換条件として，企業結合直前の株式の時価を超えるプレミアムを支払う企業

③ 取得原価の算定　STEP2

取得原価の決定は，他の企業の支配を獲得するに際して取得企業が支払う対価及び付随費用の支出額の範囲を決定するプロセスです。取得原価は，買収会社が被買収会社又はその株主に支払う(ア)取得の対価と，外部アドバイザーに対する費用などの(イ)取得に直接要した支出額の合計とされています。

> 取得原価＝(ア)取得の対価＋(イ)取得に直接要した支出額

(ア) 取得の対価

取得の対価は，取引時点において引き渡した財の時価で決定されます。具体的には，現金ならば支出額，株式の交付又は負債の引受けならば，支払対価となる財の時価と取得した純資産の時価のうち，より信頼性の高い測定可能な時価をもって取得原価とします。株式交付の場合における取得の対価の算定は，【図表1－6】のようになります。

【図表1－6】　取得原価の算定のポイント

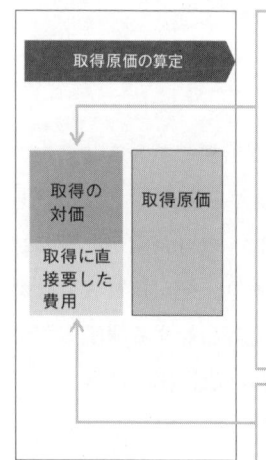

```
取得原価の算定
┌─────────┬─────────┐
│ 取得の  │         │
│ 対価    │ 取得原価 │
├─────────┤         │
│取得に直 │         │
│接要した │         │
│費用     │         │
└─────────┴─────────┘
```

(ア) 取得の対価
(1) 支払対価が現金の場合 ⇒ 現金の支出額
(2) 支払対価が取得企業の株式の場合
　① 取得企業の株式に市場価格がある場合 ⇒ 交付株式数×市場価格※1
　　※1　企業結合日における株価
　② ①がない場合で，取得企業の株式に合理的に算定された価額がある場合 ⇒ 当該評価額※2×交付株式数
　　※2　類似会社比準方式，ＤＣＦ法等が含まれる
　③ ①及び②がない場合で，被取得企業の株式に合理的に算定された価額がある場合 ⇒ 当該評価額×交付株式数※3
　　※3　交換比率考慮後
　④ ①②③のいずれもない場合 ⇒ 被取得企業の識別可能資産及び負債の企業結合日の時価を基礎とした正味の価額

(イ) 取得に直接要した支出額
　企業結合に直接要した支出額のうち，対価性が認められるものは取得原価に含める。

また，企業結合の契約により企業結合後の特定の事象の発生・取引結果に応じて追加的負担が生じるもの（条件付取得対価）や，被買収会社の株式を段階的に取得する場合がありますが，その場合の会計処理は以下のように規定されて

います。

条件付取得対価の場合

・取得の対価が企業結合契約締結後の将来の業績に依存する場合

　　条件付対価の交付又は引渡しが確実となり，その時価が合理的に決定可能となった時点で，企業結合日ののれんの修正として扱い，過年度に対応する償却分は損益処理します。

・取得の対価が特定の株式又は社債の市場価格に依存する場合

　　条件付対価の交付又は引渡しが確実となり，その時価が合理的に決定可能となった時点で，①追加で交付可能となった条件付取得対価をその時点の時価に基づき認識し，②企業結合日現在で交付している株式又は社債をその時点の時価に修正し，当該修正により生じた社債プレミアムの減少額又はディスカウントの増加額を将来にわたって規則的に償却します。

段階取得の場合

取得の対価は，支配を獲得するに至った個々の取引ごとに取得の対価となる財の時価を算定し，それらを合算したものとします。

(イ) 取得に直接要した支出額

取得に直接要した支出額は，企業結合に直接要した支出額であること，かつ取得の対価性が認められるものであるという2つの要件を満たしたものであり，このような支出額は取得原価を構成します。これは，取得企業が取得の対価の判断要素として考慮した支出額に限られたものであり，概ね被買収会社が選定された以降に発生する外部アドバイザー，株価算定等に対する報酬等です。（買収対象企業の探索など）単なる調査に関連する支出額は取得原価に含めることはできません。

④　取得原価の配分　STEP 3

取得原価の配分とは，上記 STEP 2 で把握された取得原価を，受け入れる資産・負債に振り分けていくプロセスです。このプロセスは，取得原価を何らかの配賦基準で按分するというよりは，買収会社が受け入れるべき資産・負債を時価評価し，時価評価後の純資産と取得原価の差額としてのれんを算定するプロセスであるといえます。

取得原価の配分は企業結合日以後１年以内に行う必要がありますが，後述するように時価の算定に時間を要する場合があるため，取得原価の配分が完了する前に決算を迎えた場合には，繰延税金資産・負債，土地，無形固定資産，偶発債務に係る引当金など一部の項目については決算時に暫定的に処理することが認められています。なお，その場合，その後追加的に入手した情報等に基づき配分額を確定させる必要があります。

取得原価の配分プロセスは【図表１－７】のとおりであり，さらに４つのプロセスに細分化されます。

【図表１－７】 取得原価の配分プロセス

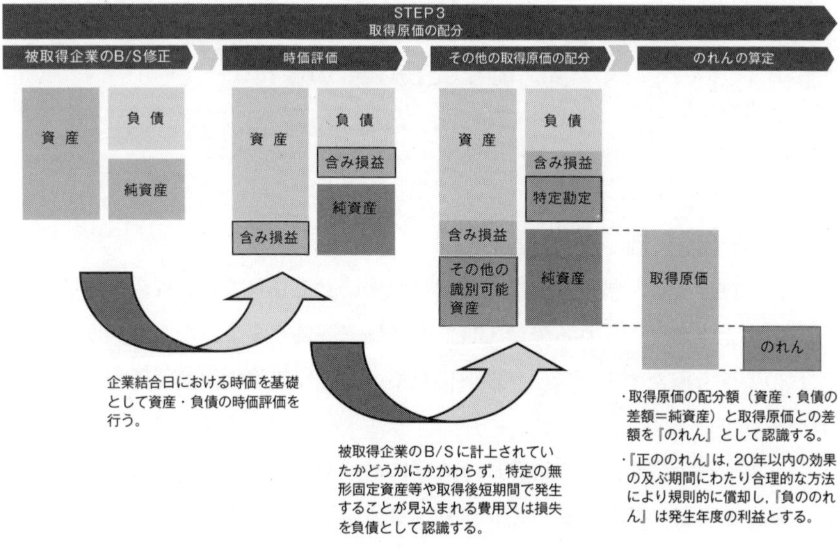
STEP３
取得原価の配分
被取得企業のB/S修正
時価評価
その他の取得原価の配分
のれんの算定
資 産
負 債
純資産
資 産
負 債
含み損益
純資産
含み損益
資 産
負 債
含み損益
特定勘定
含み損益
その他の識別可能資産
純資産
取得原価
のれん
企業結合日における時価を基礎として資産・負債の時価評価を行う。
被取得企業のB/Sに計上されていたかどうかにかかわらず，特定の無形固定資産等や取得後短期間で発生することが見込まれる費用又は損失を負債として認識する。
・取得原価の配分額（資産・負債の差額＝純資産）と取得原価との差額を『のれん』として認識する。
・『正ののれん』は，20年以内の効果の及ぶ期間にわたり合理的な方法により規則的に償却し，『負ののれん』は発生年度の利益とする。

基本編

⑤ 被取得企業の貸借対照表の修正　STEP3-①

このSTEPでは，被取得企業の財務諸表を一般に公正妥当な企業会計の基準に準拠したものや，取得企業の会計方針に合わせて修正します。

被取得企業が特に非上場企業である場合，税法基準に従った貸借対照表が作成されているケースが多いといえます。また，企業結合により取得企業と会計方針の統一が必要なケースもあります。さらには，次の STEP3-② における時価評価の例外として，一般に公正妥当な企業会計の基準に従った帳簿価額での評価が容認されるケースもあります。そのため，一般に公正妥当な企業会計の基準に準拠している貸借対照表を把握・作成する必要があります。

【図表1-8】　被取得企業の貸借対照表の修正

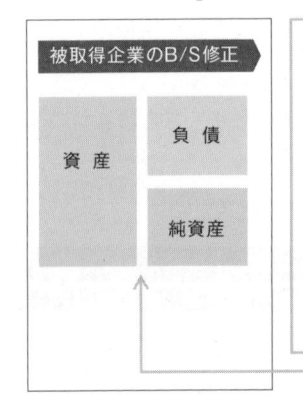

被取得企業のB/S修正	
資産	負債
	純資産

- 被取得企業を買収して子会社化した後，子会社の帳簿価額を修正し一般に公正妥当な会計基準に基づく決算書を作成することが必要になります。一般的には，以下の事項の対応が必要になります。
① 非上場企業で会計監査人非設置会社の場合には，税法基準による決算書を作成している場合が多いものです。その場合には，一般に公正妥当な企業会計の基準に準拠した決算書への修正が必要となります。
② 会計基準の採用に当たっては，親会社と統一された会計基準とすることが必要です。
③ 財務デューデリジェンス等で指摘された会計上のエラーを補正することが必要になります。

⑥ 時価評価　STEP3-②

このSTEPでは，被取得企業の貸借対照表に計上されている資産・負債のうち，取得企業が受け入れる資産・負債を時価で評価します。ただし，以下のいずれの要件も満たす場合には，被取得企業の適正な帳簿価額で評価することも認められています。

(ア) 被取得企業が，企業結合日の前日において，一般に公正妥当と認められる企業会計の基準に従って資産及び負債の適正な帳簿価額を算定していること

(イ) (ア)の帳簿価額と企業結合日の当該資産又は負債の時価との差異が重要でないと見込まれること

　実務上，土地及び有価証券の時価簿価差額，退職給付債務に係る未認識項目が含み損益として認識されるケースが多いですが，商品・製品等の棚卸資産，メーカーにおける生産設備や不動産業における建物など，業種や保有する資産の内容及び含み損益の重要度によって時価評価すべき項目を判断する必要があります。

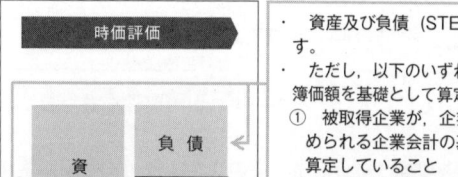

【図表1－9】　時価評価プロセス

時価評価	
資産／負債／未認識債務／純資産／土地含み益	・資産及び負債（STEP3－③参照）の時価を基礎として算定されます。 　ただし，以下のいずれの要件も満たす場合には被取得企業の適正な帳簿価額を基礎として算定することができます。 ① 被取得企業が，企業結合日の前日において，一般に公正妥当と認められる企業会計の基準に従って資産及び負債の適正な帳簿価額を算定していること ② ①の帳簿価額と企業結合日の当該資産又は負債の時価との差異が重要でないと見込まれること
	・退職給付引当金について，被取得企業において簿外となっている未認識項目（未認識の数理計算上の差異，未認識の過去勤務債務等）を取得企業で引き続き未認識項目とすることはできません。
	・土地等は時価評価により重要な含み損益が認識されます。

⑦　その他の取得原価の配分　　STEP3－③

　企業結合会計基準では，被取得企業の貸借対照表に計上されているか否かにかかわらず企業結合日において識別可能な資産・負債及び企業結合に係る特定勘定について時価で評価し認識することとしています。貸借対照表に計上されていないが，識別可能な資産となるものの例としては，法律上の権利など分離して譲渡可能な無形資産及び研究開発途中の成果があげられます。また，貸借対照表に計上されていない識別可能な負債の例としては，企業結合に係る特定勘定があげられます。企業結合に係る特定勘定とは，取得後に発生することが予測される特定の事象に対応した費用又は損失であって，その発生の可能性が

が取得の対価の算定に反映されている場合(※)に，負債として認識されるものであり，以下のすべての要件を満たすものとされています。

企業結合に係る特定勘定の要件

> ・企業結合日において一般に公正妥当と認められる企業会計の基準（ただし，当該企業結合に係る特定勘定に適用される基準を除く）の下で認識される識別可能負債に該当しない費用又は損失
> ・企業結合日後に発生することが予測される費用又は損失
> ・被取得企業に係る特定の事象に対応した費用又は損失
> ・識別可能資産への取得原価の配分額に反映されていない費用又は損失

※　取得の対価の算定に反映されている場合とは，次のいずれかの要件を満たしている場合をいいます。
　・特定の事象及びその金額が契約条項等（結合当事企業の合意文書）で明確にされていること
　・特定の事象が契約条項等で明確にされ，当該事象に係る金額が取得の対価（株式の交換比率など）の算定にあたり重視された資料に含まれ，当該事象が反映されたことにより，取得の対価が減額されていることが取得企業の取締役会議事録等により確認できること
　・特定の事象が取得の対価の算定にあたって考慮されていたことが企業結合日現在の事業計画等により明らかであり，かつ当該事象に係る金額が合理的に算定されること（ただし，この場合には，のれんが発生しない範囲で評価した額に限る）

第1章　企業結合会計・事業分離会計のポイント

【図表1-10】　その他の取得原価の配分

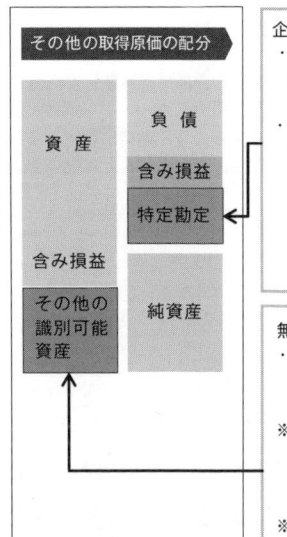

その他の取得原価の配分

資産／負債／含み損益／特定勘定／含み損益／その他の識別可能資産／純資産

被取得企業のB/Sに計上されていたかどうかにかかわらず，特定の無形固定資産等や取得後短期間で発生することが見込まれる費用又は損失を負債として認識する。

企業結合に係る特定勘定への取得原価の配分
- 取得後に発生することが予測される特定の事象に対応した費用又は損失であって，その発生の可能性が取得対価の算定に反映されている場合には，これを負債（特定勘定）として認識することになります。
- 取得の対価の算定に反映されている場合とは次のいずれかの要件を満たしている場合をいいます。
  - 契約条項等で明確にされていること
  - 取締役会議事録等で文書化されていること
  - 事業計画により明らかであること

例：人員の配置転換や再教育費用
　　割増（一時）退職金
　　訴訟案件等に係る偶発債務
　　工場用地の公害対策や環境整備費用
　　資産の処分に係る費用

無形資産への取得原価の配分
- 取得した資産に法律上の権利など分離して譲渡可能な無形資産が含まれる場合には，取得原価を当該無形資産等に配分（無形資産を認識）します。

※**法律上の権利**
　・特定の法律に基づく知的財産権（知的所有権）等の権利。
　　例：特許権，実用新案権，商標権，意匠権，著作権，半導体集積回路装置，商号，営業上の機密事項，植物の新品種等

※**分離して譲渡可能な無形資産**
　・受け入れた資産を譲渡する意思が取得企業にあるか否かにかかわらず，企業又は事業と独立して売買可能なものをいい，そのためには，当該無形資産の独立した価格を合理的に算定できることが必要。例えば，以下のものが実態に応じて分離して譲渡可能とされる場合がある。
　　例：ソフトウェア，顧客リスト，特許で保護されていない技術，データベース，研究開発活動の途中段階の成果（最終段階にあるものに限らない）等

⑧　のれんの算定　STEP 3-④

このSTEPでは，のれんの算定を行います。のれんは，以下の算式により算定されます。

> のれん＝取得原価－時価評価後の資産・負債の差額（純資産）

上記算式における時価評価後の資産・負債の差額は，前STEPの無形資産や特定勘定を含めたものです。上記計算の結果，のれんがプラスとなった場合のれんは資産計上され，発生後20年以内の一定の年数で償却されます。一方，のれんがマイナスとなった場合（負ののれん）は，のれんは発生年度の利益とし

基本編

て処理されます。

【図表1−11】 のれんの算定

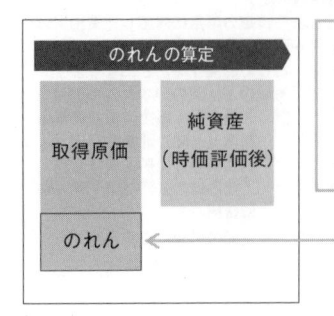

- 取得原価の配分額（資産・負債の差額＝純資産）と取得原価との差額を『のれん』として認識する。
- 『正ののれん』は20年以内の効果の及ぶ期間にわたり合理的な方法により規則的に償却し，『負ののれん』は発生年度の利益とする。

⑨ 株主資本の変動額の決定　STEP 4

最後に，取得の対価として株式を発行した場合は，発行企業の払込資本の変動額を決定する必要があります。企業結合に際して株式を発行する場合，株式発行により増加する資本金及び資本剰余金の金額は，会社法に従い合併契約書等における取得の対価の範囲内で任意に決定されますので，その決定に従って会計処理されます。

【図表1−12】 株主資本の変動額

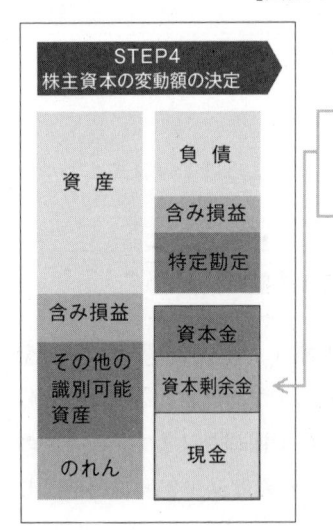

- 取得の対価として発行した株式の時価の範囲で，合併契約書等で定めた増加資本金・増加資本剰余金の処理を行う。

16

⑩ 取得原価の配分における税効果会計の会計処理

　合併，会社分割等により事業を直接取得する場合には，個別財務諸表上，一時差異等に係る税金の額のうち将来回収が見込まれる範囲で繰延税金資産・負債を計上します。

　繰延税金資産・負債の対象となる一時差異は，以下のとおりです。

- 取得原価の配分額（繰延税金資産及び負債を除く）と課税所得計算上の資産及び負債との差額
- 取得企業に引き継がれる被取得企業の税務上の繰越欠損金

　なお，企業結合により生じるのれんは，取得原価の配分の残余であり，これに繰延税金資産を認識しても同額ののれんが変動するのみで，敢えて税効果を認識する意義は薄いため，企業結合の結果発生したのれんには税効果は認識しません（税務上の資産・負債調整勘定には認識できます）。

　繰延税金資産の回収可能性の判断は，取得企業の収益力に基づく課税所得の十分性等により判断し，企業結合による影響は企業結合年度から反映させます。将来年度の課税所得の見積額による繰延税金資産の回収可能性を過去の業績等に基づいて判断する場合には，企業結合年度以後，取得した企業又は事業に係る過年度の業績等を取得企業の既存事業に係るものと合算した上で課税所得を見積もることとされています。

　取得原価を暫定処理していた場合，事業年度内に確定すればのれんの修正とし，翌事業年度であれば特別損益とします。繰延税金資産の回収見込額の修正は，事業年度内であればのれんの修正とし，翌事業年度であれば，法人税等調整額の修正とします。ただし，明らかに企業結合年度における計上の修正であれば，直接のれんの額を修正します。

⑪ 逆取得の会計処理の概要

　逆取得とは，法律上の存続会社・親会社が企業結合会計上の取得企業とならず，法律上の消滅会社・子会社が企業結合会計上の取得企業と判定される形態をいいます。【図表１－13】の吸収合併の事例の場合，法形式上はＰ社が合併

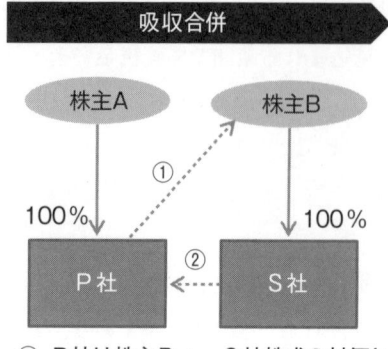

基本編

【図表１−13】 逆取得となる事例（吸収合併の例）

吸収合併

株主A → P社 100%
株主B → S社 100%
① P社は株主Bへ、S社株式の対価としてP社株式を交付。
② S社はP社に吸収される。

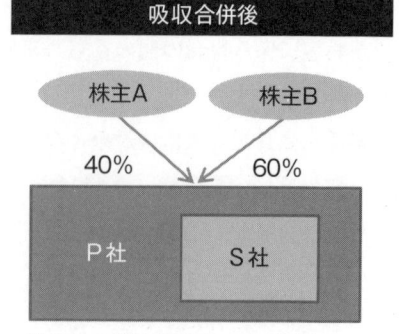

吸収合併後

株主A 40% → P社
株主B 60% → S社
株主Bの議決権比率の方が株主Aよりも大きくなるため、逆取得と判定された。

存続会社、S社が合併消滅会社となるものの、株主BにP社株式を発行した結果、株主Bの議決権比率が株主Aの議決権比率を超えることとなり、会計上の取得企業はS社とされるというケースが該当します。吸収合併のケース以外にも、株式交換、吸収分割及び現物出資の場合にも逆取得となるケースがあります。

逆取得における基本的な会計処理は、次のとおりです。

被取得企業（上記例における合併会社P社）は、個別財務諸表上、取得企業（上記例における被合併会社S社）から受け入れる資産・負債を適正な帳簿価額で評価します。一方、P社において連結財務諸表が作成される場合、連結財務諸表上は被取得企業にパーチェス法を適用し、被取得企業の資産・負債を時価評価します。吸収合併における逆取得の具体的な会計処理については、第３章をご参照下さい。

❸ 共通支配下の取引等の会計処理

① 共通支配下の取引等の範囲

「共通支配下の取引」とは、結合当事企業（又は事業）のすべてが、企業結合

の前後で同一の株主により最終的に支配され，かつ，その支配が一時的でない場合の企業結合です。支配関係の有無が要件の1つとされているため，親会社と子会社の合併，子会社同士の合併は共通支配下の取引に該当しますが，関連会社との企業結合は該当しないこととなります。

また，「等」とは，少数株主との取引であり，少数株主から子会社株式を追加取得する，又は一部売却する取引が該当します。

② 共通支配下の取引の個別財務諸表上の会計処理

企業結合が共通支配下の取引とされた場合，親会社の立場からは企業結合の前後で企業集団の経済的実態に変更はないため，個別財務諸表上の会計処理は企業結合前の連結財務諸表に整合するように行われます。

受入資産・負債	移転前に付された適正な帳簿価額で評価する。なお，連結上，子会社の帳簿価額を修正している場合は，修正後の帳簿価額で評価する。
純資産	移転された資産・負債の差額を払込資本とする。なお，増加すべき払込資本の内訳は，会社法の規定に基づき決定する。※
抱合せ株式（合併存続会社が保有する合併消滅会社株式）	消滅会社がある場合は，抱合せ株式の適正な帳簿価額とこれに対応する増加資本との差額は損益（抱合せ株式消滅差損益）として認識される。

※ 子会社同士の合併における資本項目の引継ぎについては，第4章をご参照下さい。

【図表1－14】 共通支配下取引の仕訳イメージ図

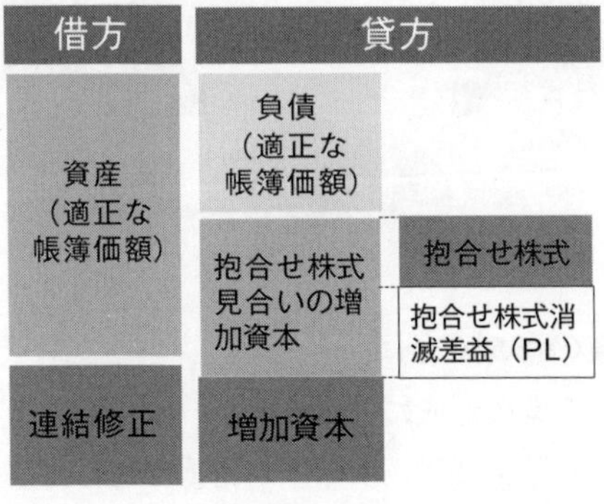

借方	貸方	
資産 （適正な 帳簿価額）	負債 （適正な 帳簿価額）	
	抱合せ株式 見合いの増 加資本	抱合せ株式
		抱合せ株式消 滅差益（PL）
連結修正	増加資本	

③ 共通支配下の取引の連結財務諸表上の会計処理

共通支配下の取引は，企業結合の前後で連結財務諸表に影響を与えないように，共通支配下の取引は内部取引として消去されます。

④ 少数株主との取引の会計処理

個別財務諸表上は，追加取得する子会社株式の取得原価は，追加取得時における当該株式の時価とその対価となる財の時価のうち，より高い信頼性をもって測定可能な時価で算定します。

また，連結財務諸表上は，子会社株式の追加取得，一部売却に準じた処理を行います。

❹ 共同支配企業の形成の会計処理

① 共同支配企業の形成の概要

企業結合の形態には，合弁企業のように複数の独立した企業（共同支配投資企業）が共同で１つの企業（共同支配企業）を支配する場合があります。共同支配企業は，共同支配投資企業のいずれもが支配を獲得したとはいえないため，持分法に準じた会計処理を行います。

【図表１−15】 共同支配企業の形態の一例

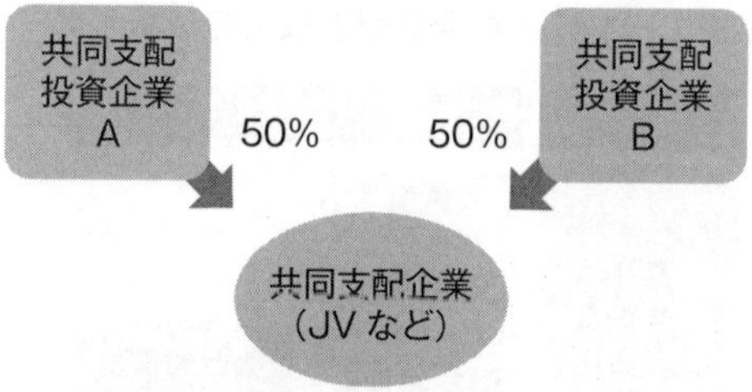

```
  共同支配              共同支配
  投資企業              投資企業
    A     50%    50%      B
     ↘            ↙
       共同支配企業
       （JV など）
```

② 共同支配企業の形成の判定

企業結合が共同支配企業の形成に該当するか，取得・共通支配下の取引等に該当するかの判断は，以下のフローチャートにより行われます。

第1章　企業結合会計・事業分離会計のポイント

【図表1-16】　共同支配企業形成の判定フローチャート

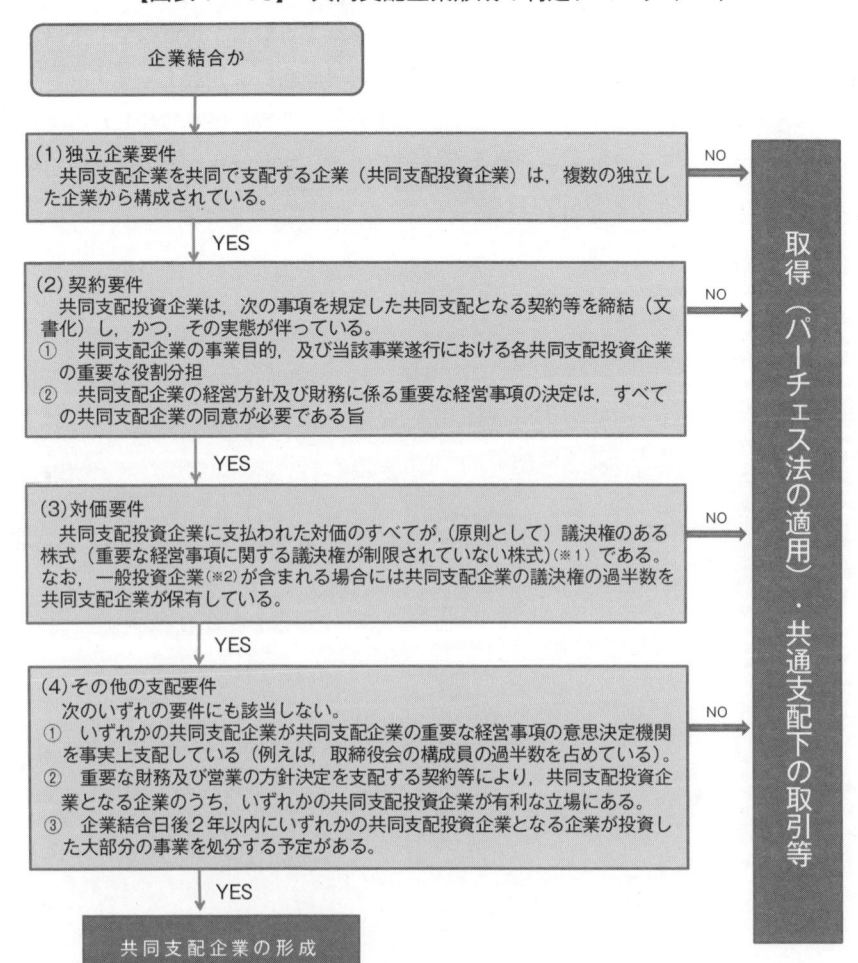

```
           企業結合か
              │
              ▼
┌─────────────────────────────────────────┐
│ (1) 独立企業要件                          │──NO──┐
│   共同支配企業を共同で支配する企業（共同  │      │
│ 支配投資企業）は，複数の独立した企業から  │      │
│ 構成されている。                          │      │
└─────────────────────────────────────────┘      │
              │YES                                │
              ▼                                    │
┌─────────────────────────────────────────┐      │
│ (2) 契約要件                              │──NO──┤
│   共同支配投資企業は，次の事項を規定した  │      │
│ 共同支配となる契約等を締結（文書化）し，  │      │
│ かつ，その実態が伴っている。              │      │
│ ① 共同支配企業の事業目的，及び当該事業   │      │
│   遂行における各共同支配投資企業の重要    │      │
│   な役割分担                              │      │
│ ② 共同支配企業の経営方針及び財務に係る   │      │
│   重要な経営事項の決定は，すべての共同    │      │
│   支配企業の同意が必要である旨            │      │
└─────────────────────────────────────────┘      │
              │YES                                │
              ▼                                    │
┌─────────────────────────────────────────┐      │
│ (3) 対価要件                              │──NO──┤ 取得（パーチェス法の適用）・共通支配下の取引等
│   共同支配投資企業に支払われた対価のすべ  │      │
│ てが，（原則として）議決権のある株式（重要│      │
│ な経営事項に関する議決権が制限されていな  │      │
│ い株式）（※1）である。                    │      │
│   なお，一般投資企業（※2）が含まれる場合 │      │
│ には共同支配企業の議決権の過半数を共同支  │      │
│ 配企業が保有している。                    │      │
└─────────────────────────────────────────┘      │
              │YES                                │
              ▼                                    │
┌─────────────────────────────────────────┐      │
│ (4) その他の支配要件                      │──NO──┘
│   次のいずれの要件にも該当しない。        │
│ ① いずれかの共同支配企業が共同支配企業   │
│   の重要な経営事項の意思決定機関を事実    │
│   上支配している（例えば，取締役会の構    │
│   成員の過半数を占めている）。            │
│ ② 重要な財務及び営業の方針決定を支配す   │
│   る契約等により，共同支配投資企業とな    │
│   る企業のうち，いずれかの共同支配投資    │
│   企業が有利な立場にある。                │
│ ③ 企業結合日後2年以内にいずれかの共同   │
│   支配投資企業となる企業が投資した大部    │
│   分の事業を処分する予定がある。          │
└─────────────────────────────────────────┘
              │YES
              ▼
        共同支配企業の形成
```

※1　対価要件の判定の前提として，以下の要件のすべてが満たされていなければならない。
・企業結合が単一の取引で行われるか，又は，原則として，1事業年度内に取引が完了する
・交付株式の議決権の行使が制限されない
・企業結合日において対価が確定している
・交付株式の償還または再取得の取決めがない
・株式交換を事実上無効にするような結合当事企業の株主の利益となる財務契約がない
・企業結合の合意成立日前1年以内に，当該企業結合を目的として自己株式を受け入れていない
※2　結合後企業が共同支配企業と規定されることを前提に，当該共同支配企業へ投資する企業の中に契約要件を満たさない企業が含まれている場合，当該企業を一般投資企業という。

③ 共同支配企業の形成の会計処理

共同支配企業では，共同支配投資企業から移転する資産・負債については，移転直前の共同支配投資企業における適正な帳簿価額により計上します。

一方，共同支配投資企業では，個別財務諸表上，受取対価を移転した事業に係る株主資本相当額に基づいて算定します。また，連結財務諸表上は共同支配企業に対して持分法を適用します。

2　事業分離会計のポイント

❶　基本的な考え方

①　事業分離会計基準における企業の定義と適用対象

　事業分離とは，ある企業を構成する事業を他の企業（新設される企業を含む）に移転することをいいます。事業分離における分離元企業（被結合企業）の会計処理は，事業分離会計基準に規定されています。また，企業結合を行うことにより，被結合企業の株主としての対価の取得や結合企業の株主としての持分比率の変動などが生じることがあるため，事業分離会計基準では結合当事企業の株主の会計処理も定めています。また，分離先企業（結合企業）については企業結合会計基準に規定されています。

　事業分離会計基準の対象となる企業の定義は，以下のとおりです。

分離元企業	会社分割，事業譲渡等の事業分離において，当該企業を構成する事業を移転する企業
分離先企業	会社分割，事業譲渡等の事業分離において，分離元企業からその事業を受け入れる企業（新設される企業を含む）
結合当事企業	合併や株式交換等における企業結合に係る企業であり，結合企業，被結合企業及び結合後企業をいう。
結合企業	結合当事企業のうち，他の企業又は他の企業を構成する事業を受け入れて対価（現金等の財産や自社の株式）を支払う企業
被結合企業	結合当事企業のうち，自社又は自社の事業の一部を引き渡す企業
結合後企業	企業結合によって統合された1つの報告単位となる企業

　事業分離会計基準の当事者の関係は，以下の【図表1－17】のとおりです。

基本編

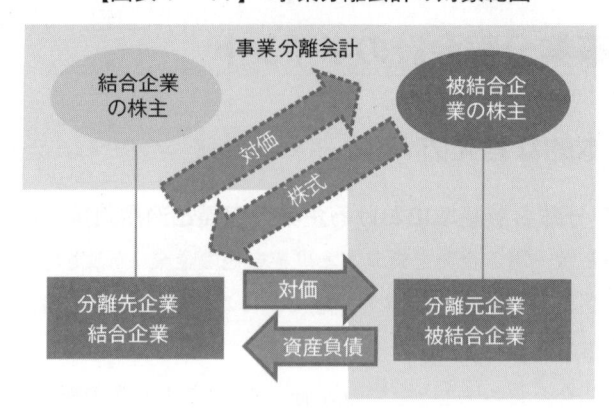

【図表1－17】 事業分離会計の対象範囲

② 企業会計における売却損益の認識

　企業会計の基本的考え方として，通常の資産売却取引においては，資産を譲渡し，対価として売却資産と異種の資産（例えば現金）を受領した場合，その時点で譲渡資産に対する投資は終了・清算されたものとして売却元で売却損益が認識されます。一方，対価として譲渡資産と同種の資産を受領した場合，物は変わっても同一用途に使用し続ける交換取引であるという点で投資活動は継続しており，交換時点で交換損益は認識されません。

　この基本的な考え方は，譲渡（交換）対象資産が事業や企業となっても同様です。事業分離会計においては，各当事者の移転事業に対する投資が継続しているのか，又は清算されたのかという視点で移転損益を認識するか否かを整理し，原則として投資が継続している場合には移転損益を認識せず，投資が清算された場合には移転損益を認識することとしています。

③ 会計処理の基本的考え方と移転損益の認識

　事業分離会計基準では，投資の継続・清算を判断するにあたり，(ア)分離事業の対価の種類及び(イ)分離事業に対する継続的関与の有無を基準に場合分けしています。

例えば，分離元企業の会計処理において，移転事業の対価が現金等のみの場合には，移転資産・負債とは異種資産の対価であり投資は清算されたと考えられ，個別財務諸表上は移転損益が認識されます。ただし，買戻し条件付事業分離のように，事業分離後においても分離元企業の継続的関与があり，移転事業に係る成果の変動リスクを従来同様に負っている場合には，移転損益は認識されません。

一方，移転事業の対価が株式のみであり移転事業が事業分離後も同一グループ内の企業にある場合は，企業の経済活動の実態に変更はなく投資は依然継続しているものとして，移転損益は認識されません。ただし，分離事業の対価が株式であっても分離先企業がグループ外企業である場合には，当該移転事業に係る投資は清算され，再度新たな株式投資をしたものとして移転損益が認識されます。

【図表1－18】 対価の種類及び継続的関与の有無と移転損益の認識

継続的関与		対価の種類	
		現金等の財産	株　式
	あり	投資は継続 ⇒ 損益は認識しない （ex. 買戻し条件付取引）	投資は継続 ⇒ 損益は認識しない
	なし	投資は清算 ⇒ 損益を認識する	投資は清算 ⇒ 損益を認識する （分離先企業がグループ外）

④ 個別財務諸表上の会計処理

個別財務諸表上は，上述のとおり投資の継続・清算の判断及びそれに伴う移転損益を認識するか否かがポイントとなります。ここで，移転損益は，事業の移転による受取対価から移転事業に係る株主資本相当額（移転事業に係る帳簿価額ベースの純資産から評価・換算差額等を差し引いたもの）又は被結合企業の株式帳簿価額を差し引いて計算されますが，移転事業の帳簿価額は過去の会計記録に基づく所与のものと考えられるため，移転損益を認識するか否かは受取対価の

基 本 編

金額をどのように決定するかということになります。すなわち，移転損益を認識しない場合は，受取対価は移転した資産・負債の適正な帳簿価額の差額である株主資本相当額と同額となります。また，移転損益を認識する場合は，受取対価はその時価，移転資産・負債の時価などいくつかのパターンが考えられます。

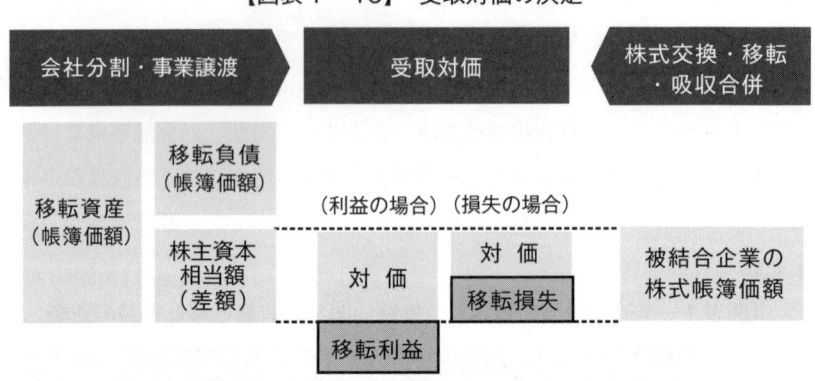

【図表 1 − 19】 受取対価の決定

会社分割・事業譲渡 → 受取対価 → 株式交換・移転・吸収合併

移転資産（帳簿価額） / 移転負債（帳簿価額） / 株主資本相当額（差額）

（利益の場合）対価　移転利益
（損失の場合）対価　移転損失

被結合企業の株式帳簿価額

⑤ 連結財務諸表上の会計処理

事業を分離した場合であっても，分離先企業が分離元企業の子会社である場合，あるいは分離元企業が分離先企業から発行された株式を取得した結果，分離先企業が子会社となることなどにより，事業分離に関して連結財務諸表上の会計処理が必要となることがあります。

連結財務諸表上の会計処理の概要は，以下のとおりです。

(ア) 個別財務諸表上で移転損益を認識している場合

　⇒連結財務諸表上は当該損益を未実現損益に準じた方法により消去する。

(イ) 株式を対価として事業分離を行った結果，株式を発行した分離先企業（又は結合企業）に対する持分が変動した場合

　⇒連結財務諸表上では，分離事業に対する持分の減少を持分変動損益として処理する。また，分離先企業（又は結合企業）の株式取得は，子会社株式等の追加取得として処理する（のれんが認識される）。

第1章　企業結合会計・事業分離会計のポイント

上記(イ)の持分の変動に関して補足すれば，分離先企業（又は結合企業）が対価として株式を発行した場合，分離元企業（又は被結合企業）の株主の分離先企業（又は結合企業）に対する持分比率が変動します。

【図表1－20】　被結合企業の株主の被結合企業に対する
持株比率が高まる場合（株式交換の例）

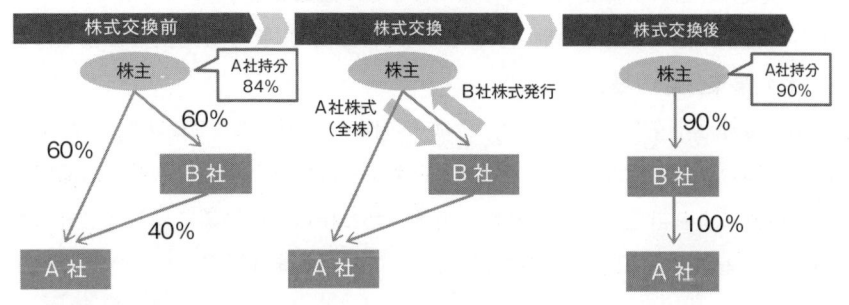

注）　株式交換前のA社持分84％＝直接持分60％＋間接持分（60％×0.4）

❷　分離元企業の会計処理

会社分割，事業譲渡等の場合には，分離元企業が分離事業と引換えに対価を受け取ることになります。事業分離における分離元企業の会計処理は，以下のとおりです。なお，会社分割等のストラクチャーの概要については，第3章をご参照下さい。

①　受取対価が現金等の財産のみの場合

受取対価が現金等の財産のみの場合，原則として移転事業に係る投資は清算されたものとされ，分離元企業の個別財務諸表上は移転損益が認識されます。

ただし，受取対価が現金以外の場合（「等」の場合）の受取対価の金額は以下のとおり分離先企業が子会社であるか，関連会社又はその他であるかによって場合分けされており，分離先企業との資本関係によって移転損益が異なることとなっています。

基 本 編

i） 子会社を分離先企業として行われた事業分離の場合

　子会社へ事業分離する場合，個別財務諸表上は共通支配下の取引として，分離元企業が受け取った現金等の財産は，受取対価の移転前に付された適正な帳簿価額により計上します。この結果，当該価額と移転した事業に係る株主資本相当額との差額は，原則として移転損益として認識します。

ii） 関連会社，又はその他（子会社・関連会社以外）を分離先企業として行われた事業分離の場合

　関連会社へ事業分離する場合，又はその他（子会社や関連会社以外）へ事業分離する場合，個別財務諸表上，分離元企業が受け取った現金等の財産は原則として時価により計上します。また，当該時価と移転した事業に係る株主資本相当額との差額は，原則として移転損益として認識します。

　また，分離先企業が子会社又は関連会社である場合には，連結財務諸表の作成にあたり，個別財務諸表上で認識した移転損益を未実現利益に準じて消去します。

【図表１－21】 受取対価が現金等の財産のみの場合の分離元企業の会計処理

対　価	分離先企業	個別財務諸表上の会計処理		連結財務諸表上の会計処理	
		移転損益の認識	受取対価の金額	移転損益の消去	持分変動差額・のれんの処理
現金等の財産のみ	子会社	○	移転前の適正な帳簿価額（共通支配下の取引となる）	○	－
	関連会社	○	受取対価の時価	○	－
	その他	○		－	

② 受取対価が分離先企業の株式のみの場合

　対価が分離先企業の株式のみである場合，移転事業に係る投資が継続しているか否かは，分離元企業が分離先企業の株式を取得することにより分離先企業が子会社又は関連会社になるのか，それ以外かによって場合分けされます。

ⅰ) 分離先企業が子会社・関連会社になる場合

分離先企業が子会社・関連会社になる場合は，分離先企業の株式所有を通して移転事業に継続して関与し続けるため，投資は継続しており移転損益は認識されません。つまり，受取対価は移転事業に係る株主資本相当額となります。

ⅱ) 分離先企業が子会社・関連会社にならない場合

分離先が子会社・関連会社にならない場合，個別財務諸表上は受取対価が株式であっても分離先企業に対する影響力は及びません。そのため，個別財務諸表上は分離事業に対する投資が清算されたものとして移転損益が認識されることとなり，受取対価は取得した株式の時価又は移転事業の時価となります。

また，連結財務諸表上の会計処理に関して，移転先が子会社（100％以外）・関連会社の場合には，分離元企業の分離先企業に対する持株比率が高まるとともに，移転事業に係る持分が減少するため，以下の処理が必要となります。

(ア) 分離元企業が分離先企業に対して追加投資したとみなされる額と，これに対応する分離先企業の事業分離直前の資本（追加取得持分）との間に生じる差額については，のれん（又は負ののれん）とする。

(イ) 分離元企業（親会社）の事業が移転されたとみなされる額と，移転した事業に係る分離元企業（親会社）の持分の減少額との間に生じる差額については，持分変動差額として取り扱う。

基 本 編

【図表1-22】 対価を株式とした場合の連結財務諸表上の会計処理

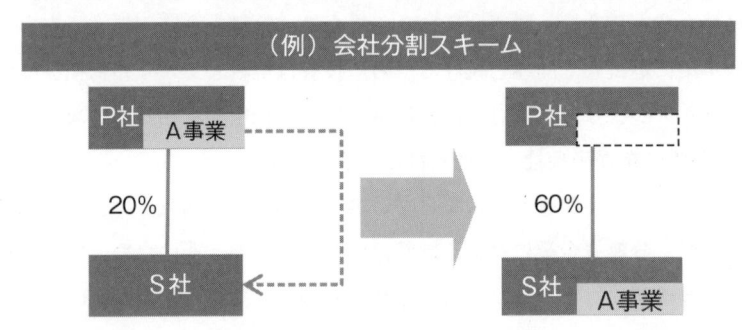

（例）会社分割スキーム

P社 A事業　　→　　P社
　│20%　　　　　　　│60%
S社　　　　　　　　S社 A事業

P社はA事業をS社に会社分割により移転し，対価としてS社株式を取得

P社のS社に対する持分変動の内訳

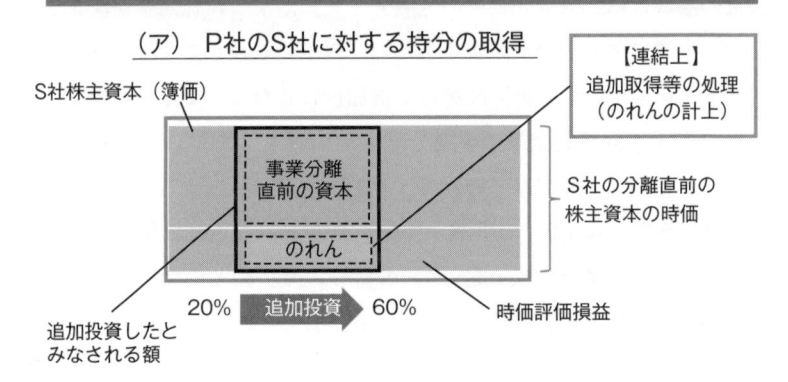

（ア） P社のS社に対する持分の取得

S社株主資本（簿価）

事業分離直前の資本
のれん

【連結上】
追加取得等の処理
（のれんの計上）

S社の分離直前の株主資本の時価

20% 追加投資 60%

時価評価損益

追加投資したとみなされる額

（イ） A事業に対するP社持分の変動

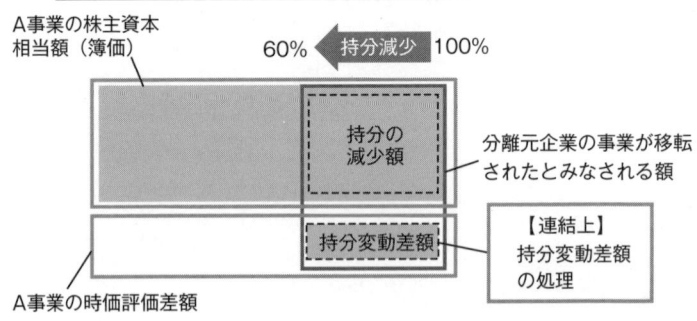

A事業の株主資本相当額（簿価）

60% 持分減少 100%

持分の減少額

分離元企業の事業が移転されたとみなされる額

持分変動差額

【連結上】
持分変動差額の処理

A事業の時価評価差額

【図表1-23】 受取対価が株式のみの場合の分離元企業の会計処理

対　価	分離後企業との資本関係		個別財務諸表上の会計処理		連結財務諸表上の会計処理	
	分離前保有区分	分離後企業	移転損益の認識	受取対価の金額	移転損益の消去	持分変動差額・のれんの処理
株式のみ	－	子会社	×	移転した事業にかかる株主資本相当額	－	○
	その他有価証券					
	関連会社					
	子会社					
	その他有価証券	関連会社	×	移転した事業にかかる株主資本相当額	－	○
	関連会社					
	－	その他	○	受け取った株式の時価又は移転事業の時価	－	－

③　受取対価が現金等の財産及び株式の場合

　受取対価が現金等の財産及び株式である場合の会計処理の基本的な考え方は，対価が現金等の財産のみである場合と，株式のみである場合の両者の会計処理を組み合わせたものになります。ただし，企業結合等適用指針において，合併比率等に端数があるために生じた交付金は現金等の財産に含めないこととされており，これ以外に企業結合の対価として現金等の財産及び株式を併用するケースは少ないと考えられるため，ここでの説明は省略します。

基本編

❸ 被結合企業の株主の会計処理

　吸収合併，株式交換及び株式移転の場合には，被結合企業の株主がその所有する被結合企業の株式と引換えに結合企業の株式等の対価を受け取ることになります（吸収合併等のストラクチャーの概要は，第3章をご参照下さい）。このような企業結合における被結合企業の株主の会計処理は，分離元企業の会計処理と同様，投資の継続・清算の考え方をもとにして，以下のように処理します。

① 受取対価が現金等の財産のみの場合

　受取対価が現金等の財産のみの場合，原則として被結合企業の株主の投資は清算されたものとされ，交換損益が認識されます。この場合，被結合企業が子会社，関連会社，その他のいずれかによって，以下のように会計処理が定められています。

ⅰ) 子会社を被結合企業とした場合

　子会社を被結合企業とした場合，事業分離における分離元企業の会計処理に準じて，結合後企業が子会社の場合は，受取対価の移転前の適正な帳簿価額で評価し，交換損益を認識します。また，関連会社又はその他の場合は，受取対価の時価で評価し，交換損益を認識します。

ⅱ) 関連会社を被結合企業とした場合

　関連会社を被結合企業とした場合，個別財務諸表上，受取対価をその時価で計上し，その時価と被結合企業の株式の適正な帳簿価額との差額は，交換損益として認識します。

ⅲ) その他（子会社・関連会社以外）を被結合企業とした場合

　子会社・関連会社以外を被結合企業とした場合，個別財務諸表上，受取対価を時価で計上し，その時価と被結合企業の株式の適正な帳簿価額との差額は，交換損益として認識します。

　また，連結財務諸表上，被結合企業の株主の子会社又は関連会社を結合企業

とする場合，交換損益は未実現損益の消去に準じて処理します。

【図表１－24】 受取対価が現金等の財産のみの場合の被結合企業の株主の会計処理

受取対価	資本関係		個別財務諸表上の会計処理		連結財務諸表上の会計処理
	被結合企業	結合後企業	交換損益の認識	受取対価の金額	交換損益の消去
現金等の財産のみ	子会社	子会社	○	受取対価の移転前の適正な帳簿価額（共通支配下の取引となる）	○
		関連会社		受取対価の時価	○
		その他			－
	関連会社	子会社	○	受取対価の時価	○
		関連会社			○
		その他			－
	その他	子会社	○	受取対価の時価	○
		関連会社			○
		その他			－

② 受取対価が株式のみの場合

受取対価が株式のみの場合は，被結合企業の株主は被結合企業に対する持株比率の増減の影響を受けます。そのため，被結合企業の株主の会計処理は，被結合企業が子会社か，関連会社かその他かに加えて，結合後企業が子会社・関連会社か，その他かにより区分されます。

ⅰ) 子会社・関連会社を被結合企業とした場合

子会社・関連会社を被結合企業とし，企業結合により持分が変動した後も子会社・関連会社である場合，個別財務諸表上，受け取った結合企業の株式は企業結合前の被結合企業株式の適正な帳簿価額とし，交換損益を認識します。また，連結財務諸表上はのれん及び持分変動差額の処理が必要となります。

一方，子会社・関連会社を被結合企業とし，企業結合により持分が減少して

子会社・関連会社以外となった場合は，受け取った結合企業の株式は結合後企業の株式の時価又は被結合企業の株式の時価のうち，より高い信頼性をもって測定可能な時価とし，交換損益を認識します。

ⅱ) 子会社や関連会社以外の投資先を被結合企業とした場合

　子会社や関連会社以外の投資先を被結合企業とする場合は，企業結合後の資本関係にかかわらず，被結合企業の株主の個別財務諸表上，受取対価は引き換えられた被結合企業の株式に係る企業結合直前の適正な帳簿価額に基づいて算定し，交換損益を認識します。また，このうち，結合後企業が子会社又は関連会社になる場合は，連結財務諸表上，のれん及び持分変動差額の処理が必要となります。

【図表１－25】　受取対価が株式のみの場合の被結合会社の株主の会計処理

受取対価	被結合企業の株主との資本関係		個別財務諸表上の会計処理		連結財務諸表上の会計処理
	被結合企業	結合後企業	交換損益	受取対価の金額	持分変動差額・のれんの処理
株式のみ	子会社	子会社	×	被結合企業株式の企業結合直前の適正な帳簿価額	○
		関連会社	×		○
		その他	○	時価評価し，その他有価証券（又は売買目的有価証券）へ振替え	－
	関連会社	子会社	×	被結合企業株式の企業結合直前の適正な帳簿価額	○
		関連会社	×		○
		その他	○	結合後企業の株式の時価又は被結合企業の株式の時価のうち，より高い信頼性をもって測定可能な時価	－
	その他	子会社	×	被結合企業株式の企業結合直前の適正な帳簿価額	○
		関連会社	×		○
		その他			－

③ 受取対価が現金等の財産と結合企業の株式である場合

受取対価が現金等の財産及び株式である場合の会計処理の基本的考え方は，分離元事業における場合と同様，対価が現金等の財産のみである場合と株式のみである場合の両者を組み合わせたものになります。ただし，企業結合の対価として現金等の財産及び株式を併用するケースは少ないと考えられるため，ここでの説明は省略します。

❹ 結合企業の株主の会計処理

事業分離に関する結合企業の株主自体は，株式の発行及び現金等の財の提供を行いません。しかし，結合企業が株式を発行した場合，結合企業の株主の結合企業に対する持株比率が減少する場合があります。また，企業結合前に結合企業の株主が結合企業の株式に加え，被結合企業の株式（子会社株式又は関連会社株式）をも有している場合，被結合企業への議決権を通じてかえって結合企業の株主としての持分比率が増加（被結合企業の株主としての持分比率は減少）する場合もあります。

このような場合，結合企業の株主における会計処理は，当該株主と結合企業及び結合後企業との資本関係によって場合分けされており，その概要は以下のとおりです。

① 子会社を結合企業とする場合

ⅰ) 結合後企業が子会社・関連会社の場合

結合企業が子会社であって，結合後企業が子会社又は関連会社である場合は，結合企業の株主の個別財務諸表上，損益は認識されません。

また，連結財務諸表上，親会社の持分の一部が少数株主持分に振り替わることから生じる差額は，持分変動差額として処理します。

ⅱ) 結合後企業が子会社・関連会社及び共同支配企業以外の場合

結合企業が子会社であって，結合後企業が子会社及び関連会社，共同支配企

業以外である場合、結合企業の株主は個別財務諸表上、子会社株式又は関連会社株式をその他有価証券に時価で振り替え、原則として損益を認識します。

また、連結財務諸表上、結合企業の株式は個別貸借対照表上の帳簿価額（時価がある場合は、結合後企業の株式の時価）をもって評価します。

② 関連会社を結合企業とする場合
ⅰ) 結合後企業が子会社・関連会社の場合

結合企業が関連会社であって、結合後企業が子会社又は関連会社である場合、結合企業の株主は、個別財務諸表上、損益を認識しません。

また、連結財務諸表上、持分比率の減少により結合企業の株主の持分の一部が他の株主の持分に振り替わることから生じる差額は、持分変動差額として処理します。

一方、結合企業の株主の結合企業に対する持分比率が増加する場合は、のれん及び持分変動差額の処理を行います。また、結合後企業が子会社となるときは、段階取得による連結子会社化の会計処理を行い、結合後企業が関連会社となる場合には、のれん及び持分変動差額の処理を行います。

ⅱ) 結合後企業が関連会社及び共同支配企業以外の場合

結合企業が関連会社であって、結合後企業が関連会社及び共同支配企業以外となる場合、結合企業の株主は個別財務諸表上、関連会社株式からその他有価証券に時価で振り替え、原則として損益を認識します。

また、連結財務諸表上、これまで持分法を適用していた結合企業の株式は、個別貸借対照表上の帳簿価額（時価がある場合は、結合後企業の株式の時価）をもって評価します。

③ 子会社・関連会社以外の投資先を結合企業とする場合
ⅰ) 結合後企業が子会社や関連会社以外の投資先の場合

結合企業が子会社・関連会社以外の投資先であって、企業結合後も子会社株式や関連会社株式に該当しない場合は、結合企業の株主において会計処理は必

要なく，損益は認識されません。

ⅱ) 結合後企業が関連会社の場合

　結合企業が子会社や関連会社以外の投資先であって，結合後企業が当該株主の関連会社となる場合，結合企業の株主は，個別財務諸表上，原則としてその他有価証券から関連会社株式に帳簿価額で振り替え，損益は認識しません。

　また，連結財務諸表上は，のれん及び持分変動差額の処理を行います。

ⅲ) 結合後企業が子会社の場合

　結合企業が子会社や関連会社以外の投資先であって，結合後企業が当該株主の子会社となる場合，結合企業の株主は，個別財務諸表上，原則としてその他有価証券から子会社株式に帳簿価額で振り替え，損益は認識しません。

　また，連結財務諸表上，当該結合企業の株式の取得原価は企業結合日の時価に基づくこととし，その時価と適正な帳簿価額との差額は，当期の段階取得に係る損益として処理します。

【図表1－26】 結合企業の株主の会計処理

| 結合当事企業 || 個別財務諸表上の会計処理 || 連結財務諸表上の会計処理 |
結合企業	結合後企業	損益の認識	会　計　処　理	のれん・持分変動差額
子会社	子会社	×	子会社株式と関連会社株式の振替えは，帳簿価額で行う	○
	関連会社	×		○
	その他※	○	その他有価証券等に時価で振り替える	－
関連会社	子会社	×	子会社株式と関連会社株式の振替えは，帳簿価額で行う	○
	関連会社	×		○
	その他※	○	その他有価証券等に時価で振り替える	－
その他	子会社	×	子会社株式，関連会社株式に帳簿価額で振替え	○
	関連会社	×		○
	その他※		－	－

※　共同支配企業以外となる場合を含む。

なお，結合企業の株主が，被結合企業の株式を子会社株式として有しており，結合後企業が子会社となる場合にはパーチェス法を適用し，のれんと持分変動差額の処理を行います。のれんと持分変動差額の処理については，【図表1－22】をご参照下さい。

❺ 分割型会社分割における分割会社の株主に係る会計処理

分割型の会社分割では，分割会社の株主は分割会社の株式を引き渡すことなく分割承継会社又は新設会社の株式を受け取るため，分割会社の株主は形式的には事業分離会計基準における被結合企業の株主にはなりません。しかし，分割承継会社又は新設会社の株式は分割会社の事業移転により株式の発行を受けたものであるため，実質的には分割会社の株主についても被結合企業の株主に準じて，これまで保有していた分割会社の株式と実質的に引き換えられたものとみなして，被結合企業の株主に係る会計処理に準じて処理するものとされています。

3 今後の企業結合会計の方向性

❶ 国際財務報告基準と日本基準の動向

　会計基準には各国独自の会計基準の他に国際財務報告基準（以下，IFRS）があり，国際財務報告基準は2011年12月現在，上場企業に対しては144カ国で適用（一部適用も含む）されているといわれています。会計基準は海外をも含めた証券市場のインフラであることから，日本においても国際財務報告基準の適用又は日本基準の国際財務報告基準への同等化が盛んに議論されています。そのようななか，2009年6月16日には企業会計審議会より「我が国における国際会計基準の取扱いについて（中間報告）」が公表されIFRSの適用，同等化に関する論点整理と方向性が示されました。その後，2010年3月期からはIFRSの任意適用が認められ，IFRSの適用に向けた流れが加速すると思われましたが，2011年の東日本大震災の影響，米国，アジアにおける動向等，経済状況の変化や経済界からの要望を踏まえ，強制適用を行うとしても，その決定から5～7年程度の準備期間をおくこととされました。

　このような流れのなかで，当初2003年に公表された日本の企業結合会計基準にも変更が加えられ，徐々に国際財務報告基準に近づきつつあります。例えば，IFRSでは被結合企業の資産・負債を帳簿価額で引き継ぐ持分プーリング法は認められていませんが，日本基準では企業結合会計基準の設定当初は認められていました。しかし，この差異は2009年の企業結合会計基準の改正により廃止され，日本基準がIFRSに近づいた形となっています。

❷ 企業結合に関する国際財務報告基準と日本基準の差異

　上記のとおり，企業結合会計基準の同等化が進められてはいますが，日本基準とIFRSにはまだ，以下のような差異があります。これらの差異については，

現在も同等化の議論が続いています。

【図表1－27】　IFRSと日本基準の差異

項　目	IFRS	日本基準
取得コスト	発生時の損益とする	取得に直接要した費用のうち，対価性のあるものは，取得原価に算入する
のれんの認識	以下のいずれかを選択できる ・非支配持分も含めた被取得企業全体を公正価値により測定し，のれんは非支配持分に帰属する部分も含めて認識する（全部のれんアプローチ）。 ・非支配持分は，被取得企業の識別可能資産・負債の公正価値の純額に対する非支配持分割合相当額により測定する（購入のれんアプローチ）。	支配獲得日において，子会社の資産及び負債のすべてを支配獲得日の時価により評価する（全面時価評価法）（購入のれんアプローチに相当）。時価による資産及び負債の純額と取得原価との差額はのれんとする。
正ののれんの償却	のれんは償却せず，減損処理の対象とする	原則として，20年以内に定額法等により償却する
偶発負債の認識	過去の事象に起因する「現在の債務」であって，その公正価値が信頼性をもって測定できる場合には，経済的便益を有する資源の流出可能性に係らず認識する。	取得後に発生することが予測される特定の事象に対応した費用または損失であって，その発生の可能性が取得の対価に反映されている場合には，負債として認識する。
条件付対価	条件付対価を移転した対価に含め，取得日現在の公正価値で認識する。	条件付取得対価の交付又は引渡しが確実となり，その時価が合理的に決定可能となった時点で認識する。

　上記のうち，特にのれんの償却については，M＆Aに関する判断に大きな影響を与えるものと考えられます。IFRSに従いのれんの償却が行われないとした場合，取得企業はM＆A実行当初ののれんの償却負担はなくなりますが，実績が当初の計画どおりにいかない場合には多額の減損損失を認識することとなる可能性があります。したがって，M＆Aの実行にあたっては慎重な買収価格

の検討,パーチェスプライスアロケーションの実施,買収後のモニタリングがより重要になると考えられます。

第2章　組織再編税制・グループ法人税制・連結納税制度等のポイント

【本章のポイント】

- ■　組織再編に関連する税制としては「組織再編税制」,「グループ法人税制」,「連結納税制度」等の各種の税制があります。
- ■　組織再編税制において,組織再編行為は適格組織再編と非適格組織再編に区分され,税制適格と判断された組織再編行為は,原則として帳簿価額により資産・負債が譲渡されたとみなされ,課税関係が生じません。
- ■　完全支配関係（100％支配）にある親子会社にはグループ法人税制が強制的に適用され,法人間の資産の譲渡損益の繰延べ等の税制上の措置があります。
- ■　連結納税制度を採用した完全支配関係にある親子会社については,親子会社間の課税所得が合算されて税額が計算される等の税制上の措置があります。

基 本 編

1 組織再編税制・連結納税制度・その他税制のポイント

　企業買収においてストラクチャーを検討する際には，第1章で述べている会計面での検討に加え，税制面からも検討する必要があります。企業買収・グループ内組織再編に関連する税制としては「組織再編税制」，「グループ法人税制」，「連結納税制度」等の各種の税制が整備されており，ストラクチャーにより適用される税制上の課税関係が異なってきます。よって，企業買収によりどの程度の税金の納付が必要であるか等，税制上のメリット・デメリットを事前に考慮の上，ストラクチャーを検討することが重要です。

2 組織再編税制

❶ 基本的な考え方

　法人税法等では，合併や買収といった企業の組織再編行為に関するバランスのとれた税制を整備しています。これを一般的に組織再編税制といいます。
　法人税法の原則的な考え方では，合併等の組織再編行為が行われた場合には，組織再編行為により移転する資産・負債を譲渡したものと考え，譲渡損益に課税をすることになります。しかし，一定の組織再編については組織再編行為の前後で経済的実態に実質的な変更がない場合があることに鑑みて，組織再編税制では，一定の要件（適格要件）を満たす場合には，譲渡損益の繰延べを認めています。

❷ 税制適格・非適格の判定

　法人税法では，(ア)『一定の組織再編行為』を(イ)『一定の状況下』で行った場

合にのみ適格組織再編と認めています。

(ア)『一定の組織再編行為』としては合併，会社分割，現物出資，現物配当，株式交換，株式移転のみが法人税法上で認められており，これ以外の組織再編行為が行われても，税制適格とはなりません。また，(イ)『一定の状況下』としては，法人税法では，組織再編行為が行われる目的によって，以下の【図表2－1】のように「a．完全支配関係のある法人間のグループ内組織再編」「b．支配関係を有する法人間のグループ内組織再編」「c．共同事業のための組織再編」の3つの区分に分類し，それぞれについて適用の要件を定めています。

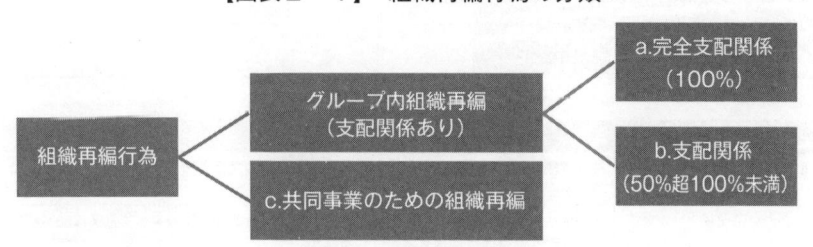

【図表2－1】 組織再編行為の分類

```
                          ┌─ a.完全支配関係
             ┌─ グループ内組織再編 ─┤     （100％）
組織再編行為 ─┤    （支配関係あり）  └─ b.支配関係
             │                        （50％超100％未満）
             └─ c.共同事業のための組織再編
```

適格組織再編判定のポイント

- 完全支配関係 ⇒ 支配関係 ⇒ 共同事業の順に適格要件が厳しくなっていきます。
- 対価が株式等のみであることが最低限の条件となっています（金銭等の交付が行われる場合には非適格となります）。
- 形式面を整えても，実質面（経済的合理性）を伴っていない場合には，税務当局により租税回避行為として否認される可能性があります。

以上を踏まえ，合併及び会社分割，株式交換，株式移転の各ストラクチャーと適格性の判定要件との関係は以下の【図表2－2】，【図表2－3】，【図表2－4】，【図表2－5】のとおりとなります。

基 本 編

【図表2-2】 適格合併の判定表

	グループ内組織再編				共同事業のための組織再編 (50%以下)
	完全支配関係 (100%)		支配関係 (50%超100%未満)		
	親子会社としての完全支配関係※1	兄弟会社としての完全支配関係※2	親子会社としての支配関係※1	兄弟会社としての支配関係※2	
対価は株式等のみか？※3	○	○	○	○	○
再編後も支配関係の継続が見込まれるか？※4		○		○	
株式継続保有要件※5					○
主要事業継続性要件を充足するか？※6			○	○	○
従業員引継要件を充足するか？※7			○	○	○
事業関連性要件を充足するか？※8					○
事業規模要件※9又は特定役員引継要件※10を充足するか？					○

要件		内　容　等
※1	親子関係	被合併法人と合併法人との間でいずれか一方が他の発行済株式等のすべて（又は50%超）を直接若しくは間接に保有している関係。
※2	兄弟関係	被合併法人及び合併法人が同一の者によりその発行済株式等のすべて（又は50%超）を直接若しくは間接に保有されている関係。
※3	対価要件	被合併法人の株主等に合併法人の株式等又は合併親法人株式のいずれか一方の株式以外の資産が交付されないこと。
※4	支配関係継続要件	合併後も同一者による完全支配関係又は支配関係が継続する見込みであること。
※5	株式継続保有要件	被合併法人の株主が50名以上の場合にはこの要件は不要。 被合併法人の株主等で合併により交付を受ける合併法人の株式等の全部を継続して保有することが見込まれるものが保有する被合併法人等の株式の合計が，被合併法人等の発行済株式総数の80%以上であること。
※6	主要事業継続性要件	合併直前の被合併法人の主要な事業が合併後に引き続き営まれることが見込まれること。
※7	従業員引継要件	合併直前の被合併法人の従業員のうち，概ね80%以上に相当する者が合併後の合併法人の業務に従事することが見込まれていること。
※8	事業関連性要件	合併法人が合併前に営むいずれかの事業と被合併会社の主要な事業が相互に関連するものであること。
※9	事業規模要件	被合併法人の移転事業と合併法人の移転事業のそれぞれの売上金額，従業員数，資本金額若しくはこれに準ずるものの規模が概ね5倍を超えないこと。
※10	特定役員引継要件	合併直前の被合併法人の特定役員（社長，副社長，代表取締役，専務取締役，常務取締役）のいずれかと，合併法人等の特定役員のいずれかとが合併後の組織の特定役員となることが見込まれていること。

第2章 組織再編税制・グループ法人税制・連結納税制度等のポイント

【図表2－3】 適格分割の判定表

	グループ内組織再編				共同事業のための組織再編 （50％以下）
	完全支配関係 （100％）		支配関係 （50％超100％未満）		
	親子会社としての完全支配関係※1	兄弟会社としての完全支配関係※2	親子会社としての支配関係※1	兄弟会社としての支配関係※2	
対価は株式等のみか？※3	○	○	○	○	○
再編後も支配関係の継続が見込まれるか？※4	○	○	○	○	
株式継続保有要件※5					○
主要事業継続性要件を充足するか？※6			○	○	○
従業員引継要件を充足するか？※7			○	○	○
主要資産・負債引継要件※8			○	○	○
事業関連性要件を充足するか？※9					○
事業規模要件※10又は特定役員引継要件※11を充足するか？					○

	要件	内容等
※1	親子関係	分割法人と分割承継法人との間でいずれか一方が他の発行済株式等のすべて（又は50％超）を直接若しくは間接に保有している関係。
※2	兄弟関係	分割法人及び分割承継法人が同一の者によりその発行済株式等のすべて（又は50％超）を直接若しくは間接に保有されている関係。
※3	対価要件	分割法人の株主等（若しくは分割法人）に分割承継法人の株式又は分割承継親法人株式のいずれか一方の株式以外の資産が交付されないこと。 ただし、分割型分割の場合には分割法人の株主の持株数に応じて分割承継法人の株式等が交付されるものに限る。
※4	支配関係継続要件	分割後も同一者による完全支配関係又は支配関係が継続する見込みであること。
※5	株式継続保有要件	株主が50名以上の場合にはこの要件は不要。 分社型分割：被分割会社等が交付を受ける分割承継法人等の株式等の全部を継続して保有すること。 分割型分割：被分割法人等の株主等で分割等により交付を受ける分割法人等の株式等の全部を継続して保有することが見込まれるものが保有する被分割法人等の株式の合計が被分割法人等の発行済株式総数の80％以上であること。
※6	主要事業継続性要件	分割事業（共同事業要件の場合には分割承継法人の分割承継事業と関連する事業に限る）が分割後に分割承継法人において引き続き営まれることが見込まれること。
※7	従業員引継要件	分割直前の分割事業にかかる従業員のうち、概ね80％以上に相当する者が分割後の分割承継法人の業務に従事することが見込まれていること。
※8	主要資産・負債引継要件	分割事業に係る主要な資産・負債が分割承継法人に引き継がれること。
※9	事業関連性要件	分割法人の分割事業と分割承継法人の分割承継事業とが相互に関連するものであること。
※10	事業規模要件	分割法人の分割事業と分割承継法人のその分割事業と関連する分割承継事業のそれぞれの売上金額、分割事業と分割承継事業のそれぞれの従業員数若しくはこれに準ずるものの規模が概ね5倍を超えないこと。
※11	特定役員引継要件	分割直前の分割法人の役員等のいずれかと、分割承継法人の特定役員（社長、副社長、代表取締役、専務取締役、常務取締役）のいずれかとが分割後に分割承継法人の役員となることが見込まれていること。

基本編

【図表2-4】 適格株式交換の判定表

	グループ内組織再編				共同事業のための組織再編 (50%以下)
	完全支配関係 (100%)		支配関係 (50%超100%未満)		
	親子会社としての完全支配関係※1	兄弟会社としての完全支配関係※2	親子会社としての支配関係※1	兄弟会社としての支配関係※2	
対価は株式等のみか？※3	○	○	○	○	○
再編後も支配関係の継続が見込まれるか？※4	○	○	○	○	
株式交換完全子法人の株主の株式継続保有要件※5					○
株式交換完全親法人の株主の株式継続保有要件※6					○
主要事業継続性要件を充足するか？※7			○	○	○
従業員引継要件を充足するか？※8			○	○	○
事業関連性要件を充足するか？※9					○
事業規模要件※10又は特定役員引継要件※11を充足するか？					○

	要件	内容等
※1	親子関係	完全子法人と完全親法人との間でいずれか一方が他の発行済株式等のすべて（又は50％超）を直接若しくは間接に保有している関係。
※2	兄弟関係	株式交換前に，完全子法人と完全親法人との間で同一の者により，それぞれの発行済株式等のすべて（又は50％超）を直接若しくは間接に保有されている関係。
※3	対価要件	完全子法人の株主に完全親法人の株式又は株式交換完全支配親法人株式のいずれか一方の株式以外の資産が交付されないこと。
※4	支配関係継続要件	株式交換後も完全子法人と完全親法人との間に同一者による完全支配関係又は支配関係が継続する見込みであること。
※5	株式交換完全子法人の株主の株式継続保有要件	株主が50名以上の場合にはこの要件は不要。 株式交換直前の完全子法人の株主で株式交換により交付を受ける完全親法人株式又は完全支配親法人株式のいずれか一方の全部を継続して保有することが見込まれるものが有する完全子法人株式の数を合計した数が完全子法人の発行済株式総数の80％以上であること。
※6	株式交換完全親法人の株主の株式継続保有要件	株式交換後に完全親法人と完全子法人との間に完全支配関係が継続することが見込まれること。
※7	主要事業継続性要件	株式交換完全子法人が営む主要な事業（共同事業要件の場合には親法人事業と関連する子法人事業に限る）が株式交換完全親法人において引き続き営まれることが見込まれること。
※8	従業員引継要件	株式交換直前の完全子法人の従業員のうち，概ね80％以上に相当する者が完全子法人の業務に引き続き従事することが見込まれていること。
※9	事業関連性要件	完全子法人の株式交換前に営む主要な事業のうちいずれかの子法人事業と完全親法人の株式交換前に営む事業のいずれかの親法人事業とが相互に関連するものであること。
※10	事業規模要件	完全子法人の子法人事業と完全親法人の子法人事業と関連する親法人事業のそれぞれの売上金額，それぞれの従業員数若しくはこれに準ずるものの規模が概ね5倍を超えないこと。
※11	特定役員引継要件	完全子法人の特定役員（社長，副社長，代表取締役，専務取締役，常務取締役）のいずれかがその株式交換によって退任するものでないこと。

第2章　組織再編税制・グループ法人税制・連結納税制度等のポイント

【図表2－5】　適格株式移転の判定表

	単独で株式移転を行う場合※1	グループ内組織再編				共同事業のための組織再編（50%以下）
		完全支配関係（100%）		支配関係（50%超100%未満）		
		兄弟会社としての完全支配関係※2	親子会社としての支配関係※3	兄弟会社としての支配関係※2		
対価は株式等のみか？※4	○	○	○	○		○
再編後も支配関係の継続が見込まれるか？※5	○	○	○	○		
株式交換完全子法人の株主の株式継続保有要件※6						○
株式交換完全親法人の株主の株式継続保有要件※7						○
主要事業継続性要件を充足するか？※8			○	○		○
従業員引継要件を充足するか？※9			○	○		○
事業関連性要件を充足するか？※10						○
事業規模要件※11又は特定役員引継要件※12を充足するか？						○

	要　件	内　容　等
※1	単独株式移転	1つの法人のみが株式移転により完全子法人となり、株式移転後に完全親法人が完全子法人の発行済株式等の全部を直接若しくは間接に保有することが見込まれていること。
※2	兄弟関係	株式移転前に、完全子法人と他の完全子法人が同一の者により、それぞれの発行済株式等のすべて（又は50%超）を直接若しくは間接に保有されている関係。
※3	親子関係	完全子法人又は他の完全子法人と完全親法人との間にいずれか一方が他の発行済株式等の50%超を直接若しくは間接に保有している関係。
※4	対価要件	完全子法人又は他の完全子法人の株主に完全親法人の株式又は完全支配親法人株式以外の資産が交付されないこと。
※5	支配関係継続要件	株式移転後に完全親法人と完全子法人との間に完全支配関係又は支配関係が継続する見込みであること。
※6	株式交換完全子法人の株主の株式継続保有要件	株主が50名以上の場合にはこの要件は不要。 株式移転直前の完全子法人又は他の完全子法人の株主で株式移転により交付を受ける完全親法人株式の全部を継続して保有することが見込まれる者が有する完全子法人株式、又は他の完全子法人の株式の数を合計した数がそれぞれ完全子法人又は他の完全子法人の発行済株式等の総数の80%以上であること
※7	株式交換完全親法人の株主の株式継続保有要件	株式移転後に完全親法人と他の完全子法人との間に完全支配関係が継続することが見込まれること。
※8	主要事業継続性要件	株式移転完全子法人が株式移転前に営む主要な事業（共同事業要件の場合には親法人事業と関連する子法人事業に限る）が株式移転完全子法人において引き続き営まれることが見込まれること。
※9	従業員引継要件	株式移転直前の完全子法人又は他の完全子法人の従業員のうち、概ね80%以上に相当する者がそれぞれ完全子法人又は他の完全子法人の業務に引き続き従事することが見込まれていること。
※10	事業関連性要件	完全子法人の株式移転前に営む主要な事業のうちいずれかの子法人事業と他の完全子法人の株式移転前に営む事業のいずれかの他の子法人事業とが相互に関連するものであること。
※11	事業規模要件	完全子法人の子法人事業と完全親法人の子法人事業と関連する親法人事業のそれぞれの売上金額、それぞれの従業員数若しくはこれに準ずるものの規模が概ね5倍を超えないこと。
※12	特定役員引継要件	完全子法人の特定役員（社長、副社長、代表取締役、専務取締役、常務取締役）のいずれかがその株式交換によって退任するものでないこと。

基本編

❸ 税務処理

① 合併法人等（資産等の移転先となる法人）の税務処理

合併を行った際には，税務上は原則として，合併法人等に移転した資産等は時価により譲渡されたものとされ，被合併法人（資産等の移転元となる法人）に生じた譲渡損益に対して課税されます。ただし，組織再編税制では，一定の要件を満たした場合に資産等の譲渡損益に対する課税を繰り延べることを認めています（適格合併）。以下の【図表２－６】及び【図表２－７】は組織再編税制の課税関係の基本的な考え方を図示したものです。

【図表２－６】　組織再編税制における原則的な課税関係（非適格合併の場合）

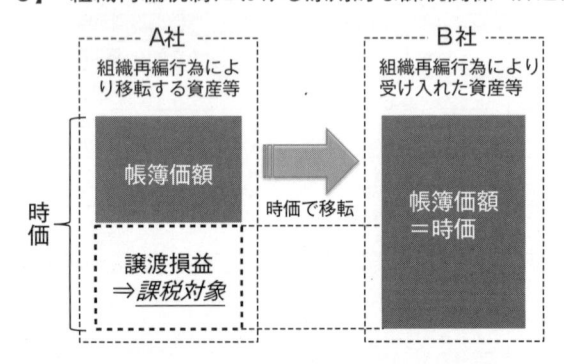

A社
組織再編行為により移転する資産等
時価
　帳簿価額
　譲渡損益
　⇒課税対象

時価で移転 →

B社
組織再編行為により受け入れた資産等
　帳簿価額
　＝時価

【図表２－７】　組織再編税制における課税関係の特例（適格合併の場合）

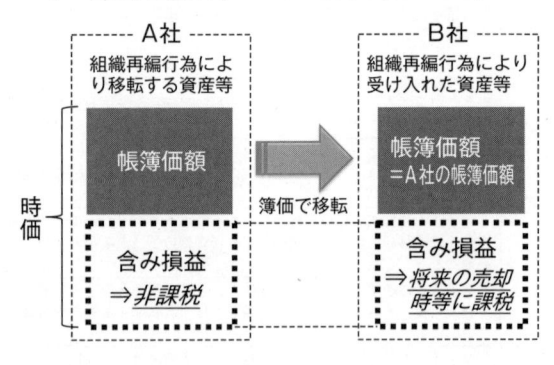

A社
組織再編行為により移転する資産等
時価
　帳簿価額
　含み損益
　⇒非課税

簿価で移転 →

B社
組織再編行為により受け入れた資産等
　帳簿価額
　＝A社の帳簿価額
　含み損益
　⇒将来の売却時等に課税

② 非適格合併等の場合の資産等の受入れ

非適格合併等の場合には，各資産及び負債を時価で受け入れ，当該受入れ時の時価がその後の課税所得計算における償却計算等の基礎となります。

なお，ここでいう非適格合併等には，以下に掲げるものを含みます。

・適格合併に該当しない合併
・適格分割に該当しない会社分割
・適格現物出資に該当しない現物出資
・事業譲受

組織再編税制では非適格合併等の税務処理に関して，次の２点を定めています。

・組織再編の対価と，受入時価純資産の差額（資産調整勘定又は差額負債調整勘定）の取扱い
・上記の際に認識することのできる退職給与負債調整勘定及び短期重要負債調整勘定の取扱い

概要は【図表２－８】のとおりとなります。

【図表２－８】 非適格合併等の場合の資産等の受入れのイメージ

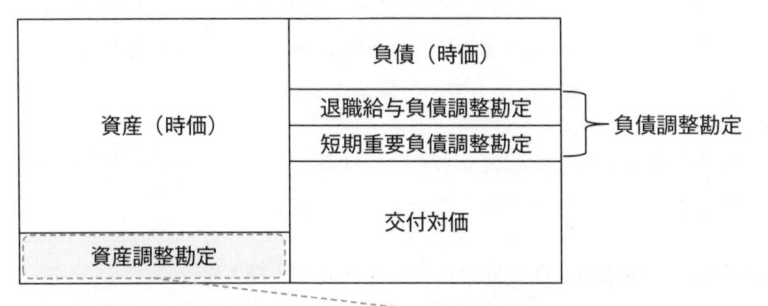

資産（時価）	負債（時価）	負債調整勘定
	退職給与負債調整勘定	
	短期重要負債調整勘定	
	交付対価	
資産調整勘定		

・差額が貸方に発生する場合には，「差額負債調整勘定」となる。
・貸借いずれに発生するかにかかわらず，60カ月で除した金額に事業年度の月数を乗じた金額が償却され，益金又は損金に算入される。

(ア) 資産調整勘定又は差額負債調整勘定（税務上ののれん）

資産調整勘定とは，非適格合併等の対価が移転を受けた資産及び負債の時価

基 本 編

純資産の額を超える場合の当該超過部分のことです。非適格合併等の対価が時価純資産の額を下回る場合には差額負債調整勘定という名称になります。ここでの時価評価後の負債には後述する退職給与負債調整勘定や短期重要負債調整勘定を含み，税務上認められない引当金などは含まれません。したがって，資産調整勘定は会計上の「のれん（負ののれん）」と同様の概念となりますが，必ずしも金額が同一とはならないことに留意が必要です。

資産調整勘定は以下のように計算されます。

資産調整勘定＝Ａ－Ｂ－Ｃ
　Ａ（合併等の対価）：非適格合併等に交付した金銭の額及び金銭以外の資産の額の合計額
　Ｂ（時価純資産額）：被合併法人等から受け入れた資産の時価－負債（退職給与負債調整勘定及び短期重要負債調整勘定を含む）の時価
　Ｃ（資産等超過差額）：非適格合併等の対価として交付された株式等の時価が約定時の時価の２倍を超える場合における，交付時の時価から合併等により移転を受けた事業の価値（一定の場合には約定時の時価）を控除した金額又は，被合併法人等の欠損金相当額

また，税務上認識された資産調整勘定は，計上した事業年度から以下の算式により算出された金額が償却され，損金算入されます。

資産調整勘定（差額負債調整勘定）の損金（益金）算入額
　＝当初計上額×当該事業年度の月数÷60

　㈦　退職給与負債調整勘定

合併法人等が，退職給与債務引受け※をした場合には，合併法人等は当該引受額を退職給与負債調整勘定として計上し，退職給与負債調整勘定の対象となった従業者が，退職等により従業者でなくなった場合，又は当該従業者に対

して退職給与を支給した場合に，取崩しにより益金算入することとされています。

※ 引受従業者との間で，合併等の組織再編後に退職した場合等に支給する退職給与の額について，組織再編前の在職期間等を勘案して算定する旨を約束し，かつ，これに伴う負担を引き受けること

(ウ) 短期重要負債調整勘定

合併法人等において，次の要件をすべて満たすものは，短期重要負債調整勘定として計上されます。短期重要負債調整勘定は，資産調整勘定の減少又は差額負債調整勘定として取り扱います。

- ・非適格合併等により移転を受けた事業に係る将来の債務である
- ・その事業の利益に重大な影響を与える（見込損失の額が，譲受資産の取得価額合計の20％以上）
- ・債務の履行が非適格合併等の日から概ね3年以内に見込まれる

また，短期重要負債調整勘定の取崩し時期及び取崩し金額は以下のとおりとされています。

取崩し時期	金　額
見込損失が実際に生じた時	当該見込損失に該当する金額
事業譲受から3年が経過した時	その時点での残額

③ 繰越欠損金の引継ぎ

(ア) 繰越欠損金の取扱いの概要

組織再編時には繰越欠損金の取扱いがどのようになるのかに注意を払う必要があります。つまり，組織再編によって被合併法人等（資産等の移転元となる法人）の欠損金を引き継げるのか，また，合併法人等（資産等の移転先となる法人）で有している欠損金を組織再編後もなんら制限なく使用できるのかという点について，法人税法では一定の場合に制限をしているため，これらの制限を理解することが重要です。【図表2-9】ではこの概要をまとめています。

基 本 編

【図表2−9】 繰越欠損金に関する税務上の取扱い（概要）

		被合併法人等の欠損金を引き継げるか？	合併法人等の欠損金の使用制限はあるか？
適格組織再編	合　　　併	原則として引継ぎ可	使用制限あり
	その他組織再編	引継ぎ不可	
非適格組織再編		引継ぎ不可	原則として使用制限なし

> **欠損金の引継判定のポイント**
> ・ 適格合併の場合のみに認められています（適格合併でない場合には欠損金の引継ぎが原則として認められていません）。
> ・ 支配関係が5年前より，もしくは設立時より続いている場合には無条件に欠損金を引き継げます。一方，支配関係の成立が5年以内の場合，欠損金の全額を引き継げるとは限りません。

(イ) 被合併法人が有する繰越欠損金の引継ぎ

　【図表2−9】のように，適格合併の場合には，被合併法人の繰越欠損金を合併法人に引き継ぐことが原則として認められています。この場合，共同事業のための組織再編であることや，グループ内組織再編で5年超前から支配関係を継続しているケース等の一定の要件を満たした場合には，被合併法人が有する繰越欠損金は無条件に引き継ぐことができますが，一定の要件を満たさなかった場合には，欠損金の引継ぎが一部制限されます。

　一方，適格合併に該当しない場合には繰越欠損金を引き継げません。

　被合併法人からの繰越欠損金の引継可否の判定フローをまとめると【図表2−10】のとおりです。また，【図表2−11】では，引継制限がある場合の引継額のイメージ図をまとめています。

第2章 組織再編税制・グループ法人税制・連結納税制度等のポイント

【図表2-10】 被合併法人からの繰越欠損金の引継可否判定チャート

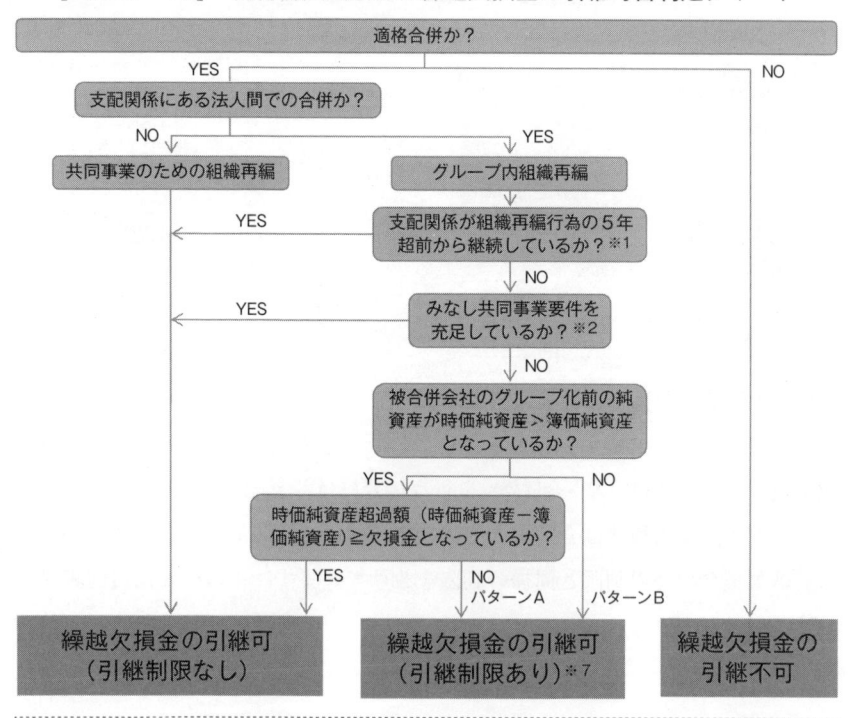

```
                    適格合併か？
              ┌───────┴───────┐
             YES              NO
              │                │
    支配関係にある法人間での合併か？
    ┌─────┴─────┐
   NO           YES
    │            │
共同事業のための  グループ内組織再編
   組織再編          │
    │        支配関係が組織再編行為の5年
    │←─YES── 超前から継続しているか？※1
    │            │ NO
    │        みなし共同事業要件を
    │←─YES── 充足しているか？※2
    │            │ NO
    │        被合併会社のグループ化前の純
    │        資産が時価純資産＞簿価純資産
    │        となっているか？
    │        ┌─────┴─────┐
    │       YES            NO
    │        │              │
    │    時価純資産超過額（時価純資産－簿
    │    価純資産）≧欠損金となっているか？
    │    ┌─────┴─────┐
    │   YES           NO
    │    │        パターンA      パターンB
    ▼    ▼            ▼             ▼             ▼
 繰越欠損金の引継可    繰越欠損金の引継可        繰越欠損金の
  （引継制限なし）     （引継制限あり）※7        引継不可
```

※1 設立が5年以内の場合には，支配関係が設立以来継続しているか
※2 ①「事業関連性要件※3」「事業規模要件※4」「事業規模継続要件※5」のすべて又は②「事業関連性要件※3」「特定役員引継要件※6」のいずれかの要件
※3 組織再編対象会社の事業が相互に関連するものであること
※4 被合併法人等の移転事業と合併法人等の移転事業のそれぞれの売上金額，従業員数，資本金額もしくはこれに準ずるものの規模が概ね5倍を超えないこと
※5 以下の2要件を満たすこと
　　ア）被合併等事業が支配関係発生日から適格合併等の直前まで継続して営まれており，支配関係発生日と適格合併等の直前被合併等事業の規模の割合が概ね2倍を超えないこと
　　イ）合併等事業が支配関係発生日と適格合併等の直前のときまで継続して営まれており，かつ支配関係発生日と適格合併等の直前のときにおける合併等事業の規模の割合が概ね2倍を超えないこと
※6 組織再編直前の被合併法人等の特定役員のいずれかと，合併法人等の特定役員のいずれかとが組織再編後の組織の特定役員となることが見込まれていること
※7 パターンA：純資産超過額まで引継可
　　パターンB：グループ化した事業年度以後に発生した欠損金のうち資産の譲渡等による損失により生じたと認められる部分以外は引継可

基 本 編

【図表２－11】 欠損金の引継制限のイメージ

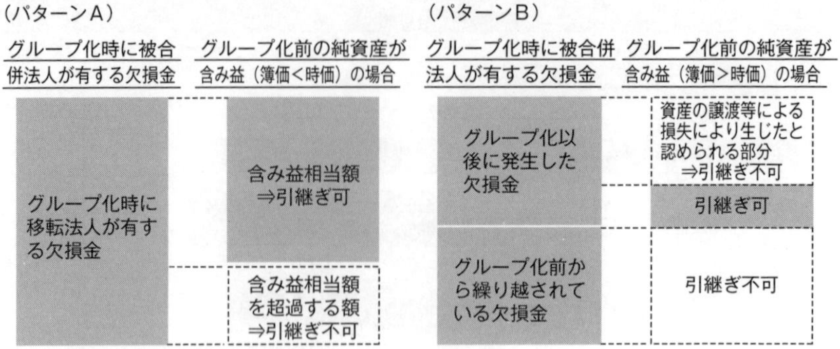

(パターンA)

グループ化時に被合併法人が有する欠損金	グループ化前の純資産が含み益（簿価＜時価）の場合
グループ化時に移転法人が有する欠損金	含み益相当額 ⇒引継ぎ可
	含み益相当額を超過する額 ⇒引継ぎ不可

(パターンB)

グループ化時に被合併法人が有する欠損金	グループ化前の純資産が含み益（簿価＞時価）の場合
グループ化以後に発生した欠損金	資産の譲渡等による損失により生じたと認められる部分 ⇒引継ぎ不可
	引継ぎ可
グループ化前から繰り越されている欠損金	引継ぎ不可

(ｳ)　合併法人が有する繰越欠損金の使用制限

　一方で，まず，欠損金を有する会社をグループ会社化し，その後その会社を取得会社とした合併（逆さ合併等）を行う場合には，上記（イ）の制限が適用されないため，法人税法は合併法人の欠損金の使用に関しても被合併法人が有する繰越欠損金の使用制限と同様の制限を設けています。その概要は【図表２－12】のとおりです。

第2章 組織再編税制・グループ法人税制・連結納税制度等のポイント

【図表2−12】 合併法人等が有する繰越欠損金の使用制限判定チャート

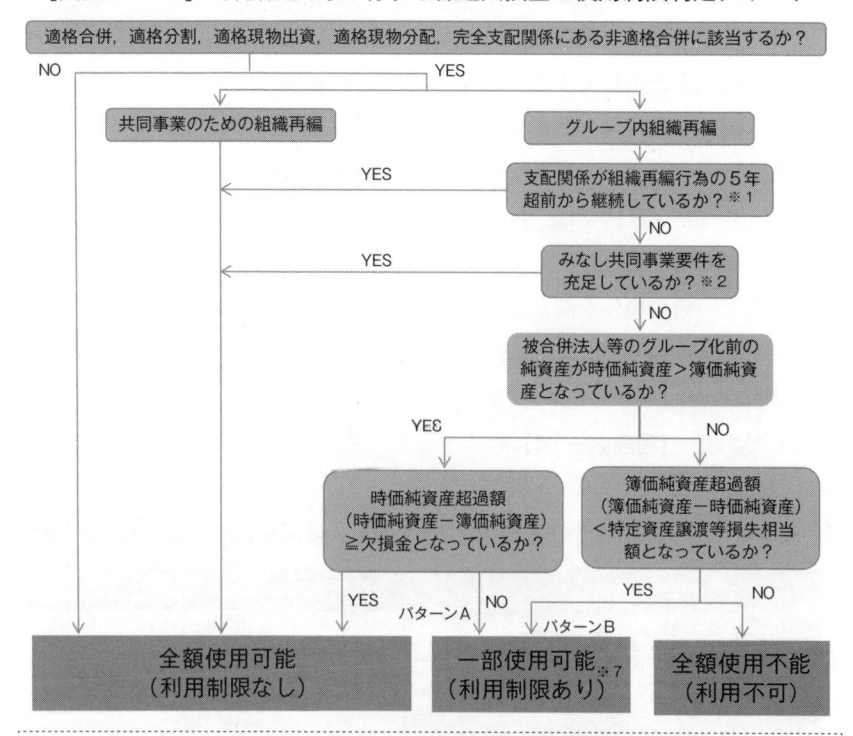

```
適格合併,適格分割,適格現物出資,適格現物分配,完全支配関係にある非適格合併に該当するか？
    NO ←                    → YES
                                │
    ┌──────────────┐      ┌──────────────┐
    │共同事業のための組織再編│      │ グループ内組織再編 │
    └──────────────┘      └──────────────┘
                                │
              ← YES ── 支配関係が組織再編行為の5年
                        超前から継続しているか？※1
                                │ NO
              ← YES ── みなし共同事業要件を
                        充足しているか？※2
                                │ NO
                        被合併法人等のグループ化前の
                        純資産が時価純資産＞簿価純資産
                        となっているか？
                        YES ┘  └ NO
          時価純資産超過額          簿価純資産超過額
          (時価純資産−簿価純資産)    (簿価純資産−時価純資産)
          ≧欠損金となっているか？   ＜特定資産譲渡等損失相当
                                  額となっているか？
         YES ┘ └ NO          YES ┘ └ NO
             パターンA      パターンB
    
    全額使用可能      一部使用可能※7     全額使用不能
   （利用制限なし）   （利用制限あり）    （利用不可）
```

※1 設立が5年以内の場合には，支配関係が設立以来継続しているか
※2 ①「事業関連性要件※3」「事業規模要件※4」「事業規模継続要件※5」のすべて又は②「事業関連性要件※3」「特定役員引継要件※6」のいずれかの要件
※3 組織再編対象会社の事業が相互に関連するものであること
※4 被合併法人等の移転事業と合併法人等の移転事業のそれぞれの売上金額，従業員数，資本金額もしくはこれに準ずるものの規模が概ね5倍を超えないこと
※5 以下の2要件を満たすこと
　　ア）被合併等事業が支配関係発生日から適格合併等の直前まで継続して営まれており，支配関係発生日と適格合併等の直前被合併等事業の規模の割合が概ね2倍を超えないこと
　　イ）合併等事業が支配関係発生日と適格合併等の直前のときまで継続して営まれており，かつ支配関係発生日と適格合併等の直前のときにおける合併等事業の規模の割合が概ね2倍を超えないこと
※6 組織再編直前の被合併法人等の特定役員のいずれかと，合併法人等の特定役員のいずれかとが組織再編後の組織の特定役員となることが見込まれていること
※7 パターンA：純資産超過額まで引継可
　　パターンB：グループ化した事業年度以後に発生した欠損金のうち資産の譲渡等による損失により生じたと認められる部分以外は引継可

基 本 編

④ 特定資産の譲渡損失の損金不算入

上述の③では適格組織再編の際に繰越欠損金の引継ぎ・使用制限に関する税務上の取扱いを説明してきましたが，適格合併等の場合には移転資産を帳簿価額で引き継ぐため，含み損を有する資産を移転し，その後に売却することで譲渡損失を計上することで租税回避を行うことができます。

そのため，法人税法では，合併法人等が合併等により取得した資産の譲渡等による損失ならびに合併法人等が従来から保有していた資産の譲渡等による損失のうち，一定の要件を満たさないものを損金算入できないようになっています（ただし，棚卸資産（土地，土地の上の権利を除く），売買目的有価証券，帳簿価額又は取得原価が1,000万円未満の資産等は除きます）。その概要は【図表２−13】のとおりであり，【図表２−14】のチャートに従い判定します。

【図表２−13】 特定資産の譲渡損失の損金不算入に関する税務上の取扱い（概要）

		特定資産の譲渡損失が損金となるか？
適格合併等※	共同事業のための組織再編	損金算入
	グループ内組織再編	一定の場合，損金不算入
上 記 以 外		損金算入

※ 適格合併，適格分割，適格現物出資，適格現物分配，完全支配関係にある非適格合併をいう。

第2章 組織再編税制・グループ法人税制・連結納税制度等のポイント

【図表2－14】 特定資産譲渡損失等の損金不算入判定チャート

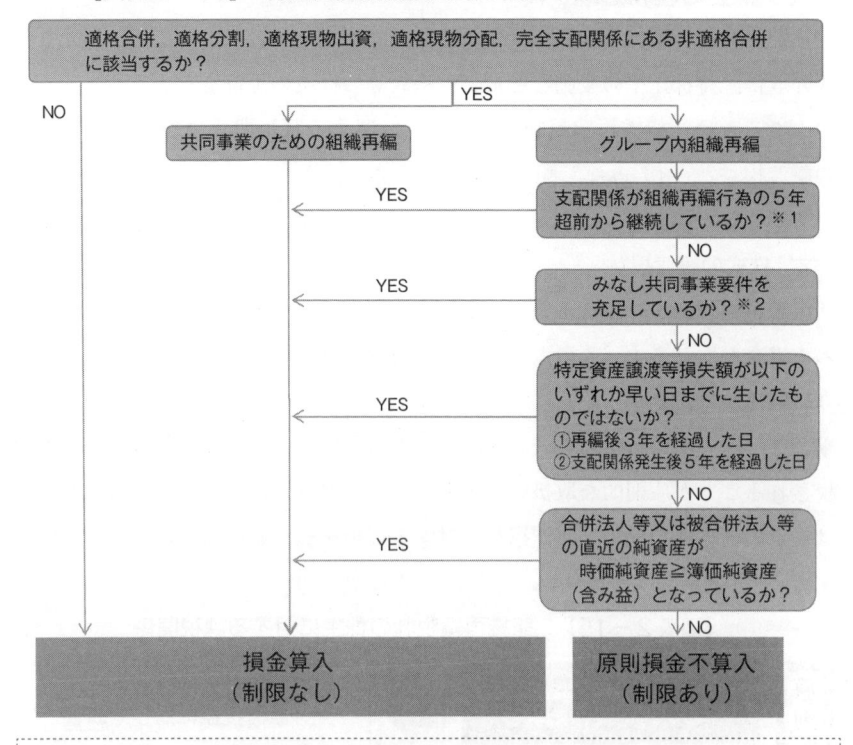

```
           適格合併，適格分割，適格現物出資，適格現物分配，完全支配関係にある非適格合併
           に該当するか？
              │
         NO   │ YES
    ┌─────────┼─────────┐
    │         ▼         ▼
    │  共同事業のための組織再編    グループ内組織再編
    │         │                 │
    │    YES  │        支配関係が組織再編行為の5年
    │  ◄──────┤        超前から継続しているか？※1
    │         │                 │ NO
    │    YES  │        みなし共同事業要件を
    │  ◄──────┤        充足しているか？※2
    │         │                 │ NO
    │         │        特定資産譲渡等損失額が以下の
    │         │        いずれか早い日までに生じたも
    │    YES  │        のではないか？
    │  ◄──────┤        ①再編後3年を経過した日
    │         │        ②支配関係発生後5年を経過した日
    │         │                 │ NO
    │         │        合併法人等又は被合併法人等
    │         │        の直近の純資産が
    │    YES  │          時価純資産≧簿価純資産
    │  ◄──────┤        （含み益）となっているか？
    │         │                 │ NO
    ▼         ▼                 ▼
      損金算入             原則損金不算入
      （制限なし）          （制限あり）
```

※1 設立が5年以内の場合には，支配関係が設立以来継続しているか
※2 ①「事業関連性要件※3」「事業規模要件※4」「事業規模継続要件※5」のすべて又は②「事業関連性要件※3」「特定役員引継要件※6」のいずれかの要件
※3 組織再編対象会社の事業が相互に関連するものであること
※4 被合併法人等の移転事業と合併法人等の移転事業のそれぞれの売上金額，従業員数，資本金額若しくはこれに準ずるものの規模が概ね5倍を超えないこと
※5 以下の2要件を満たすこと
　　ア）被合併等事業が支配関係発生日から適格合併等の直前まで継続して営まれており，支配関係発生日と適格合併等の直前被合併等事業の規模の割合が概ね2倍を超えないこと
　　イ）合併等事業が支配関係発生日と適格合併等の直前のときまで継続して営まれており，かつ支配関係発生日と適格合併等の直前のときにおける合併等事業の規模の割合が概ね2倍を超えないこと
※6 組織再編直前の被合併法人等の特定役員のいずれかと，合併法人等の特定役員のいずれかが組織再編後の組織の特定役員となることが見込まれていること

基本編

⑤ 株主の税務処理

また，組織再編は会社間で行われるものですが，場合によっては，新たな株式の取得，持株比率の変動など被合併法人等の株主の地位を大きく変えることにもなるため，組織再編税制では，株主に関する課税関係につき，(ア) 株式の譲渡損益と (イ) みなし配当に関して定め，法人税，所得税の原則的な取扱いを修正しています。

(ア) 株式の譲渡損益

組織再編行為が行われると，被合併法人等の株主が保有する株式の内容が変わる場合があります。この際，組織再編税制では組織再編により旧株式の代わりに取得する対価が，金銭等のみ，又は株式に加えて金銭等の交付もなされる場合には株主がいったん株式を譲渡したものとみなして，譲渡損益に対して課税されることが原則的な取扱いです。しかし，対価が株式等のみである場合には投資の継続性を認め，譲渡損益に対する課税を繰り延べることを認めています。

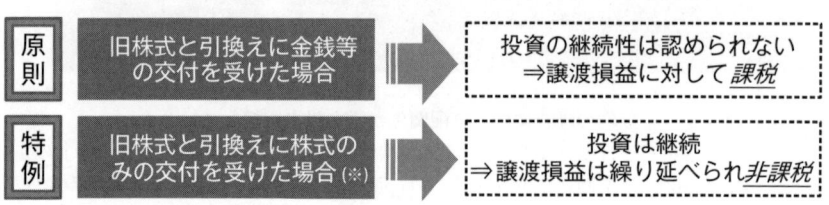

【図表2-15】 組織再編税制の株主に対する課税関係

原則	旧株式と引換えに金銭等の交付を受けた場合	⇒	投資の継続性は認められない ⇒譲渡損益に対して*課税*
特例	旧株式と引換えに株式のみの交付を受けた場合(※)	⇒	投資は継続 ⇒譲渡損益は繰り延べられ*非課税*

※ 合併法人等の株式のほか，合併法人の親法人の株式等の場合も含む。

例えば，合併による組織再編を行う場合に，被合併法人の株主に合併法人の株式のほかに，一株当たり一定金額の金員を支給する方式によっていたとします。この場合，税務上の取扱いとしては被合併法人の株主はいったん株式を売却し，その対価の一部で合併法人の株式を購入したと考え，株式の譲渡益に対して課税されることになります。一方で被合併法人の株主に合併法人等の株式のみを交付する場合には，投資の継続性が認められ，課税は繰り延べられることとなります。

第2章 組織再編税制・グループ法人税制・連結納税制度等のポイント

㈦ みなし配当

　非適格合併及び非適格分割型分割の場合には，被合併法人等の株主の移転事業等に対する投資は継続しないと考えます。つまり，移転事業の利益積立金はいったん株主等に配当として分配され，それをもって株主等が合併法人又は分割承継法人に対する出資をしたものとみなされ，実際には配当が行われていないにもかかわらず税務上は配当が行われたものとして課税関係が構築されます。これをみなし配当といい，株主は，みなし配当に対して課税されるとともに，原則として受取配当の益金不算入の適用があります。

㈧ 譲渡損益とみなし配当

　組織再編の手法・対価の種類と譲渡損益・みなし配当の課税関係をまとめると，【図表2－16】のとおりとなります。

【図表2－16】 組織再編の手法と株主における課税関係

	旧株式と引換えに金銭等を交付	旧株式と引換えに株式のみを交付
非適格合併・非適格分割型分割	譲渡損益に課税 みなし配当に課税	譲渡損益は繰延べ みなし配当に課税
その他のストラクチャー	譲渡損益に課税 みなし配当は生じない	譲渡損益は繰延べ みなし配当は生じない

　また，みなし配当と譲渡損益の関係をまとめると，【図表2－17】のとおりとなります。

【図表2－17】 みなし配当と譲渡損益の関連図

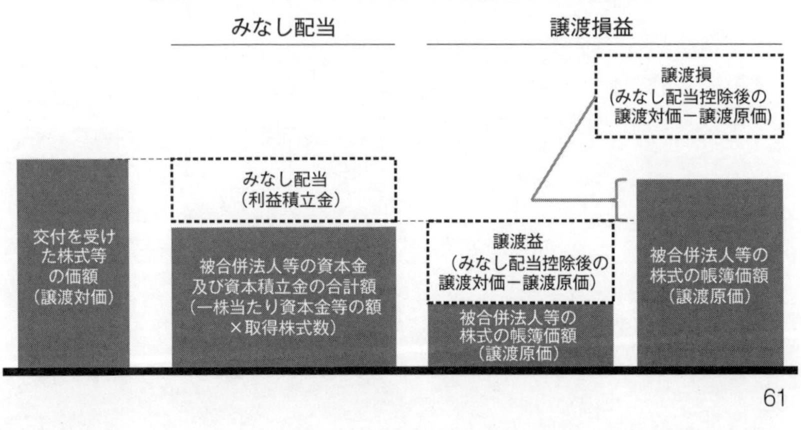

みなし配当 ／ 譲渡損益

- 交付を受けた株式等の価額（譲渡対価）
- みなし配当（利益積立金）
- 被合併法人等の資本金及び資本積立金の合計額（一株当たり資本金等の額×取得株式数）
- 譲渡益（みなし配当控除後の譲渡対価－譲渡原価）
- 被合併法人等の株式の帳簿価額（譲渡原価）
- 譲渡損（みなし配当控除後の譲渡対価－譲渡原価）
- 被合併法人等の株式の帳簿価額（譲渡原価）

基本編

(エ) 自己株式の取得とみなし配当

組織再編行為に際しては，自己株式を取得し法人が株主へ金銭等の交付を行った場合にも，みなし配当が発生する可能性があります。この場合，原則として受取配当の益金不算入の対象となりますが，同時に株式の譲渡損が生じる場合，税務上の損失のみを作り出すことができます。そのため，法人が，株式等の発行法人による自己株式の取得をすることが予定（例えば，公開買付に関する公告がされている場合や組織再編成が公表されている場合）されている株式等を取得（適格合併又は適格分割型分割による引継ぎを含む）した場合において，その株式等が発行法人により予定どおり取得されたときは，その株式等に係るみなし配当については受取配当等の益金不算入の規定は適用されないこととされています。ただし，完全支配関係がある発行法人による自己株式の取得に係るみなし配当については，この制限はなく，受取配当等の益金不算入の適用があります。

(オ) 譲渡損益とみなし配当に関する課税方法と適用税率

以上のように，組織再編を行う際には株主に与える税務上の影響を考える必要がありますが，課税関係はさらに法人株主であるか，個人株主であるか，また上場株式であるか，非上場株式であるかによって税務上の取扱いが異なってきます。以下の【図表2－18】は，非上場株式及び上場株式に係る譲渡損益とみなし配当の課税上の取扱いをまとめたものです。

第2章 組織再編税制・グループ法人税制・連結納税制度等のポイント

【図表2－18】 譲渡損益とみなし配当に関する課税方法と適用税率

		非上場株式	上場株式
法人株主	譲渡損益	他の課税所得と合算され，法定実効税率35.64％で課税※1	
	みなし配当	配当額の50％若しくは100％について益金不算入として処理※2	
個人株主	譲渡損益	他の株式譲渡所得と合算され，税率20％（所得税15％，住民税5％）で課税	他の株式譲渡所得と合算され，税率10％（所得税7％，住民税3％）で課税※3
	みなし配当	原則として総合課税により他の所得と合算され，累進税率（最高税率は実質43.6％）で課税	申告分離課税を選択した場合には税率10％（所得税7％，住民税3％）で課税※4　総合課税を選択した場合には，他の所得と合算され，累進税率（最高税率は実質43.6％）で課税※5

※1 東京23区に所在する資本金1億円超の法人（事業税の外形標準課税適用対象法人）の場合。なお，平成24年4月1日から平成27年3月31日までの間に開始する事業年度については法人税額に10％の税率を乗じて復興特別法人税額が課されるため，法定実効税率は，38.01％となる。
※2 完全子法人株式は配当額の100％，関係法人株式等は負債利子控除後の配当額の100％，関係法人株式以外の株式は負債利子控除後の配当額の50％が益金不算入となる。
※3 平成26年1月1日以後の譲渡については20％（所得税15％，住民税5％）
※4 平成26年1月1日以後に支払いを受けるべきものについては18％（所得税15％，地方税3％）
※5 上場会社の大口株主（発行済株式総数の3％以上を保有している株主）については総合課税のみしか選択し得ない。

⑥ 当事者ごとの税務処理の比較

組織再編に関連する当事者ごとに課税関係をまとめると，【図表2－19】及び【図表2－20】のとおりとなります。このように適格組織再編と判断された場合には原則として組織再編行為を通して課税関係が生じないことになります。

【図表2－19】 組織再編の当事者ごとの課税関係（適格）

適格組織再編	
被合併法人等	合併法人等の資産・負債は帳簿価額で譲渡 ⇒譲渡損益は生じないため<u>課税なし</u>（課税関係は完結）
合併法人等	合併法人等の資産・負債は帳簿価額で引き継ぐ。すなわち，移転資産負債，資本金等の額，利益積立金がそのまま承継される ⇒引継資産・負債が売却等により譲渡されるまでは，含み損益に<u>課税はされない</u>（課税の繰延べ）
被合併法人等の株主	課税なし ※　ただし，三角合併等の一定の場合には，株式譲渡損益を認識し，課税される可能性あり
合併法人等の株主	課税なし

【図表2－20】 組織再編の当事者ごとの課税関係（非適格）

非適格組織再編	
被合併法人等	合併法人等の資産・負債は時価で譲渡（対価の株式は取得直後に株主に交付されたものとする） ⇒原則として譲渡損益（時価－帳簿価額）に対して<u>課税される</u> （課税関係は完結）
合併法人等	合併法人等の資産・負債は時価で引き継ぐ。移転時価純資産と株主への配当見合いの交付金等の価額を除いた金額が増加資本金等となる ⇒含み損益は生じず，<u>課税なし</u>
被合併法人等の株主	原則としてみなし配当，保有株式譲渡損益に対して課税される
合併法人等の株主	課税なし

⑦　租税回避行為の防止

　上述までのように，組織再編行為に関する税務上の取扱いは，複雑かつ多岐にわたっています。そのため，組織再編行為が租税回避の手段として乱用されるおそれがあることから，包括的な組織再編に係る行為又は計算の否認の規定が設けられ，税務署長の認めるところにより，課税標準もしくは欠損金，又は法人税の額を計算することができるようになっています。

3 グループ法人税制

❶ 基本的な考え方

　いわゆる「グループ法人税制」とは，企業グループを対象とした法制度や会計制度が定着しつつある中，税制においても法人の組織形態の多様化に対応するとともに，課税の中立性や公平性を確保する観点から，完全支配関係（100％グループ）にある法人間の課税関係について整備された制度をいいます。

　グループ法人税制は，主に以下の内容を含んでいます。
① 100％グループ内の法人間の資産の譲渡取引の損益の繰延べ
② 100％グループ内の法人間の寄附
③ 100％グループ内の法人間の現物分配
④ 100％グループ内の法人からの受取配当の益金不算入（負債利子控除）
⑤ 100％グループ内の法人の株式の発行法人への譲渡に係る損益
⑥ 大法人の100％子法人に対する中小企業向け特例措置の適用

　なお，グループ法人税制の適用対象は，後述する連結納税制度と異なり，完全支配関係にあるすべての内国法人に対して強制適用される制度である点に留意が必要です。

❷ 完全支配関係

　グループ法人税制は完全支配関係のある法人間の取引が適用対象となります。
　完全支配関係とは，一方（内国法人／外国法人／個人）のものが他方の発行済株式等の全部を直接又は間接に保有する関係等をいいます。
　例えば，【図表2－21】のように，親会社が直接子会社の株式の100％を所有している場合のほか，親会社と子会社Aで子会社Bの株式の100％を所有している場合，親子のように特殊の関係にある個人によりそれぞれ完全支配され

基本編

ている場合,外国法人によって完全支配されている場合等も完全支配関係となります。

【図表2−21】 グループ法人税制の適用対象例

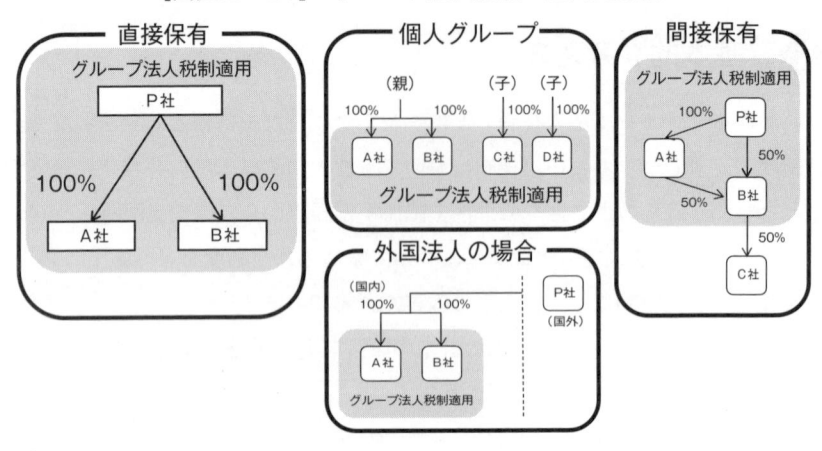

❸ グループ法人税制の主な内容

① 100%グループ内の法人間の資産の譲渡取引の損益の繰延べ

完全支配関係のある内国法人間において行われた譲渡損益調整資産(固定資産,固定資産以外の土地,有価証券,金銭債権等)の譲渡取引により生じた譲渡損益は,その資産が譲受法人から移転等されるまで繰り延べられます。

【図表2−22】 100%グループ内の資産の譲渡取引

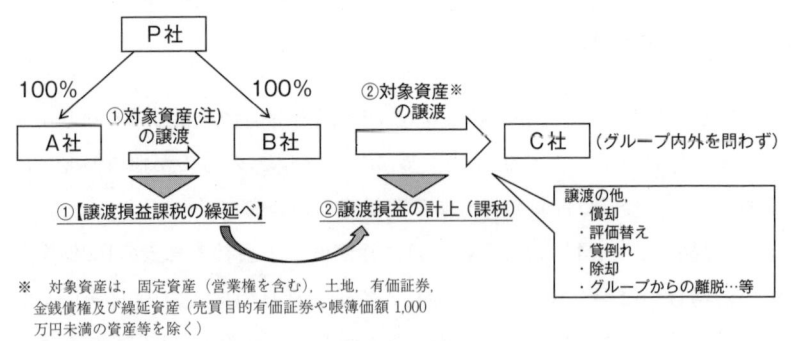

※ 対象資産は,固定資産(営業権を含む),土地,有価証券,金銭債権及び繰延資産(売買目的有価証券や帳簿価額1,000万円未満の資産等を除く)

② 100％グループ内の法人間の寄附

法人による完全支配関係にあるグループ内の内国法人間の寄附金については，支出法人において全額損金不算入，受領法人において全額益金不算入とされ，各法人において課税所得に影響しないこととなります。

【図表2-23】 100％グループ内の法人間の寄付

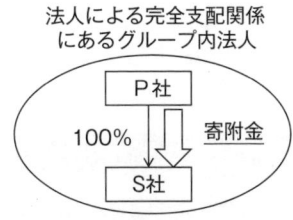

	支出法人 （P社）	受領法人 （S社）
通常の法人税法の取扱い	損金算入 （限度額あり） ⇒課税所得減	全額益金算入 ⇒課税所得増
グループ法人税制	全額損金不算入 ⇒課税所得増	全額益金不算入 ⇒課税所得減

※ 本制度は，<u>法人による完全支配関係がある法人の寄附金</u>を対象としています。そのため，同族関係者（個人）が株主であるグループ法人については，適用されません。

③ 100％グループ内の法人間の現物分配

現物分配とは，法人がその株主に対して剰余金の配当などの一定の事由により金銭以外の資産を交付することをいいます。

現物分配に関する税務処理は，「2 組織再編税制」で述べたように，原則として移転された資産は時価により譲渡されたものとされ，譲渡損益に対して課税されます。

しかし，完全支配関係にある法人間での現物分配については，適格現物分配と判定され，資産は現物分配保有法人の帳簿価額で譲渡が行われたものとして損益は認識されません。

以下の【図表2-24】では，孫会社株式を子会社が現物分配を行うことによる孫会社の子会社化を図った事例をもとに，適格現物分配と非適格現物分配の違いを比較しています。

基 本 編

【図表２－24】 現物分配の税務処理（孫会社の子会社化）

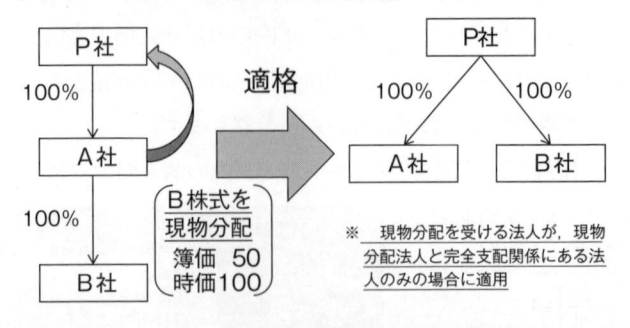

P社 100%→ A社 100%→ B社　B株式を現物分配　簿価 50　時価100

適格 ⇒

P社 100%→ A社、P社 100%→ B社

※ 現物分配を受ける法人が，現物分配法人と完全支配関係にある法人のみの場合に適用

	現物分配法人（A社）	被現物分配法人（P社）
適格現物分配	簿価で移転 支払配当　50／B社株式　50	簿価で受入れ B社株式　50／受取配当　50 **益金不算入**
非適格現物分配	時価で移転 支払配当　100／B社株式　50 　　　　　　　　譲　渡　益　50 **益金算入**	時価で受入れ B社株式　100／受取配当　100 **益金不算入** （一部又は全部）

④　100％グループ内の法人からの受取配当の益金不算入

　内国法人が他の内国法人より配当等を受けるときは，その配当等の額は益金の額に算入されません。益金に算入されない金額については，法人間の資本関係によって異なっており，100％グループ内法人からの受取配当は，全額が益金不算入となります。法人間の資本関係と受取配当の益金不算入額との関係をまとめると**【図表２－25】**のようになります。

【図表２－25】 受取配当金の益金不算入に関する制度概要

	受取配当等の益金不算入額
完全子法人株式等（グループ法人税制） （配当等の額の計算期間を通じて配当支払法人と受取法人との間に完全支配関係があった場合のその株式等）	受取配当金全額
関係法人株式等※ （配当の受取法人が支払法人の発行済株式総数の25％以上を，配当等の額の支払いに係る効力が生ずる日以前６月以上保有している場合のその株式等）	受取配当金－負債利子の額のうちその株式等に係る部分の金額
上記以外の株式※	（受取配当金－負債利子の額のうちその株式等に係る部分の金額）×50％

※ グループ法人税制の対象外ですが，参考のために記載しています。

⑤ 100％グループ内法人の株式の，発行法人への譲渡（発行法人の自己株式取得）に係る損益

株式の発行法人へ当該発行法人の株式を譲渡する（発行法人が自己株式を取得する）場合の，譲渡法人の課税関係としては，ⅰ）みなし配当とⅱ）譲渡損益に関するものがあります。

ⅰ) みなし配当

発行法人に対してその株式を譲渡し，譲渡により交付された金銭等の額が資本金等に対応する金額を超えた場合には，その超えた金額については税務上配当が行われたと考えます。

譲渡法人では，みなし配当についても上記④の区分に従い，原則として，当該みなし配当は税務申告上，益金不算入額となり課税されません。

ⅱ) 譲渡損益

譲渡により交付された金銭等の額からみなし配当を控除した金額と株式の譲渡原価との差額は原則として，株式譲渡損益として，譲渡法人の課税所得計算に含まれます。

基 本 編

　しかし，完全支配関係にある場合には，株式を発行法人に対して譲渡する場合には，譲渡対価の額を譲渡原価の額とみなし，譲渡損益を計上しないものとされています。

　以上のみなし配当と譲渡損益との関係をまとめると，【図表2－26】のとおりとなります。

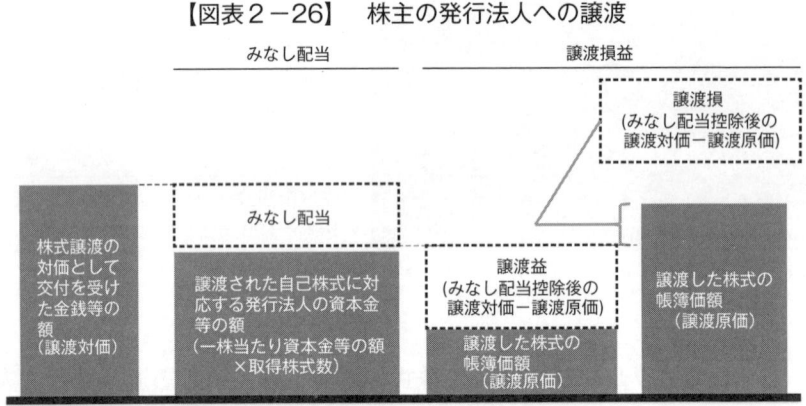

【図表2－26】　株主の発行法人への譲渡

	みなし配当	譲渡損益
完全支配関係	益金不算入	譲渡損益を計上せず （譲渡対価の額を譲渡原価の額とみなす）
上記以外※	益金算入 （自己株式等として取得が予定されている株式を取得した場合） 益金不算入 （上記以外）	譲渡損益を計上

※　グループ法人税制の対象外ですが，参考のために記載しています。

⑥　大法人の100％子法人に対する中小法人向け特例措置の適用

　中小法人（資本金が1億円以下の法人）に対して，法人税法では特例措置を講じていますが，親法人の資本金が5億円以上である場合には，100％子法人において中小法人の特例措置が適用することはできません。

具体的には,以下のような優遇税制が適用できないため留意が必要です。

- ・法人税の軽減税率
- ・欠損金の繰戻しによる還付制度
- ・貸倒引当金の法定繰入率
- ・特定同族会社の特別税率の不適用
- ・交際費の損金不算入制度における定額控除制度

【図表2-27】 中小法人の特例措置の不適用範囲のイメージ

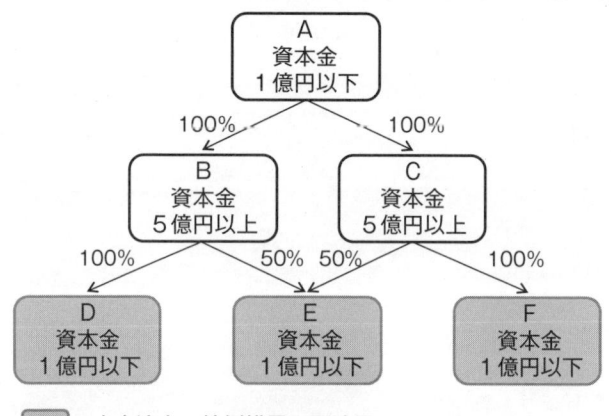

```
                    A
                   資本金
                  1億円以下
             100% /      \ 100%
                 /        \
              B              C
            資本金          資本金
          5億円以上       5億円以上
      100% /    \ 50%  50% /    \ 100%
          /      \        /      \
        D         E              F
       資本金    資本金          資本金
      1億円以下 1億円以下       1億円以下
```

▨ :中小法人の特例措置の不適用

❹ グループ法人税制と組織再編税制の関係

前述までのように組織再編税制は,適格要件を満たした場合に法人税法の特例として課税の繰延べを認める制度でした。一方グループ法人税制は,法人税法の原則的な取扱いとして完全支配関係のある法人間の譲渡損益調整資産に係る譲渡損益の繰延べ等を認める制度です。両者の関係性としては,組織再編税制上の適格要件を満たす場合には組織再編税制の取扱いが適用され,非適格組織再編の場合には,完全支配関係にある法人間であればグループ法人税制が適用されます。グループ法人税制と組織再編税制の関係をまとめると,【図表2

基本編

−28】のとおりとなります。

【図表２−28】 グループ法人税制と組織再編税制

適格・非適格	完全支配関係の有無	組織再編行為により移転する資産に対する譲渡損益課税
適格組織再編	完全支配関係	課税の繰延べ（簿価による資産等の移転） ※ すべての資産が対象
	上記以外	
非適格組織再編	完全支配関係	課税の繰延べ（譲渡損益繰延べ） ※ 譲渡損益調整資産のみ
	上記以外	譲渡損益課税

4 連結納税制度

❶ 基本的な考え方

　連結納税制度とは，連結納税制度の適用を選択した企業グループ内（親法人と完全支配関係にあるすべての内国法人）の各法人の所得と欠損を通算した連結所得に対して法人税を課税する仕組みをいいます。

　連結納税制度は，あくまでも法人税法上の制度であるため，連結納税制度を選択した企業グループであっても，地方税等の計算は従来どおり，各法人で行う必要があることに留意が必要です。

　連結納税制度における税額計算の概要は，【図表2-29】のとおりです。

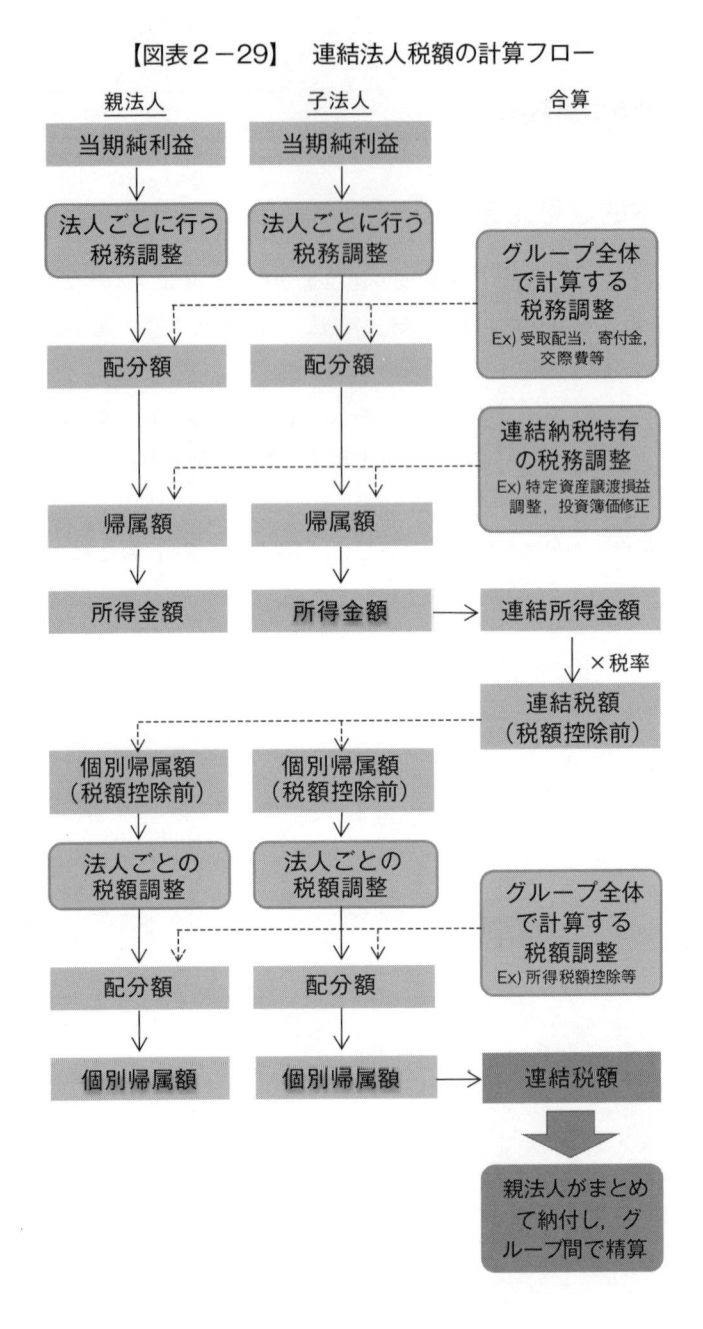

基本編

【図表2-29】 連結法人税額の計算フロー

親法人

当期純利益 → 法人ごとに行う税務調整 → 配分額 → 帰属額 → 所得金額

子法人

当期純利益 → 法人ごとに行う税務調整 → 配分額 → 帰属額 → 所得金額

合算

- グループ全体で計算する税務調整
  Ex) 受取配当，寄付金，交際費等
- 連結納税特有の税務調整
  Ex) 特定資産譲渡損益調整，投資簿価修正

所得金額 → 連結所得金額 ×税率 → 連結税額（税額控除前）

親法人

個別帰属額（税額控除前）→ 法人ごとの税額調整 → 配分額 → 個別帰属額

子法人

個別帰属額（税額控除前）→ 法人ごとの税額調整 → 配分額 → 個別帰属額

合算

- グループ全体で計算する税額調整
  Ex) 所得税額控除等

→ 連結税額 → 親法人がまとめて納付し，グループ間で精算

第2章 組織再編税制・グループ法人税制・連結納税制度等のポイント

　また，連結納税制度は，前述したグループ法人税制と類似した制度となっています。ただし，グループ法人税制がすべての法人に強制適用されるのに対して連結納税制度では連結納税の承認を受けた法人に適用される点，グループ法人税制では法人間の所得は通算されませんが，連結納税制度では通算される点，グループ法人税制ではグループへの加入時に子法人の資産の時価評価はなされませんが，連結納税では時価評価される点が主な相違点としてあげられます。【図表2－30】では，グループ法人税制と連結納税制度の異同点をまとめています。

【図表2－30】グループ法人税制と連結納税制度の異同点

項　　目	グループ法人税制	連結納税制度
適用範囲	一の者と完全支配関係にあるすべての法人	原則として連結親法人と完全支配関係にあるすべての内国法人
適　　用	強制適用	選択適用
申告・納税	各単体法人が申告・納税	連結親法人が申告・納税
所得の通算	通算できない	通算する
事業年度	各単体法人の事業年度	連結親法人の連結事業年度
加入時の欠損金の扱い	欠損金を有する各単体法人のみ利用できる	連結納税適用前に生じた連結子法人の欠損金は，一定の場合を除き連結納税開始時に切捨て
加入時の時価評価	100％子法人化の時点で時価評価はない	連結子法人が保有する一定の資産の時価評価が必要
グループ内資産譲渡	譲渡損益を繰り延べ，再譲渡時に譲渡損益を認識	
グループ内寄付金・受贈益	寄付金：損金不算入　受贈益：益金不算入	
グループ内受取配当等	全額益金不算入	
中小法人向け特例措置	親法人の資本金5億円未満かつ自社の資本金1億円以下の法人のみ適用	連結親法人の資本金1億円以下の法人のみ適用

基本編

❷ 連結納税制度における加入時の税務処理

① 連結子法人加入時の資産の時価評価

連結納税の開始時，及び新たに連結グループに子法人が加入した場合には，原則として子法人の特定資産※を時価評価し，評価損益を連結所得の計算に反映させることとなります。

> ※ 特定資産とは，固定資産，棚卸資産である（土地の上に有する権利を含む）土地，金銭債権，有価証券（売買目的有価証券，償還有価証券を除く）及び繰延資産をいいます。ただし，帳簿価額が1,000万円未満のものは金額的重要性が低いものとして，繰延べの対象から除かれます。

一方で，納税者の事務負担等を考慮し，一定の子法人については例外的に時価評価対象外とされ，評価損益の計上を行う必要はありません。このような子法人を特定連結子法人といいます。

以下の【図表2-31】は，連結納税の開始時点及び連結グループへの加入時点における資産の時価評価の要否をまとめた表です。表中の時価評価不要とされる法人が特定連結子法人となります。

【図表2-31】 連結納税開始時及び加入時における時価評価の要否

				連結納税の開始時	連結グループへの加入時
原則的な取扱い				特定資産を時価評価し評価損益の計上を行う	
例外	親法人			時価評価不要	
	子法人	株式移転に係る完全子法人			
		長期保有子法人等	長期保有子法人(※1)	時価評価不要	時価評価不要
			連結親法人又はその完全子法人により設立された子法人(※2)等		
			適格合併・適格株式交換等の際の被合併法人等の長期保有子法人(※2)(※3)		
		株式交換	適格株式交換による株式交換完全子法人(※2)		
		法令の規定に基づく株式の買取等やむを得ない場合	単元未満株の買取等による子法人(※2)		

※1 親法人が連結納税の適用開始の日の5年前の日から適用開始日まで継続的に発行済株式等の全部を直接又は間接に保有している子法人
※2 連結納税の開始時と連結グループの加入時で以下のように読み替える。
　　開始時：連結納税開始前5年以内に設立，適格合併，単元未満株の買取，適格株式交換により100％保有されることになった子法人をいう。
　　加入時：加入時に上記の事由により100％保有されることとなった子法人をいう。
※3 すなわち，合併の際には被合併法人の子法人，株式交換の場合には親法人の孫会社となる法人をいう。

基 本 編

② 連結納税開始時，連結子法人加入時の欠損金の持込制限

連結納税制度のもとで各連結事業年度に生じた連結欠損金は単体納税と同様に9年間※にわたり繰り越され，将来の各期の課税所得から，各期の課税所得の80％を限度として控除できます（中小法人等については，繰越控除限度額はありません）。

また，連結納税適用前の連結親法人の繰越欠損金等については連結欠損金とみなされ，連結所得から控除することができます。しかし，連結納税適用前に生じた子法人の繰越欠損金は一定の場合を除き連結納税開始時に切り捨てられます。

※ 平成24年3月31日以前に開始する事業年度については繰越期間が7年間に，年間の控除限度額は無制限とされています。

連結納税の開始時，連結グループへの加入時に持ち込むことのできる繰越欠損金の種類及び利用制限は以下の【図表2−32】に示したとおりです。

第2章 組織再編税制・グループ法人税制・連結納税制度等のポイント

【図表2-32】 連結欠損金の種類と利用制限

欠損金の種類			欠損金の発生法人	内　　容	利用制限
連結欠損金			親法人	連結納税適用開始日前7年以内に開始した事業年度で発生し，繰り越されている欠損金	特定欠損金を控除した後の連結所得に対して連結欠損金を利用する。
	みなし連結欠損金		子法人	連結納税適用開始日前5年以内に行われた株式移転に係る株式移転完全子法人において連結納税適用開始日前7年以内に開始した事業年度で発生し，繰り越されている繰越欠損金	
		特定欠損金※2		特定連結子法人※1の連結納税適用開始（又は連結グループ加入）日前7年以内に開始した事業年度で発生し，繰り越されている繰越欠損金等	欠損金を有する連結子法人の個別所得金額まで利用可能
				親法人が完全支配関係を有しない連結子法人を合併法人とする適格合併で被合併法人より引き継いだ欠損金等	
				親法人との間に完全支配関係を有している内国法人の残余財産が確定し，親法人又は子法人が引き継いだ欠損金等	

※1　特定連結法人とは，上述した連結納税開始，連結グループ加入時に資産の時価評価が不要とされる子法人をいいます。

※2　特定欠損金については，その欠損金を有していた連結子法人の個別所得金額までしか利用をすることができないことに留意が必要です。

基 本 編

5 会社清算における税務処理

❶ 清算法人における税務

① 基本的な考え方

清算法人における課税関係は原則として通常の継続企業に対して適用されるものと変わりません。

すなわち、清算法人は、①事業年度の開始から解散日まで、②解散日の翌日から清算事業年度終了日まで（解散日から残余財産確定日が1年以上の場合）、③清算事業年度開始日（もしくは解散日の翌日）から残余財産確定日までの各事業年度（みなし事業年度という）でそれぞれの事業年度における課税所得を計算し、通常の継続法人に適用されるものと同様の税率により税金計算がなされます。

【図表2－33】 会社清算時のスケジュールと課税関係

解散日より残余財産確定までが1年超の場合

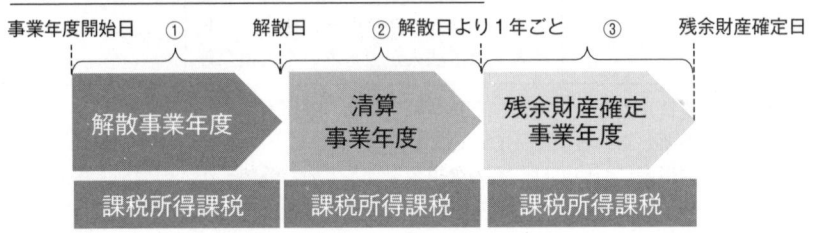

| 事業年度開始日 ① | 解散日 | ② 解散日より1年ごと | ③ | 残余財産確定日 |

| 解散事業年度 | 清算事業年度 | 残余財産確定事業年度 |
| 課税所得課税 | 課税所得課税 | 課税所得課税 |

解散日より残余財産確定までが1年以内の場合

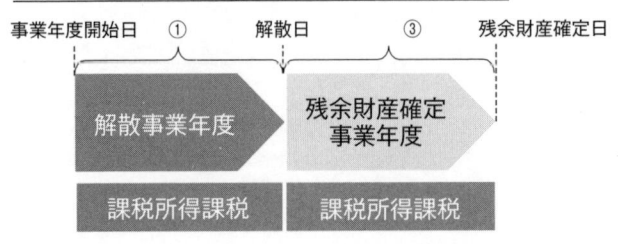

| 事業年度開始日 ① | 解散日 | ③ | 残余財産確定日 |

| 解散事業年度 | 残余財産確定事業年度 |
| 課税所得課税 | 課税所得課税 |

80

② 期限切れの繰越欠損金の利用

　清算法人においても通常の課税所得計算が行われ，納付すべき金額を算出することから，例えば清算中に債務免除等を受ける場合には，債務免除益が益金に計上され課税されることになります。しかし，法人税法では，解散した法人が債務超過である等のように残余財産がないと見込まれる場合には，繰越期限切れになっている過去の繰越欠損金を課税所得の計算上損金に含め課税所得を計算することが認められています。

　また，資本金等の額がマイナスである債務超過会社については，上記によったとしても債務免除益に対して課税が生じることがあるため，マイナスの資本金等の額も期限切れ欠損金と同様に課税所得の計算上損金に含め，課税所得を計算することが認められています。

③ 繰越欠損金の繰戻しによる還付

　解散（適格合併による解散を除く），事業の全部の譲渡等一定の事実が生じた場合には，欠損事業年度開始の日前1年以内に開始したいずれかの事業年度に繰り戻して法人税の還付請求を行うことができます。

　具体的には，解散等の事実が生じた日前1年以内に終了した事業年度又は解散等の事実が生じた日の属する事業年度において生じた欠損金額を，その事業年度開始の日前1年以内に開始したいずれかの事業年度（以下，「還付所得事業年度」）に繰り戻して法人税額の還付を請求できるというものです。

基本編

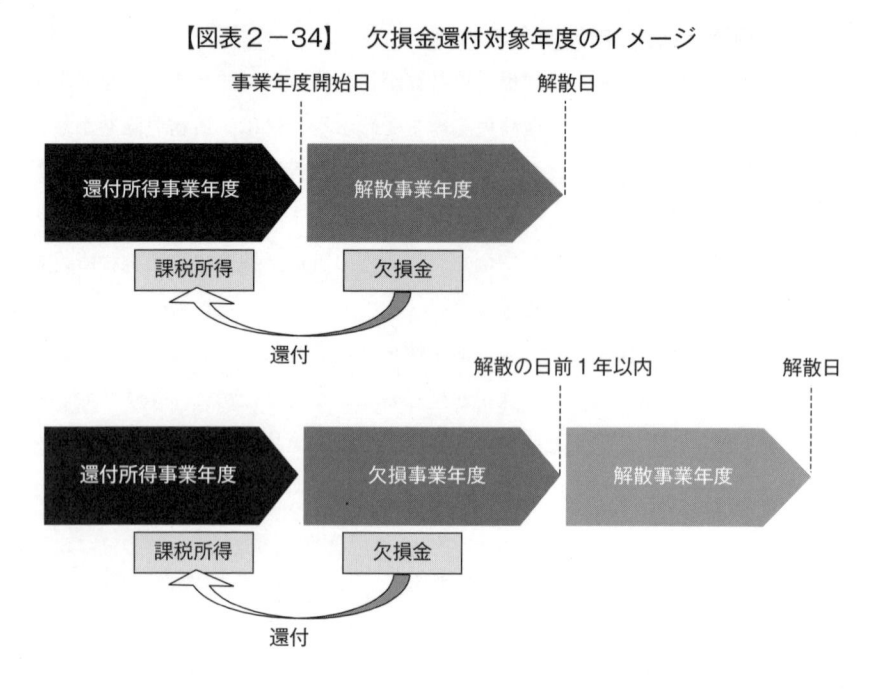

【図表2-34】 欠損金還付対象年度のイメージ

また，具体的に還付金額の計算は，次のように行われます。

$$還付金額 = 還付所得事業年度の法人税額 \times \frac{欠損事業年度の欠損金額}{還付所得事業年度の所得金額}$$

❷ 清算法人の株主の税務

① 基本的な考え方

清算法人に残余財産がある場合には，清算法人の株主は清算法人より残余財産の分配を受けます。この場合，みなし配当や譲渡損益課税といった課税関係が生じます。

また，その際には，清算法人の株主と清算法人の間の完全支配関係の有無により課税関係が異なってきますので，留意が必要です。

② 完全支配関係のない場合の清算法人の株主の課税関係

清算法人が残余財産を確定させ分配を行った場合には、分配される残余財産のうち資本金等の額を超える金額については、みなし配当として取り扱われます。よって、法人株主には課税所得計算上の益金不算入規定が適用され、個人株主には配当所得課税が課されます。

また、みなし配当控除後の分配財産と清算法人の株式の帳簿価額の差額については、株式の譲渡損益として課税所得計算に含まれ、課税されます。

【図表2-35】 完全支配関係のない場合の清算法人の株主の課税関係

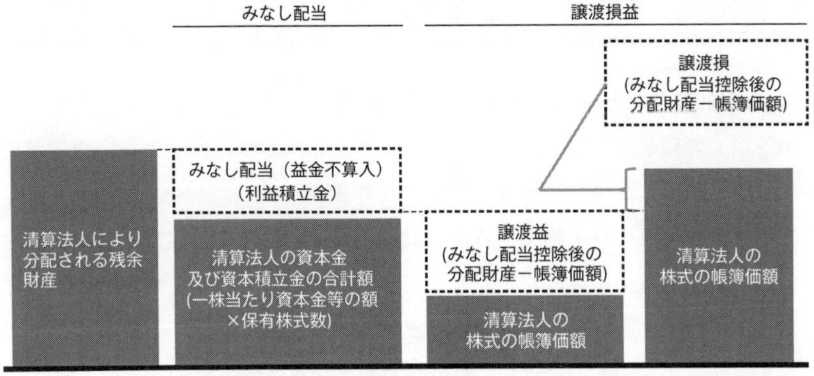

③ 完全支配関係のある場合の清算法人の株主の課税関係

清算法人と清算法人の株主の関係が完全支配関係にある場合には、グループ法人税制における取扱いとの整合性から、上記②の課税関係のうち、みなし配当については同様に取り扱われます。一方、みなし配当控除後の分配財産と清算法人の株式の帳簿価額の差額については、譲渡損益として取り扱われず、資本金等の増減額として取り扱われます。しかし、その代わりに清算法人の残余財産の確定後に、清算法人の繰越欠損金を引き継ぐことが認められています。

基 本 編

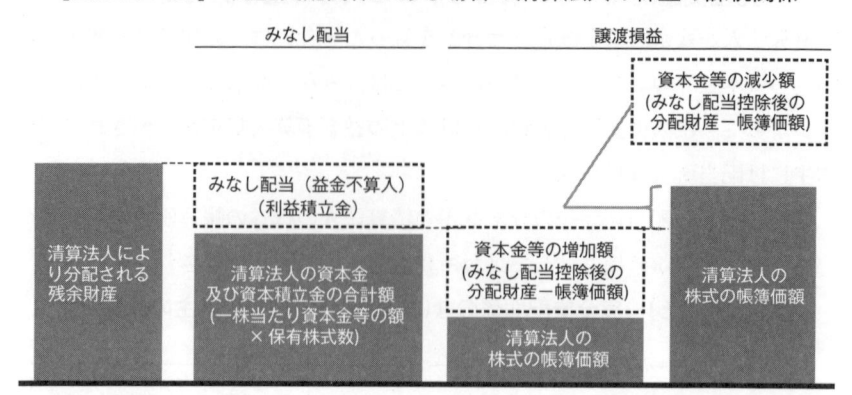

【図表２−36】 完全支配関係のある場合の清算法人の株主の課税関係

みなし配当　　　　　　　　　譲渡損益

資本金等の減少額
（みなし配当控除後の
分配財産－帳簿価額）

みなし配当（益金不算入）
（利益積立金）

清算法人により分配される残余財産

清算法人の資本金
及び資本積立金の合計額
（一株当たり資本金等の額
×保有株式数）

資本金等の増加額
（みなし配当控除後の
分配財産－帳簿価額）

清算法人の
株式の帳簿価額

清算法人の
株式の帳簿価額

ⅰ）　引継対象となる繰越欠損金（未処理欠損金額）

　清算法人の残余財産の確定の日の翌日より前の７年以内に開始した事業年度中に生じた繰越欠損金が引継ぎの対象になります。

　また，清算法人の株主等である法人に引き継がれる未処理欠損金額は清算法人において未処理欠損金額が生じた事業年度開始の日が属する清算法人の株主等の事業年度に生じたものとみなされます。

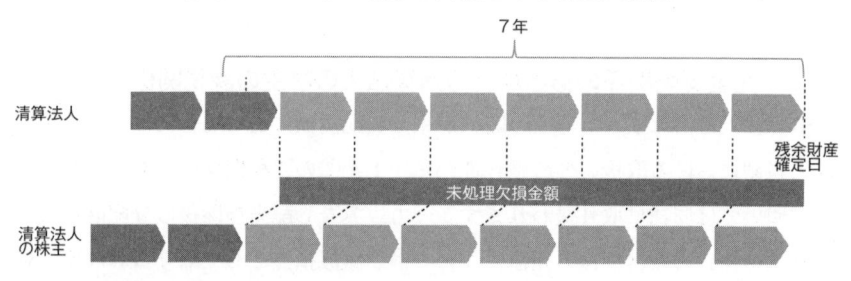

【図表２−37】　引継ぎ対象となる繰越欠損金

７年

清算法人

残余財産
確定日

未処理欠損金額

清算法人
の株主

ⅱ）　未処理欠損金額の引継制限

　ⅰ）で述べたように，完全支配関係を有する場合には，清算法人の繰越欠損金を清算法人の株主（法人）は引き継ぐことが認められますが，一方で欠損金を多額に抱える休眠会社を買収し，即座に清算することで清算法人の株主の課税所得を減らす等の租税回避行為の防止の観点から，未処理欠損金の引継ぎに

は一定の制限が課されています。

まず，清算法人と清算法人の株主（法人）との間に以下のいずれかの日のうち最も遅い日から継続して支配関係（50％超）がある場合には，清算法人の未処理欠損金額の引継ぎに制限はありません。

- ・残余財産の確定の日の翌日の属する事業年度開始の日の5年前の日
- ・清算法人の設立の日
- ・清算法人の法人株主の設立の日

清算法人と清算法人の株主（法人）との間に残余財産確定日の翌日が属する事業年度開始日の5年前の日から継続して支配関係（50％超）がない場合には，引き継ぐ繰越欠損金額について適格合併の場合と同様の制限がかかります（みなし共同事業要件に関する制限の除外措置はありません）。具体的には，以下の算式で計算された額のみが，清算法人の株主が引き継ぐことのできる未処理欠損金額となります。

未処理欠損金額の引継額＝A－B－C
 A：残余財産の確定の日の翌日より前の7年以内に開始した事業年度中に生じた繰越欠損金
 B：支配関係を成立する前に生じた繰越欠損金
 C：特定資産等の譲渡により生じた損失と認められる部分

ストラクチャー別編

ストラクチャー別編

第3章 企業買収ストラクチャー別会計・税務のポイント整理

【本章のポイント】

■ 企業買収のストラクチャーとしては，株式取得・吸収合併・吸収分割・株式交換・株式移転・事業譲渡等の基本的なストラクチャーや，これらの基本的なストラクチャーを組み合わせたストラクチャーが考えられます。そして，これらの中からどのストラクチャーを選択するかの判断においては，会計上の取扱い，税務上の取扱い，法的制限，手続きの複雑さやその他経営に与える影響等を広く勘案することが，企業買収における成功の鍵となります。

■ 企業買収における会計上の取扱いは，取得企業が被取得企業から受け入れた資産及び負債は時価で評価するとともに，「受け入れた資産と受け入れた負債の純額」と「取得原価」の差額はのれんとして認識されます。選択したストラクチャーによって，個別財務諸表上でのれんが計上されるのか，それとも連結財務諸表上でのみ，のれんが計上されるのかの違いはありますが，経済的実態が同じであれば，どのストラクチャーを選択しても連結財務諸表上は同じ結果となります。

■ 企業買収における税務上の取扱いは，①税制上の適格か非適格であるか，②買収の対価は株式のみであるのか金銭等の交付もあるのか，という2つの観点が重要になります。①については，企業買収において，通常は非適格となり時価による移転として扱われ，被買収会社において譲渡損益課税が発生するケースが多いと思われますが，一定の要件を満たす場合には適格となり，帳簿価額による移転として扱われ，含み損益に対する課税を繰り延べることができるケースもあります。②については，対価の種類が何であるかは，非適格の場合に被買収会社の株主の課税関係に影響を与えます。

第3章　企業買収ストラクチャー別会計・税務のポイント整理

1　企業買収における主なストラクチャー

　企業買収は一般的に，他社に蓄積された顧客，ノウハウ，販売網や生産拠点の獲得，事業多角化やスケールメリットの享受などを目的として行われます。企業買収によればこれらの目的を自社で時間をかけて達成するのではなく，すでに他社に蓄積された資源を獲得することにより，短期間で目的を達成することができるため，環境変化の著しい今日では，重要な経営戦略の1つと位置づけられています。

　本章では，企業買収において利用される主なストラクチャー別に，会計と税務のポイントを説明します。なお，本章では企業買収を対象としているため，「資本関係が全くないか，又は50％以下の資本関係しかない会社との再編」について説明しており，「50％超の資本関係がある会社間の再編」については第4章で説明します。

　企業買収において利用される基本的なストラクチャーとしては，以下の方法があげられます。

（1）　株式取得
（2）　吸収合併
（3）　吸収分割
（4）　株式交換
（5）　株式移転
（6）　事業譲渡

　また，これらの基本的なストラクチャーの組合せにより企業買収が行われることもあります。本章では，このような組合せの例として以下の方法を説明します。

（7）　「会社分割」＋「株式取得」
（8）　「事業譲渡」＋「株式取得」

　以下では，これらの8つのストラクチャーの概要について説明します。

ストラクチャー別編

❶ 株式取得

① 定　義

　企業買収における株式取得とは，ある企業（買収会社）が他の企業（被買収会社）の議決権のある株式を取得することをいいます。

　どの程度の株式を買い取るかについては，会社法に規定されている株主総会での決議要件や，連結範囲等の会計処理に与える影響等を勘案して決定されます。一般的には，議決権株式の過半数，２／３以上又は全部を取得し，支配権を獲得するケースが多く見受けられます。また，特に株式の全部を取得することを目的とする場合，いったん議決権のある株式を２／３以上取得した上で，完全子会社化（スクイーズアウト：詳細は第４章をご参照下さい）を行うケースがあります。

　株式取得の簡便的なイメージ図は，【図表３－１】のとおりです。

【図表３－１】　株式取得のイメージ図

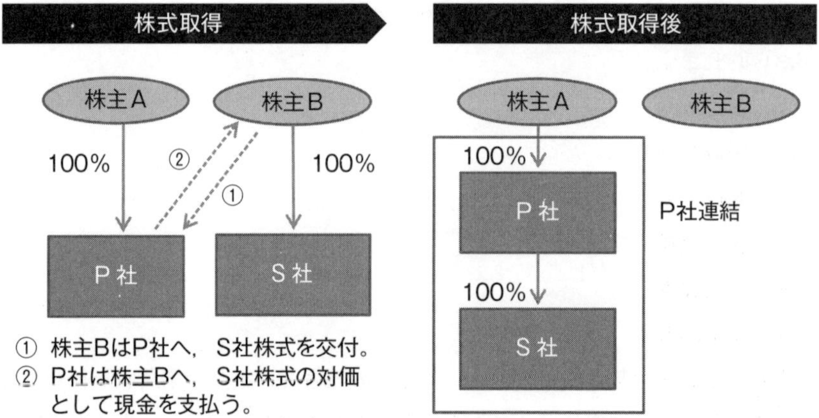

（株式取得）
- 株主A → P社（100%）
- 株主B → S社（100%）
- ① 株主BはP社へ，S社株式を交付。
- ② P社は株主Bへ，S社株式の対価として現金を支払う。

（株式取得後）
- 株主A → P社（100%） → S社（100%）　P社連結
- 株主B

② メリット／デメリット

　株式取得のメリットとしては，株主総会決議が不要であり，買収するための手続きが他のストラクチャーと比較して簡便であることがあげられます。また，被買収会社も別個の会社として買収前と変わらず存在し続けるため，被買収会

社の就業規則，給与テーブル，種々オペレーションを変更しないまま，統合を進めることができ，合併等に比べて迅速に買収を完了することができます。

一方で，株式取得のデメリットとしては，買収するために多額の資金が必要になる点などがあげられます。

株式取得におけるメリット／デメリットを広くあげると，【図表3－2】のように整理されます。

【図表3－2】 株式取得のメリット／デメリット

メリット	デメリット
・買収会社としては株主総会決議が不要であり，買収するための手続きが合併，株式交換等よりも簡便である。 ・被買収会社が保有する許認可の再取得や商号の変更の必要性がないことが多い。 ・被買収会社は従来どおり存続するため，就業規則や給与テーブル，種々オペレーションを変更しないまま，統合を進めることもできる。また，権利義務の移転手続が不要である。 ・株式譲渡契約において段階的に株式を取得することを定めることで，買収リスクのコントロールが可能である。 ・株式取得企業にとって新たな株主が発生しない。 ・個別財務諸表上はのれんが認識されず，償却負担がない（ただし，株式の減損リスクがある）。 ・消費税等の課税の対象とならない。	・株式対価型の株式交換や吸収分割に比して株式の取得に多額の資金が必要になる。 ・連結納税制度を適用していない場合，既存事業と取得事業の損益通算ができず，タックスメリットを最大化できない場合がある。 ・被買収会社に存在しているリスク事業及び簿外債務も含めて取得してしまう。 ・買収会社とは別会社として存続するため，販売・調達等における統合がうまく進まず，スケールメリットを十分に享受できない場合がある。 ・取得を希望する株式数（議決権比率）によっては，少数株主に対して株式の買取り交渉が必要となる場合がある。

❷ 吸収合併

① 定　　義

合併とは2以上の会社が契約により1つになることをいい，吸収合併と新設

合併の2つの方法があります。吸収合併とは，合併当事企業の1つが存続して他は消滅する法形式の合併です。一方，新設合併とは，すべての合併当事企業が消滅して新たに会社を設立する合併です。企業買収のストラクチャーとしては吸収合併のケースの方が一般的であるため，本章では吸収合併について説明します。

合併における対価としては，(ア)合併会社の株式を対価とする方法，(イ)現金等の財産を対価とする方法，及び(ウ)その両者を対価とする方法が認められています。また，株式取得を実行してグループ企業とした後に合併するケースも比較的多く見受けられますが，この方法は前述の「株式取得」と第4章で説明している「グループ内吸収合併」の組合せであるため，ここでの説明は省略します。

吸収合併の簡便なイメージ図は，【図表3-3】のとおりです。

【図表3-3】 吸収合併（株式対価型）のイメージ図

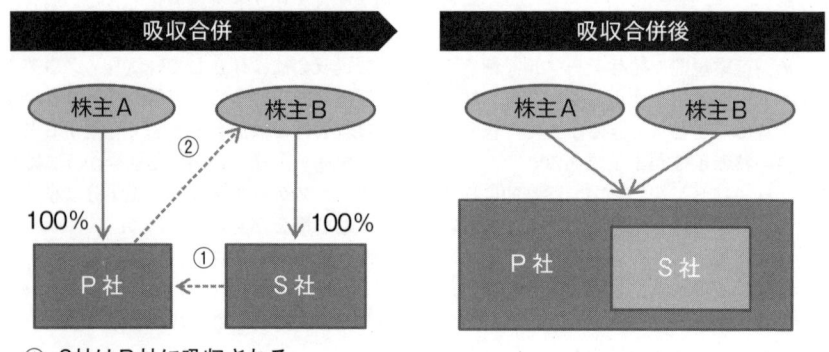

① S社はP社に吸収される。
② P社は株主Bへ，合併の対価としてP社株式を交付。

② メリット／デメリット

吸収合併のメリットとしては，買収直後から組織的一体運営を図ることができることや権利を包括承継することができ，個別の移転手続が不要であることがあげられます。また，株式を対価とする場合，買収のための資金を用意する必要がないこともあげられます。

一方で，デメリットとしては，通常，株主総会の開催や債権者保護手続が必

要となり，株式取得と比較して法的手続が煩雑であることがあげられます。

吸収合併のメリット／デメリットは，【図表３－４】のように整理されます。

【図表３－４】 吸収合併のメリット／デメリット

メリット	デメリット
・包括承継なので，個別の権利の引継ぎが容易である。 ・株式を対価として発行する場合，多額の資金を必要としない。 ・既存事業と被合併会社の事業とで税務上の損益通算が可能となる。 ・買収直後に組織的一体運営を図ることができるため，スケールメリットやその他のシナジー効果を享受しやすい。 ・株主総会の特別決議で実行でき，少数株主との個別交渉が不要である。 ・消費税等の課税の対象とならない。	・株主総会の開催，債権者保護手続の実施等，買収するための手続きが煩雑で，時間を要する。 ・被合併会社の権利義務を包括承継するため，不要な事業や契約，簿外債務も引き継がざるを得ない。 ・被合併会社が保有する許認可の再取得や商号の変更が必要になる。 ・就業規則や給与テーブル等の統一や種々オペレーションの統合を行う必要がある。 ・株式を対価として発行する場合，合併会社に新たな株主が発生するため，新たな株主との調整が必要になる場合がある。 ・株式取得のように，取得の対価の段階的な支払いによる買収リスクのコントロールはできない。 ・個別財務諸表においてのれんが計上された場合，償却負担が発生する。

❸ 吸収分割

① 定　義

会社分割とは，ある会社（分割会社）が事業の一部又は全部を他の会社（分割承継会社）に承継させることをいい，吸収分割と新設分割の２つの方法があります。吸収分割は，すでに存続している会社に分割資産・負債を承継させる方法です。一方，新設分割は分割により新たに設立した会社に分割資産・負債を承継させる方法です。

ここでは吸収分割について記載し，新設分割については株式取得と組み合わ

ストラクチャー別編

せて利用するケースを後述します。

　吸収分割における対価としては，(ア)分割会社の株式を対価とする方法，(イ)現金を対価とする方法，及び(ウ)その両者を対価とする方法が認められています。また，吸収分割はさらに，分割承継会社の株式を分割会社に交付する分社型吸収分割と，分割会社の株主に交付する分割型吸収分割に区分されます。

　吸収分割の簡便的なイメージ図は，【図表３－５】のとおりです。

【図表３－５】　分社型吸収分割（株式対価型）のイメージ図

① a2事業はP社に吸収される。
② P社はS社へ，a2事業の対価としてP社株式を交付。

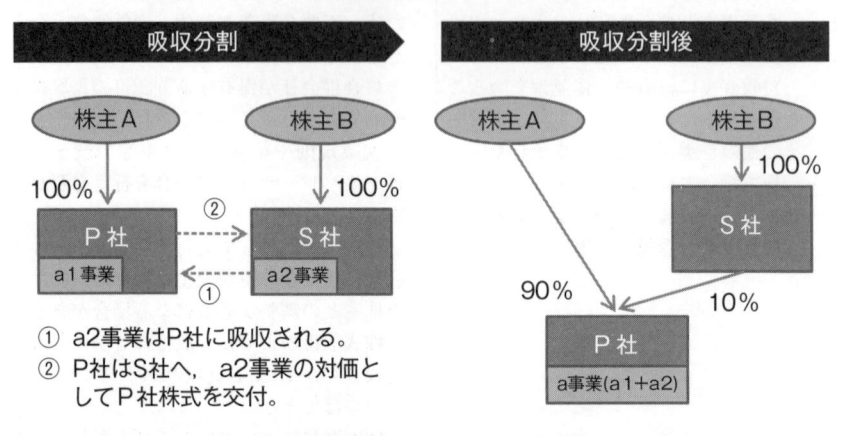

【図表３－６】　分割型吸収分割（株式対価型）のイメージ図

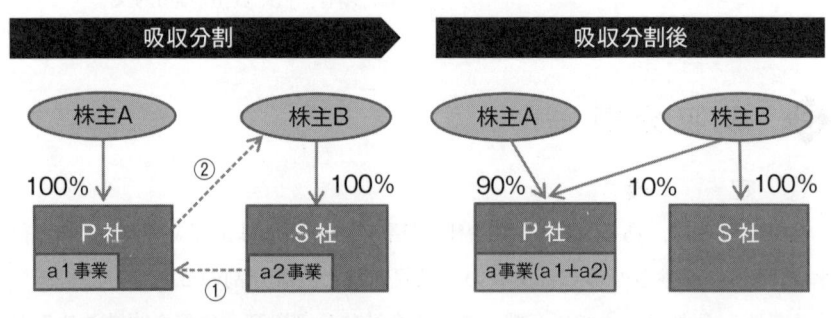

① a2事業はP社に吸収される。
② P社は株主Bへ，a2事業の対価としてP社株式を交付。

② メリット/デメリット

吸収分割のメリットとして一般的にいわれるのは，分割会社の保有する事業のうち分割承継会社側で不要な事業を取得しないという選択ができることがあげられます。また，分割会社の株式のみを対価とする場合，吸収合併と同様に資金を用意する必要がないこともあげられます。

一方で，吸収分割のデメリットとしては，合併と同様に，比較的手続きが煩雑である点があげられます。

吸収分割のメリット/デメリットは，【図表3－7】のとおりです。

【図表3－7】 吸収分割のメリット/デメリット

メリット	デメリット
・分割事業にかかる権利・義務は包括承継なので，個別の権利の引継ぎが容易である。 ・不要な事業やリスク事業の承継を回避できる。ただし，分割事業に係る簿外債務等を承継してしまうリスクは残る。 ・株式を対価として発行する場合，多額の資金を必要としない。 ・既存事業と分割承継会社から承継した事業とで損益通算が可能となる。 ・買収直後に組織的一体運営を図ることができるため，スケールメリットやその他のシナジー効果を享受しやすいと考えられる。 ・株主総会の特別決議で実行でき，少数株主との個別交渉が不要である。 ・消費税等の課税の対象とならない。	・株主総会の開催，債権者保護手続の実施等，買収するための手続きが煩雑で，時間を要する。 ・承継した事業については，保有していた許認可の再取得や商号の変更が必要になる。 ・取得する事業の選択はできるものの，特定の事業について段階的な株式取得により買収リスクをコントロールすることはできない。 ・株式を対価として発行する場合，分割承継会社に新たな株主が発生するため，新たな株主との調整が必要になる。 ・就業規則や給与テーブル等の統一や種々オペレーションの統合を行う必要がある。 ・個別財務諸表においてのれんが計上された場合，償却負担が発生する。

ストラクチャー別編

❹ 株式交換

① 定　　義

株式交換とは，発行済株式の全部を他の会社に取得させることをいい，取得した会社を株式交換完全親会社，取得させた会社を株式交換完全子会社といいます。

株式交換の簡便的なイメージ図は，【図表3－8】のとおりです。

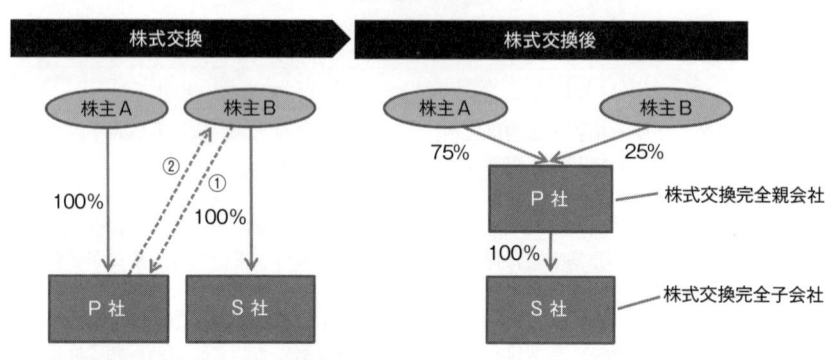

【図表3－8】　株式交換のイメージ図

株式交換 / 株式交換後

株主A　株主B　　株主A　株主B
100%　②　　　75%　25%
　　　①　100%　　P社　──株式交換完全親会社
P社　S社　　　100%↓
　　　　　　　　S社　──株式交換完全子会社

① 株主BはS社株式をP社に交付。
② P社は株主BへP社株式を交付。

② メリット／デメリット

株式交換のメリットとしては，取得の対価を株式とした場合，資金を用意せずに株式取得と同様の効果を得られる点があげられます。また，株式取得のストラクチャーを利用して完全親子関係を達成するためには，少数株主の保有する株式をどのように買取りするかについて検討が必要になりますが，株式交換は株主総会の特別決議が得られれば，少数株主との個別の交渉を経ずに100％子会社化できる点がメリットとしてあげられることもあります。

一方で，株式交換のデメリットとしては，合併と同様に株式取得と比較して法的手続が煩雑である点などがあげられています。

株式交換のメリット／デメリットは，【図表3－9】のとおりです。

【図表3－9】 株式交換のメリット／デメリット

メリット	デメリット
・取得の対価を株式とした場合，多額の資金を必要としない。 ・株式交換完全子会社が保有する許認可の再取得や商号の変更の必要性がない。 ・株式交換完全子会社は別個の会社として存続するため，株式交換完全子会社のオペレーションを大きく変えずに統合を進めることができる。また，就業規則や給与テーブル等の統一の必要性がない。 ・株主総会特別決議で実行でき，少数株主との個別の交渉が不要である。 ・個別財務諸表においてのれんが計上されず，償却負担が発生しない。 ・株式交換完全子会社は従来どおり存続するため，権利義務の移転手続が不要である。 ・消費税等の課税の対象とならない。	・株主総会の開催，債権者保護手続の実施等，買収するための手続が煩雑で，時間もかかる。 ・連結納税制度を適用していない場合，既存事業と取得事業の損益通算ができない。 ・段階的な株式取得による買収リスクコントロールはできない。 ・株式交換完全子会社にリスク事業が存在している場合，リスク事業も含めて取得してしまう。 ・別会社として存続するため，販売・調達時における統合がうまく進まず，スケールメリットを十分に享受できない場合がある。 ・株式交換完全親会社に新たな株主が発生するため，新たな株主との調整が必要になる。

❺ 株 式 移 転

① 定　　義

　株式移転とは，一又は二以上の会社がその発行済株式の全部を新たに設立する会社に取得させることをいい，設立されて株式を取得した会社が株式移転完全親会社とよばれ，取得させた方を株式移転完全子会社といいます。

　株式交換では既存の会社が親会社となるのに対し，株式移転は新たに設立した会社を親会社とする点で異なり，純粋持株会社設立による経営統合を目的とする場合に採用されるケースがよく見受けられます。

　株式移転の簡便的なイメージ図は，【図表3－10】のとおりです。

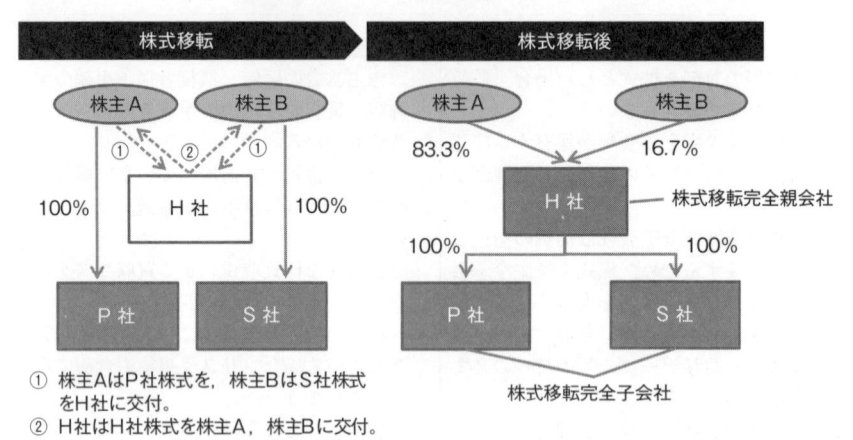

【図表3-10】 株式移転のイメージ図

株式移転 → 株式移転後

① 株主AはP社株式を，株主BはS社株式をH社に交付。
② H社はH社株式を株主A，株主Bに交付。

② メリット／デメリット

株式移転のメリット／デメリットは，株式交換と同様です。ただし，持株会社による管理を見込んでいる場合に株式移転のストラクチャーを選択されることは，前述のとおりです。

❻ 事業譲渡

① 定　　義

事業譲渡とは，会社の営業の全部又は一部を他の会社に譲渡することをいいます。

事業譲渡は，営業上の資産と債務を一括譲渡する行為であり，他の組織再編と異なり会社法によって定められた特別の組織再編行為ではありません。また，判例より，「事業」とは「一定の営業目的のため組織化され，有機的一体として機能する財産」と定義されており，単なる事業用固定資産といった個々の財産の移転は事業譲渡に当たらないと考えるのが一般的です。

事業譲渡の簡便的なイメージ図は，【図表3-11】のとおりです。

【図表3-11】 事業譲渡のイメージ図

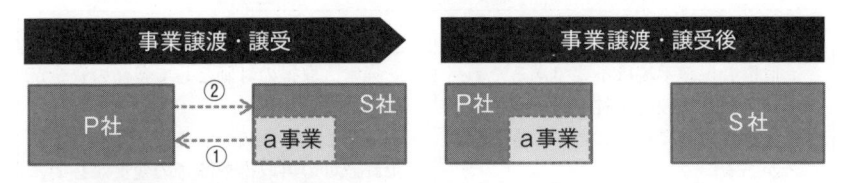

事業譲渡・譲受

P社 ②→ S社
   ←① a事業

事業譲渡・譲受後

P社　　　　　S社
a事業

① S社はa事業をP社に譲渡する。
② P社は対価として現金をS社に支払う。

② メリット／デメリット

　事業譲渡の実行後の形はほぼ吸収分割と同じですが，吸収分割の対価は一般的に株式であるのに対し，事業譲渡の対価は一般的に資金である点で異なります。また，引継資産・負債の範囲を自由に設計できる点や事業譲渡後株主構成が変わらない点がメリットとしてあげられます。

　一方で，買収のために資金を必要とする点，契約関係や債権債務の個別移転手続が必要となり，権利関係が複雑な場合には時間を要する点がデメリットとしてあげられます。

　したがって，支払管理の状況が悪く，買収事業に係る債務を特定できないなどの場合には事業譲渡が選択されます。

　事業譲渡のメリット／デメリットは，【図表3-12】のとおりです。

【図表3-12】 事業譲渡のメリット／デメリット

メリット	デメリット
・債権者保護手続は不要であるため，契約関係が比較的単純なケースでは手続きを短期間に行うことができるケースがある。 ・既存事業と取得した事業とで損益通算が可能となる。 ・リスク事業や簿外債務の譲受を回避できる。 ・買収直後に組織的一体運営を図ることができるため，スケールメリットやその他のシナジー効果を享受しやすい。 ・事業譲受会社にとって新たな株主の増加がない。 ・原則として株式の異動がないため，少数株主との交渉が不要である。	・通常，取得の対価として多額の資金が必要となる。 ・取得した事業については，保有していた許認可の再取得や商号の変更が必要になる。 ・取得する事業の選択はできるものの，特定の事業について段階的な取得によりリスクをコントロールすることはできない。 ・就業規則や給与テーブル等の統一や種々オペレーションの統合を行う必要がある。 ・契約や債権債務は，個別に移転手続が必要となる（会社分割は，分割契約書で定められた権利義務を包括承継する）。 ・消費税等の課税の対象となる（会社分割は消費税等の課税の対象外である）。 ・個別財務諸表においてのれんが計上された場合，償却負担が発生する。

❼ 会社分割＋株式取得

　ある会社の一事業を切り離して譲受する場合，新設分割を行った後に新設分割設立会社の株式を取得する方法も多く見受けられます。新設分割を前提とすれば，一又は二以上の株式会社がその事業に関して有する権利義務の全部又は一部を，分割により設立する会社に承継させ，その後，この新設分割設立会社が発行する議決権株式を買収会社が分割会社から買い取る取引ということになります。

　この方法は，後述する事業譲渡＋株式取得の場合に比べて，事業に関する権利義務が包括承継され，手続きが簡便であるというメリットがあげられます。

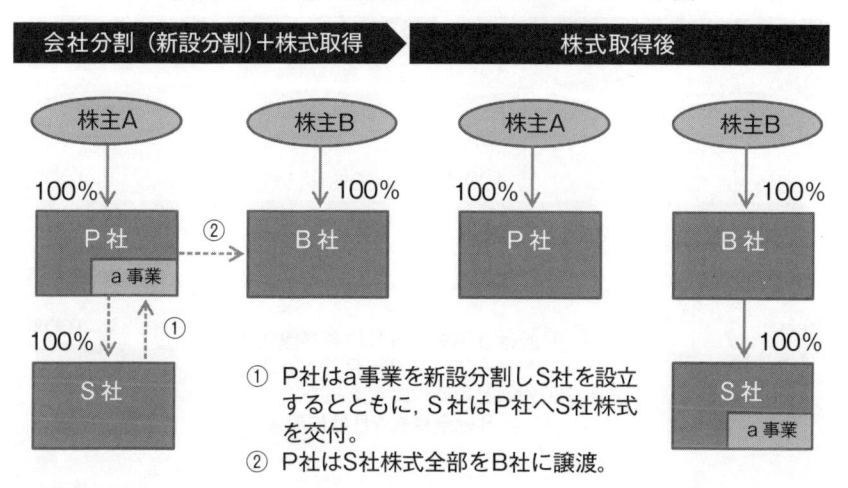

【図表３−13】 会社分割＋株式取得のイメージ図

[会社分割（新設分割）＋株式取得のイメージ図：株主Aが100%出資するP社がa事業を新設分割してS社を設立し（①）、P社がS社株式全部を株主Bが100%出資するB社に譲渡する（②）。株式取得後は、P社は株主Aが100%保有、B社は株主Bが100%保有し、B社がS社を100%保有、S社にa事業が移る。]

① P社はa事業を新設分割しS社を設立するとともに、S社はP社へS社株式を交付。
② P社はS社株式全部をB社に譲渡。

　この方法によれば，手元資金がなくても必要な事業の一部を子会社として取得することができます。この点，買収会社にとっては，後述する事業譲渡＋株式取得と同様の効果が得られます。

　また，吸収分割との比較では，吸収分割が分割会社の一部事業を買収会社に直接取り込むことになるのに対し，上記ストラクチャーでは，買収会社の子会社となる点で差異があります。

❽ 事業譲渡＋株式取得

　会社分割＋株式取得の場合と同様，一事業を切り離して譲渡する場合，既存の子会社や新設子会社に事業を譲渡した上で，子会社が発行する議決権株式を譲渡会社から買収会社が買い取る方法も見受けられます。これは，会社分割＋株式取得よりも引継資産・負債の範囲を自由に決定できるというメリットがあげられます。

ストラクチャー別編

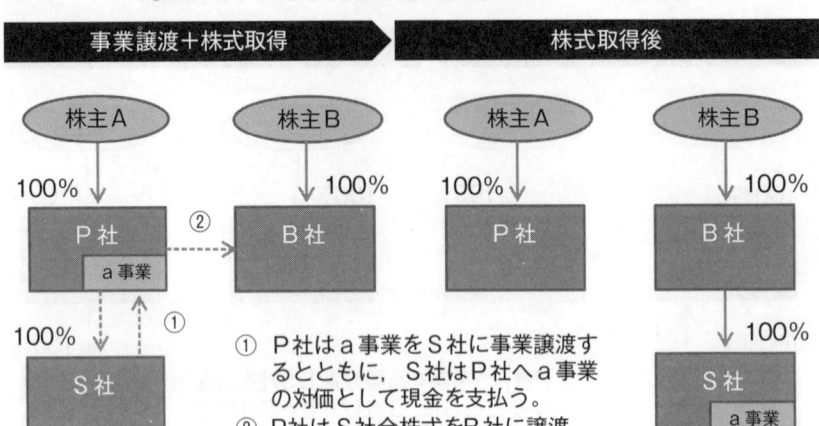

【図表3-14】 事業譲渡＋株式取得のイメージ図

事業譲渡＋株式取得 → 株式取得後

① P社はa事業をS社に事業譲渡するとともに、S社はP社へa事業の対価として現金を支払う。
② P社はS社全株式をB社に譲渡。

❾ 企業買収のストラクチャー別メリット／デメリット（まとめ）

　基本的なストラクチャーのメリット／デメリットをまとめると、【図表3-15】のようになります。

第3章　企業買収ストラクチャー別会計・税務のポイント整理

【図表3-15】　各ストラクチャーのメリット／デメリット
（取得企業側）

会計・税務・資金に関する事項			株式取得	吸収合併	吸収分割	株式交換 株式移転	事業譲受
会　計		個別決算におけるのれんの償却負担 （償却負担のない手法が○）	○	×	×	○	×
税　務		買収後の損益通算 （損益通算が可能な手法が○）	×※1	○	○	×※1	○
		消費税等の租税負担 （消費税等がかからない手法が○）	○	○	○	○	×
資　金		多額の資金の必要性 （主に株式を対価とする手法が○）	×	○	○	○	×
手続きに関する事項			株式取得	吸収合併	吸収分割	株式交換 株式移転	事業譲受
各種手続		法的手続の簡便さ （法的手続が比較的少ない手法が○）	○	×	×	×	○
		権利・義務の移転手続の簡便さ （個別の移転手続が不要な手法が○）	○	○	○	○	×
		被取得企業が保有する許認可の再取得や商号の変更の必要性 （必要性のない手法が○）	○	×	×	○	×
買収交渉		少数株主との交渉の必要性 （少数株主との交渉が不要な（株主総会の多数決で決定できる）手法が○）	×	○	○	○	○
その他経営に関する事項			株式取得	吸収合併	吸収分割	株式交換 株式移転	事業譲受
買収時のリスクマネジメント		対価の段階的支払いによる買収リスクのコントロール （コントロール可能な手法が○）	○	×	×	×	×
		リスク事業，簿外債務の承継 （非承継を選択できる手法が○）	×	×	○	×	○
買収後の経営		組織的一体運営によるスケールメリット，統一化等の享受 （メリットを享受しやすい手法が○）	×	○	○	×	○
		新たな株主との経営上の調整 （調整不要な手法が○）	○	○	○	×	○
		就業規則や給与テーブル，オペレーション等の変更，統一の必要性 （必ずしも統一の必要性のない手法が○）	○	×	×	○	×

※1　連結納税制度を適用していない前提。

（参考） 被買収会社の株主

税務・資金に関する事項		株式取得	吸収合併	吸収分割	株式交換 株式移転	事業譲受
税務	一般的にいわれる個人株主の場合のメリット （メリットのある手法が○） ※2	○	×※4	×※4	○	○
税務	一般的にいわれる法人株主の場合のメリット （メリットのある手法が○） ※3	×	○※4	○※4	×	×
資金	多額の資金の入手 （入手できる手法が○）	○	×	×	×	○

その他経営に関する事項		株式取得	吸収合併	吸収分割	株式交換 株式移転	事業譲受
買収時のリスクマネジメント	段階的な売却 （可能である場合は○）	○	×	×	×	×
買収後の経営	取得企業の経営への参加 （参加可能な手法が○）	×	○	○	○	×

※2 みなし配当が発生せずに株式譲渡益課税のみ発生する手法を○としている。
　　一般的に，みなし配当課税に対する税率よりも株式譲渡益課税に対する税率の方が低い場合が多いからである。
※3 みなし配当が発生する手法を○としている。
　　受取配当金の益金不算入制度の適用があるからである。ただし，譲渡損益課税に留意が必要である。
※4 非適格を前提としている。

❿ 企業買収における実務上の留意点

上記で説明した各ストラクチャーのメリット／デメリットのほか，実務上では以下の事項がポイントとなります。

① 被買収会社の財務諸表の検証

被買収会社が非上場会社又は会社法上の会計監査人監査を受けていない会社である場合には，税務基準により会計処理を行っているケースが多くみられます。そのため，特に買収会社が上場会社や会社法上の会計監査人監査を受けている会社の場合には，被買収会社の財務諸表を十分に検証することが重要になります。被買収会社の財務諸表を検証する際には，以下の点に留意する必要が

あります。

> - 財務諸表が一般に公正妥当な会計基準等に準拠しているか
> - 時価評価すべき資産・負債の有無
> - 識別可能資産の有無
> - 特定勘定に該当する事項の有無
> - 買収会社の会計方針と相違している部分

なお，これらの検証は自ら行うほかに，監査法人等の専門家に依頼することも考えられます。

② 投資回収計画の策定

投資回収計画を策定することは，投資意思決定，並びに投資後のモニタリングのためにも，経営上の重要な手続きといえます。また，会計上の観点からも，財務諸表に計上される関係会社株式やのれんの評価のため，また，後述するのれんの償却年数を決定するために，投資回収計画を策定することは重要な手続きといえます。

③ 連結上の会計方針の検討

連結上の会計方針として，以下の点について検討が必要になります。

> - 被買収会社を連結範囲に含めるのか否か
> - 被買収会社のいつの財務諸表から買収会社の連結財務諸表に含めるのか（みなし取得日の検討）
> - 連結決算日と買収した会社の決算日が相違している場合に，決算日変更をする必要があるか否か
> - のれんの償却年数

ストラクチャー別編

2 企業買収におけるストラクチャー別会計・税務

以下では，企業買収におけるストラクチャー別の会計処理・税務処理を説明します。なお，各ストラクチャーについては，買収会社の株主・被買収会社の株主が取引当事者となる場合がありますが，特に記載のない限り，個人株主であることを前提として，会計処理の説明は省略します。

❶ 株式取得に関する会計処理・税務処理

① 株式取得の会計処理

株式取得は，会社の組織に変更をもたらさない取引法上の行為であり，株式取得取引の当事者は，買収会社と被買収会社の株主となります。株式取得のストラクチャーに関連する買収会社及び被買収会社の株主の会計処理をまとめると，【図表3－16】のとおりになります。

【図表3－16】 株式取得の会計処理の概要

当事者	個別財務諸表	連結財務諸表
買収会社	子会社株式を取得原価（取得に直接要した費用を含む）で計上	パーチェス法の会計処理 時価で受入れ（のれんの認識）
被買収会社の株主（法人の場合）	株式の売却損益の認識	連結子会社であった場合，連結除外の処理

【設 例】

- P社はS社の株式を取得する。
- P社はS社の株式取得に際し，株主Bに100の現金を支払う。なお，取得に直接要した支出額はなかった。

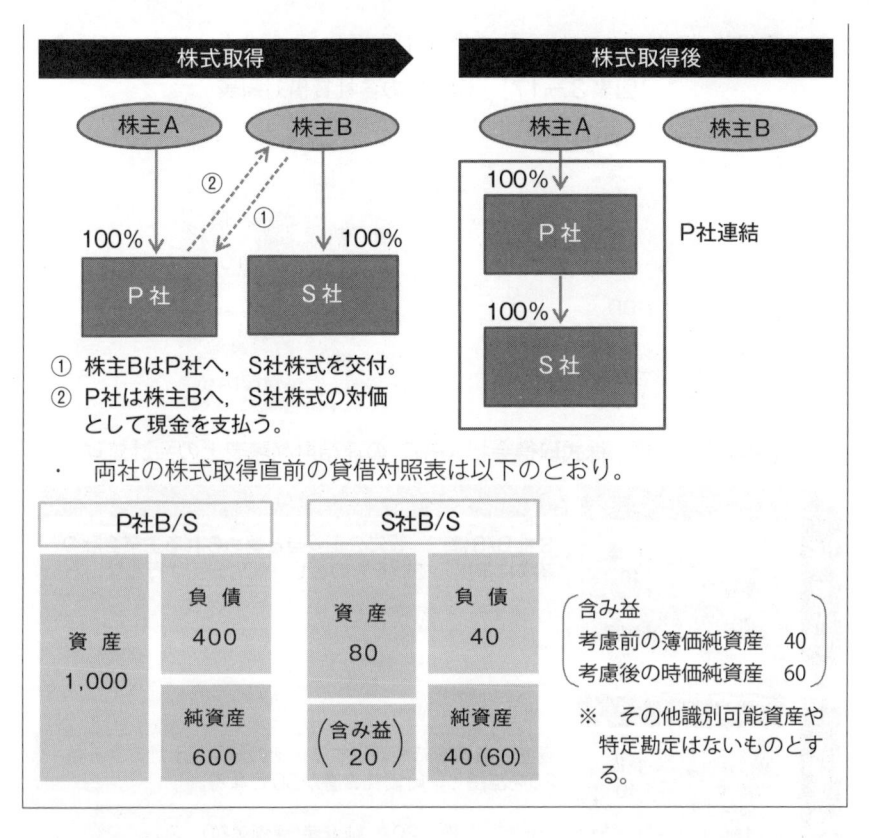

第3章 企業買収ストラクチャー別会計・税務のポイント整理

株式取得

① 株主BはP社へ、S社株式を交付。
② P社は株主Bへ、S社株式の対価として現金を支払う。

・ 両社の株式取得直前の貸借対照表は以下のとおり。

P社B/S
- 資産 1,000
- 負債 400
- 純資産 600

S社B/S
- 資産 80
- 負債 40
- 純資産 40（60）
- （含み益 20）

含み益
- 考慮前の簿価純資産 40
- 考慮後の時価純資産 60

※ その他識別可能資産や特定勘定はないものとする。

ⅰ）買収会社（P社）の会計処理

個別財務諸表

P社は、子会社株式の取得による処理を、以下のとおり行います。

（借）S 社 株 式	100	（貸）現　　　　金	100

連結財務諸表

買収会社の連結財務諸表においては、被買収会社の資産・負債を時価で受け入れ、時価評価後の純資産と取得原価との差額をのれんとして認識します。その処理は、以下のとおりです。

ストラクチャー別編

株式取得後,連結前のP社,S社の貸借対照表は,以下のようになっています。

【図表3−17】 連結前の各社貸借対照表

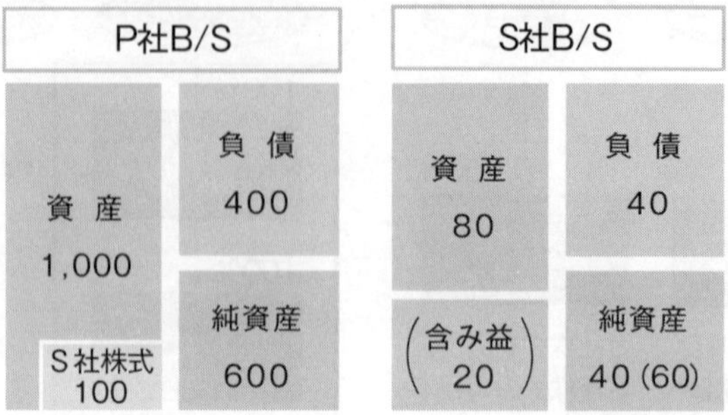

P社B/S		S社B/S	
資産 1,000	負債 400	資産 80	負債 40
	純資産 600	(含み益 20)	純資産 40 (60)
S社株式 100			

【図表3−18】 株式取得会社(P社)の連結財務諸表上の会計処理

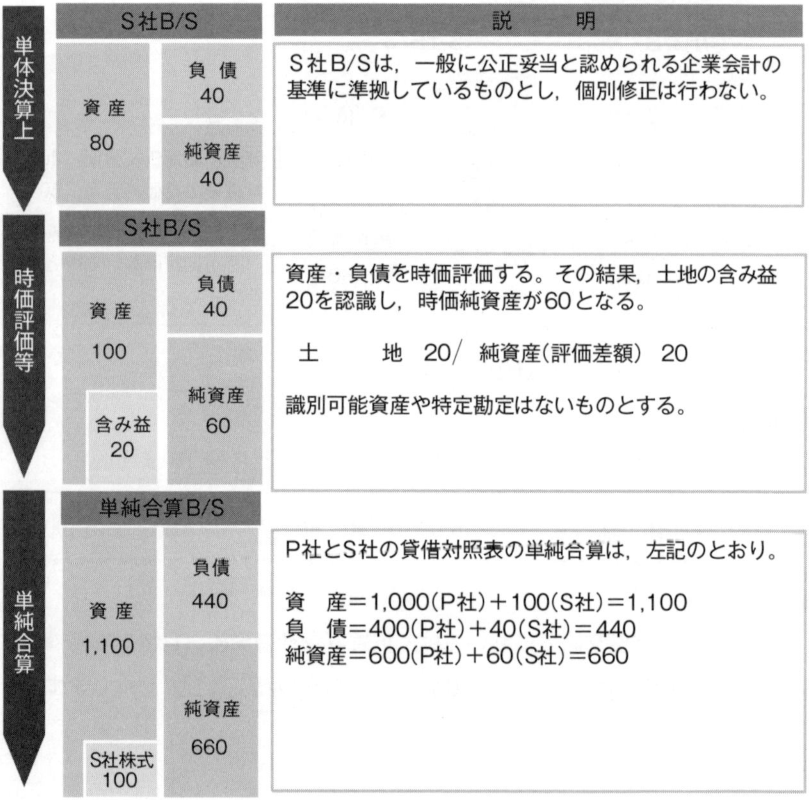

単体決算上

S社B/S:資産80／負債40・純資産40

説明:S社B/Sは,一般に公正妥当と認められる企業会計の基準に準拠しているものとし,個別修正は行わない。

時価評価等

S社B/S:資産100(含み益20)／負債40・純資産60

説明:資産・負債を時価評価する。その結果,土地の含み益20を認識し,時価純資産が60となる。

　土　　　地　20／純資産(評価差額)　20

識別可能資産や特定勘定はないものとする。

単純合算

単純合算B/S:資産1,100・S社株式100／負債440・純資産660

説明:P社とS社の貸借対照表の単純合算は,左記のとおり。

　資　産=1,000(P社)+100(S社)=1,100
　負　債=400(P社)+40(S社)=440
　純資産=600(P社)+60(S社)=660

第3章　企業買収ストラクチャー別会計・税務のポイント整理

投資と資本の相殺

取得原価 100 ／ 純資産 60 ／ のれん 40

S社株式の取得原価100と、時価評価後のS社純資産60の差額40がのれんとして認識された。
以上より、P社の連結仕訳は、以下となる。

純　資　産　60 ／ S 社 株 式 100
の　れ　ん　40 ／

株式取得後連結B/S

P社連結B/S

資産 1,040 ／ 負債 440 ／ 純資産 600 ／ のれん 40

上記仕訳をP社の連結財務諸表に反映する。

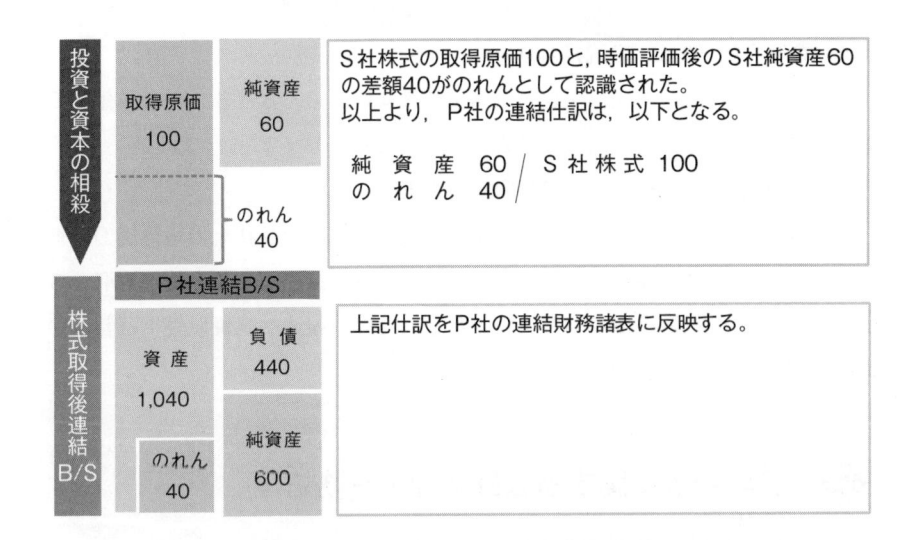

ii）　被買収会社の株主（株主Bが法人株主の場合）の会計処理

個別財務諸表

　株主Bは、譲渡した株式簿価と取得した対価の差額を損益として認識します。

連結財務諸表

　連結財務諸表を作っていた場合、連結上は、B社の連結除外の処理をします。また、連結上の簿価と対価の差額が損益となるように、個別上認識されている子会社株式売却損益を調整します。

② 　株式取得の当事者における税務処理

　株式取得のストラクチャーに関連する税務上の当事者は、株式の買い手である買収会社と売り手である被買収会社の株主であり、各当事者の税務上の取扱いの概要は、【図表3－19】のとおりです。

【図表3－19】　株式取得の税務処理の概要

当　事　者	税務上の取扱い
買　収　会　社	処理なし
被買収会社の株主	株式譲渡益課税あり

ストラクチャー別編

ⅰ) 買収会社（P社）の税務処理

株式取得取引には組織再編税制が適用されないため，B社株式が取得価額で計上されるのみで特別な処理は必要となりません。

ⅱ) 被買収会社の株主（株主B）の税務処理

株主Bに対しては，受け取った対価と譲渡した株式の税務上の帳簿価額の差額として計算される譲渡益に対して課税されます（譲渡益課税）。株式買取のストラクチャーは組織再編税制が適用されないため，譲渡益課税以外には特段の税務処理は必要ありません。

❷ 吸収合併に関する会計処理・税務処理

① 吸収合併の当事者における会計処理

吸収合併の当事者は合併存続会社（相手先を受け入れる側）と合併消滅会社（相手先に吸収され，消滅する会社）の2社となります。吸収合併のストラクチャーに関連する各当事者の会計処理の概要は，【図表3-20】のとおりです。

【図表3-20】 吸収合併の会計処理の概要

当事者	個別財務諸表
合併存続会社 （取得企業）	パーチェス法の会計処理 時価で引継ぎ（のれんの認識）
合併消滅会社	企業結合日の前日を決算日とした決算

【設 例】

- P社はS社を吸収合併する。
- P社はS社の吸収合併に際し，株主BにP社株式（時価100）を発行する。なお，取得に直接要した支出額はなかった。
- 合併時の増加資本金は，50である。

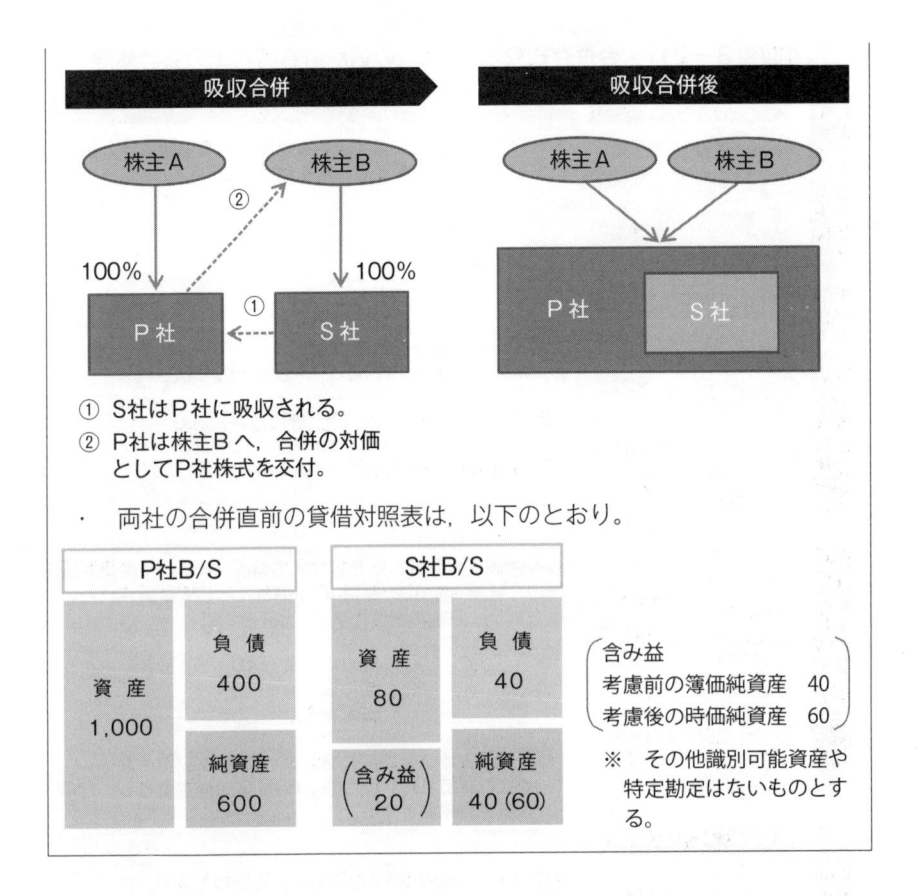

第3章 企業買収ストラクチャー別会計・税務のポイント整理

```
吸収合併                              吸収合併後

株主A    株主B                       株主A    株主B
  ↓ ②↗   ↓                            ↓      ↓
100%│   │100%
  ↓  ①   ↓                           ┌──────────────┐
 P社 ←--- S社                         │ P社    S社    │
                                      └──────────────┘
```

① S社はP社に吸収される。
② P社は株主Bへ，合併の対価としてP社株式を交付。

・両社の合併直前の貸借対照表は，以下のとおり。

```
    P社B/S                  S社B/S
┌──────┬──────┐         ┌──────┬──────┐      含み益
│      │ 負債 │         │ 資産 │ 負債 │      考慮前の簿価純資産  40
│ 資産 │ 400  │         │  80  │  40  │      考慮後の時価純資産  60
│1,000 ├──────┤         ├──────┼──────┤
│      │純資産│         │含み益│純資産│      ※ その他識別可能資産や
│      │ 600  │         │  20  │40(60)│         特定勘定はないものと
└──────┴──────┘         └──────┴──────┘         する。
```

i) 合併存続会社（P社）の会計処理

個別財務諸表

　合併存続会社（P社）の個別財務諸表においては，合併消滅会社（S社）の資産・負債を時価で受け入れ，時価評価後の受入純資産と取得原価（発行株式の時価）との差額をのれんとして認識します。なお，合併により取得する資産・負債の評価額は，前述した株式取得における連結財務諸表作成にあたり合算する子会社の資産・負債の評価額と同じ結果となります。

【図表3-21】 合併存続会社（P社）の個別財務諸表上の会計処理

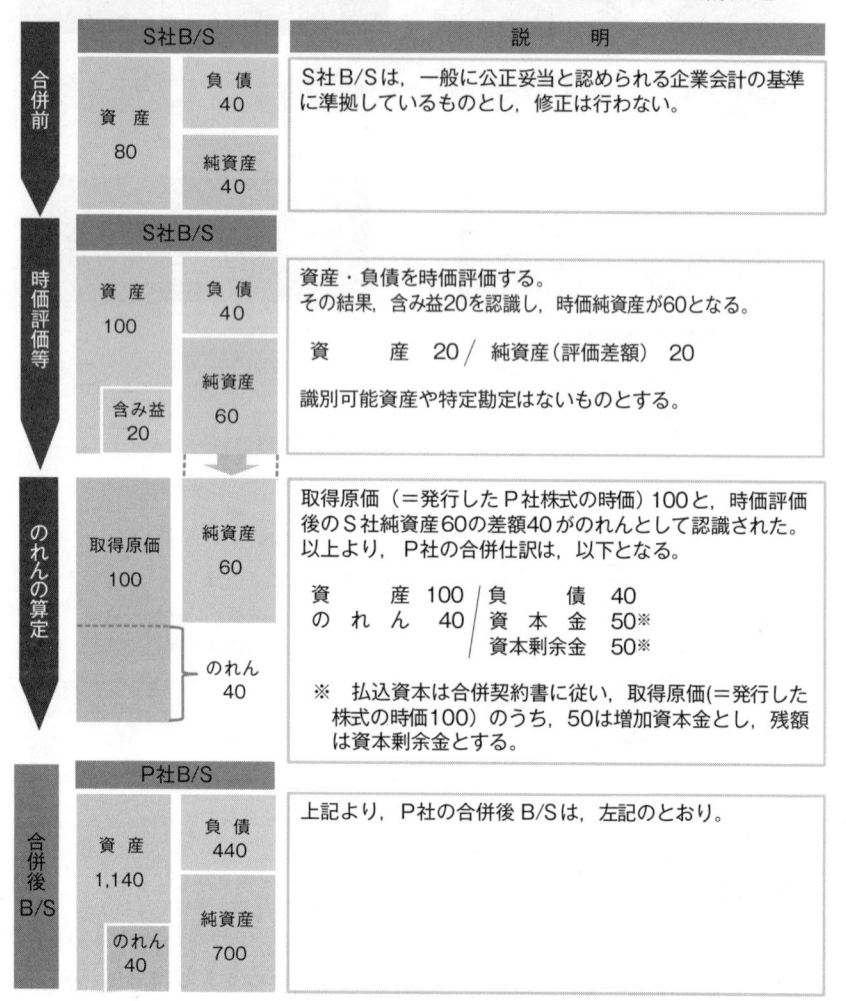

	説　明
合併前　S社B/S 資産 80／負債 40・純資産 40	S社B/Sは，一般に公正妥当と認められる企業会計の基準に準拠しているものとし，修正は行わない。
時価評価等　S社B/S 資産 100／負債 40・純資産 60・含み益 20	資産・負債を時価評価する。 その結果，含み益20を認識し，時価純資産が60となる。 　資　　産　20 ／ 純資産（評価差額）　20 識別可能資産や特定勘定はないものとする。
のれんの算定 取得原価 100／純資産 60・のれん 40	取得原価（＝発行したP社株式の時価）100と，時価評価後のS社純資産60の差額40がのれんとして認識された。以上より，P社の合併仕訳は，以下となる。 　資　　産　100 ／ 負　　債　　40 　のれん　　 40 ／ 資　本　金　　50※ 　　　　　　　　／ 資本剰余金　　50※ ※　払込資本は合併契約書に従い，取得原価(＝発行した株式の時価100)のうち，50は増加資本金とし，残額は資本剰余金とする。
合併後B/S　P社B/S 資産 1,140・のれん 40／負債 440・純資産 700	上記より，P社の合併後B/Sは，左記のとおり。

② 逆取得と判定された吸収合併の当事者における会計処理

　主な対価の種類が株式である企業買収の場合，通常は当該株式を交付する企業が取得企業となります。しかし，第1章で説明した取得企業の判定の結果，必ずしも株式を交付した企業が取得企業にならない場合があり，これを逆取得

といいます。

逆取得と判定された吸収合併の各当事者における会計上の取扱いをまとめると，【図表３－22】となります。

【図表３－22】 逆取得と判定された吸収合併の会計処理の概要

当事者	個別財務諸表	（参考） 連結財務諸表
合併消滅会社 （取得企業）	企業結合日の前日を決算日とした決算	―
合併存続会社	帳簿価額で引継ぎ	（連結財務諸表を作成する場合） ・パーチェス法の会計処理（合併消滅会社を存続会社とみなして処理） ・時価で引継ぎ（のれんの認識）

なお，逆取得は会計上の概念ですので，税務上の取扱いは通常の合併の場合と相違ありません。会計上の取得企業（消滅会社）を被合併法人，会計上の被取得企業（存続会社）を合併法人として，適格・非適格の判定を行って，それぞれの税務処理を行うことになります。

逆取得の会計処理について，設例を用いて説明します。

【設 例】

- P社はS社を吸収合併する。
- 合併前の発行済株式総数はP社100株，S社60株である。
- P社はS社の吸収合併に際し，合併比率１：2.5に基づき株主BにP社株式150株（60株×2.5株）を発行する。なお，取得に直接要した支出額はなかった。
- そのため，合併後のP社に対する議決権比率は，［株主Ａ（40％）＜株主Ｂ（60％）］であり，逆取得と判定された。
- S社株式の時価は一株当たり20であった。

ストラクチャー別編

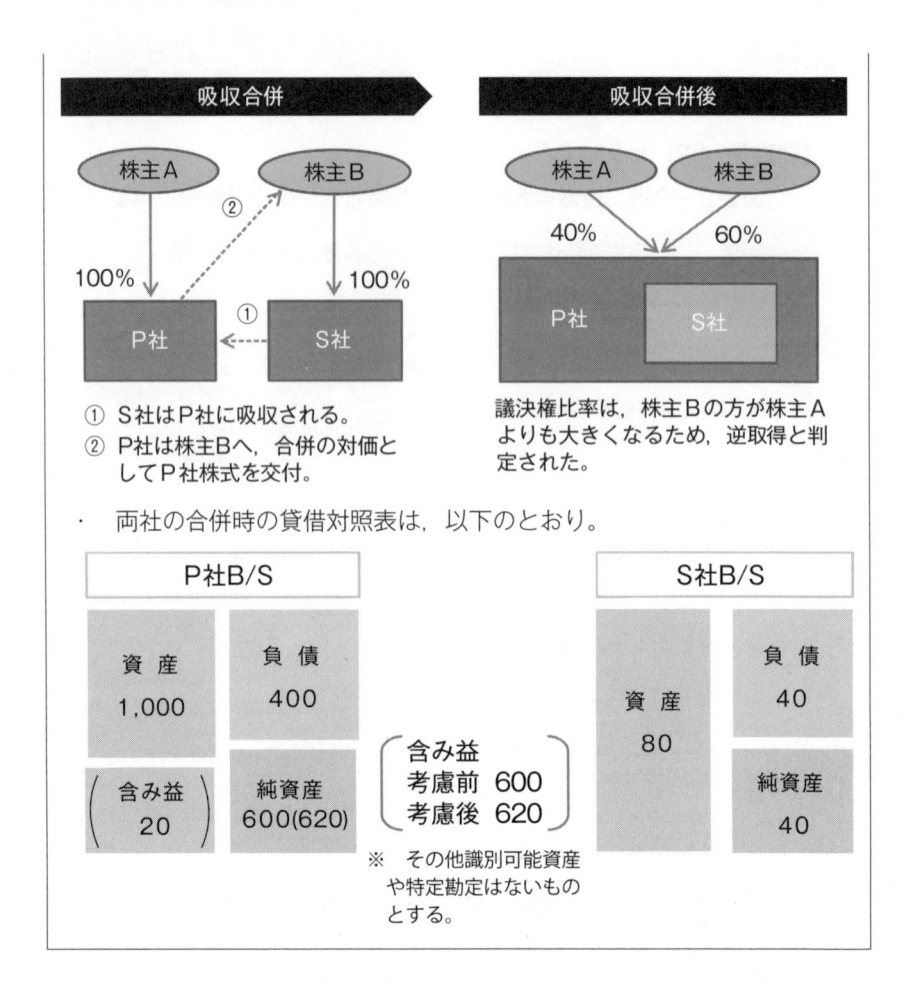

吸収合併

① S社はP社に吸収される。
② P社は株主Bへ、合併の対価としてP社株式を交付。

吸収合併後

議決権比率は、株主Bの方が株主Aよりも大きくなるため、逆取得と判定された。

・両社の合併時の貸借対照表は、以下のとおり。

P社B/S
- 資産 1,000
- 含み益 20
- 負債 400
- 純資産 600(620)

含み益
考慮前 600
考慮後 620

S社B/S
- 資産 80
- 負債 40
- 純資産 40

※ その他識別可能資産や特定勘定はないものとする。

ⅰ) 被取得企業P社（合併存続会社）の会計処理

個別財務諸表

　個別財務諸表上は、法形式を重視し、被取得企業P社（存続会社）が取得企業であるS社の資産及び負債を合併直前の適正な帳簿価額で引き継ぐことになります。

第3章 企業買収ストラクチャー別会計・税務のポイント整理

【図表3－23】 被取得企業P社（存続会社）の会計処理

	P社B/S		説　明
合併前	資　産 1,000	負　債 400 / 純資産 600	企業結合前のP社のB/Sは左記のとおり。
簿価引継	S社B/S 資　産 80	負　債 40 / 純資産 40	消滅会社(取得企業S社)の資産及び負債を合併直前の適正な帳簿価額で引き継ぐ。 　資　産　80 ／ 負　債　　　　　40 　　　　　　　　　純資産（払込資本）40 ※　S社の株主資本は，払込資本（資本金又は資本剰余金）とするか，又はS社株主資本の内訳科目をそのまま引き継ぐ。
合併後B/S	P社B/S（合併後） 資　産 1,080	負　債 440 / 純資産 640	上記仕訳により，P社B/SとS社B/Sを合算する。

(参考)　連結財務諸表

　合併存続会社（P社）が連結財務諸表を作成する場合，連結財務諸表上は経済的実態を重視し，取得企業S社が存続し，合併の対価としての株式をS社が交付したものとみなして，会計処理を行います。

【図表3−24】 合併存続会社（P社）の連結財務諸表上の会計処理

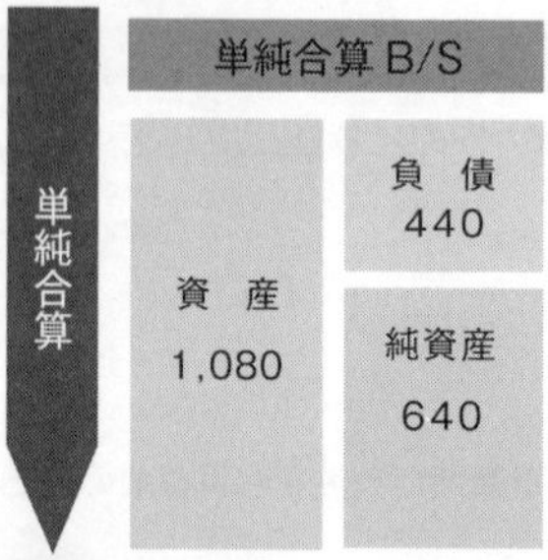

段階	単純合算B/S		説　明
単純合算	資産 1,080	負債 440 / 純資産 640	当設例では，合併によりS社が消滅しているが，説明の便宜上，他の子会社（ただしB/S項目は全てゼロ）があると仮定して連結を作成する。この場合，単純合算B/SはP社の個別B/Sに一致する。
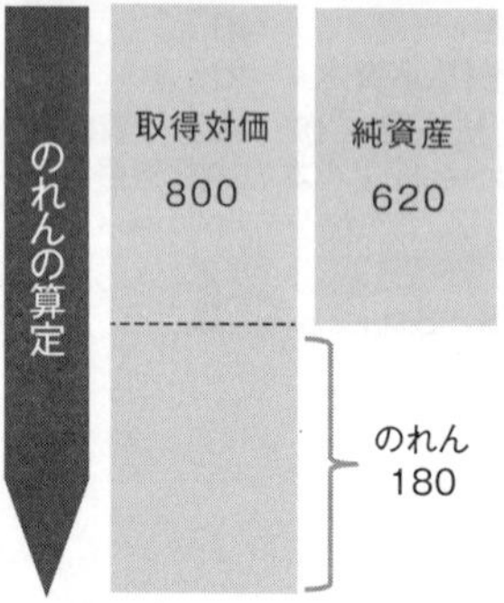 のれんの算定	取得対価 800	純資産 620 / のれん 180	株主Bによる取得対価は，株主Aが合併後の企業に対する実際の議決権比率（40％）と同じ比率を保有するのに必要な数(X)のS社株式をS社が交付したものとみなして算定する。 　　X÷(X+60)＝40％ 　　X＝40株 株主Bによる取得対価は以下のように計算される。 　　40株×@20＝800 のれんの金額は以下のように算定される。 取得原価800※−P社含み益考慮後純資産620＝180 　※　取得に直接要した支出額はゼロであるため，取得対価＝取得原価となる。
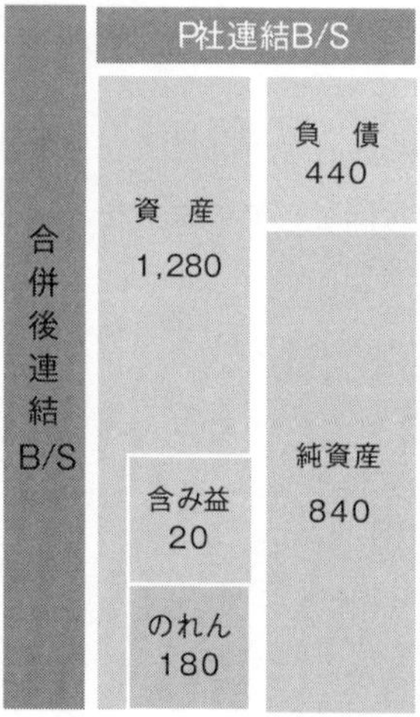 合併後連結B/S	P社連結B/S 資産 1,280 / 含み益 20 / のれん 180	負債 440 / 純資産 840	純資産の金額は以下のように算定される。 S社純資産40＋取得原価800＝840 含み益　20　／　純資産（払込資本）　800※ のれん　180　／ 純資産　600　／ 　※　資本金又は資本剰余金（連結上の資本金は合併存続会社(P社)の金額に合わせ，差額は資本剰余金に振り替える）とする。

③ 吸収合併の当事者における税務処理

吸収合併における税務上の取引の当事者は，合併法人及び被合併法人のほか，合併法人の株式を取得することとなる被合併法人の株主も対象となります。吸収合併のストラクチャーに関連する各当事者の税務上の取扱いの概要は，【図表３－25】のとおりです。

【図表３－25】 吸収合併の税務処理の概要

当 事 者	適 格 合 併	非 適 格 合 併
合併法人	帳簿価額で引継ぎ （含み損益の課税の繰延べ）	時価で引継ぎ （税務上ののれんの発生）
被合併法人	帳簿価額で移転（課税なし）	時価で移転（譲渡損益課税あり）
被合併法人の株主	課税なし	・みなし配当課税あり ・株式譲渡損益課税 　－金銭等交付あり…課税あり 　－金銭等交付なし…課税なし

ⅰ) 合併法人（P社）の税務処理

非適格合併の場合には，合併法人は受入資産・負債を時価で引き継ぎ，当該時価と対価との差額として，資産調整勘定又は差額負債調整勘定（税務上ののれん）が計上されます。

ただし，合併が共同事業要件を満たす場合，適格合併となるケースもあります。この場合には，税務上，受入資産・負債が帳簿価額で引き継がれます。そのため，会計上，取得の会計処理により受入資産・負債が時価評価されている場合には，会計上の受入資産・負債の帳簿価額を税務上の帳簿価額に修正するための税務調整が必要になります。また，適格合併の場合には税務上の重要な論点として以下の事項がありますが，詳細につきましては第２章をご参照下さい。

> (ア) 被合併法人の繰越欠損金の引継ぎ制限
> (イ) 合併法人の欠損金の使用制限
> (ウ) 特定資産の譲渡損失の損金不算入

ii）被合併法人（S社）の税務処理

非適格合併の場合，被合併会社の資産・負債は時価で譲渡されたことになり，資産・負債の譲渡損益に対して課税されます。

ただし，合併が共同事業要件を満たす場合は，適格合併となるケースもあります。この場合には，被合併法人の資産・負債は合併法人に帳簿価額で引き継がれ，合併時における被合併法人への課税はありません。

なお，被合併法人は合併により消滅し，権利義務が合併法人に承継されるため，被合併法人の納税義務は合併法人が引き継いで納税することになります。

iii）被合併法人の株主（株主B）の税務処理

被合併法人の株主については，非適格合併の場合にはみなし配当課税が発生する可能性があります。なお，被合併法人の株主が法人である場合には，みなし配当について受取配当金の益金不算入制度が適用されます。

また，対価として金銭等の交付がある場合には，株式譲渡損益課税が発生します。

❸ 吸収分割に関する会計処理・税務処理

① 吸収分割の当事者における会計処理

吸収分割における当事者は，事業を切り出す分割会社とそれを引き継ぐ分割承継会社となります。吸収分割のストラクチャーに関連する各当事者の会計処理をまとめると，【図表3-26】のとおりになります。

なお，以下では，分割承継会社が取得企業となるケースを前提としています。理論上は分割会社が取得企業として買収を図るケース（すなわち，逆取得による吸収分割）も想定されますが，実務上はあまり検討されないケースと考えられますので，説明は省略しています。また，現金交付による吸収分割の会計処理は事業譲渡と同様の結果となるため，以下では株式のみ交付する吸収分割を前提としています。

第3章 企業買収ストラクチャー別会計・税務のポイント整理

【図表3－26】 吸収分割の会計処理の概要

当事者	個別財務諸表	連結財務諸表
分割承継会社 （取得企業）	パーチェス法の会計処理 時価で引継ぎ（のれんの認識）	処理なし
分割会社 （分社型の場合）	分割後の分割承継会社が分割会社の子会社・関連会社以外である場合 時価で移転（移転損益を認識する）	－
分割会社 （分割型の場合）	分割後の分割承継会社が分割会社の子会社・関連会社以外である場合 時価で移転（移転損益を認識する）及び分割承継会社の株式を時価で計上して分割会社の株主に現物配当	－

② 分社型吸収分割の会計処理

【設 例】

- P社は，S社のa2事業を吸収分割により取得する。
- P社はa2事業の吸収に際し，S社にP社株式（時価160）を発行する。なお，取得に直接要した支出額はなかった。
- 分割時の増加資本金は，80である。
- 分割後においてP社はS社の子会社又は関連会社のいずれにも該当しない。

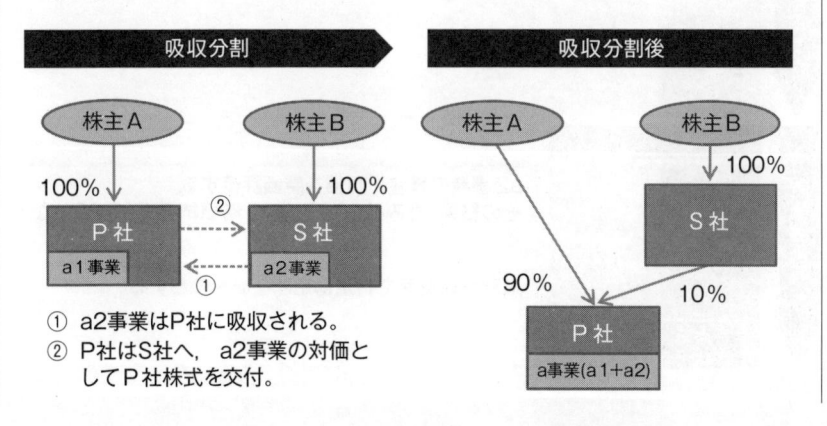

```
            吸収分割                          吸収分割後

    株主A          株主B                株主A        株主B
     │100%         │100%                              │100%
     ▼              ▼                                  ▼
   ┌───┐  ←--②--  ┌───┐                            ┌───┐
   │P社│          │S社│                             │S社│
   │a1事業│ --①-→ │a2事業│                          └───┘
   └───┘          └───┘                90%  ↘     ↙ 10%
                                             ┌─────┐
① a2事業はP社に吸収される。                    │ P社  │
② P社はS社へ，a2事業の対価と                  │a事業(a1+a2)│
  してP社株式を交付。                          └─────┘
```

119

・ 両社の吸収分割直前の貸借対照表は，以下のとおり。

P社B/S		S社B/S		
資産 1,000	純資産 1,000	資産 580 a2事業資産 100 a2事業（含み益）20	純資産 580（600）	含み益 考慮前の簿価純資産 580 考慮後の時価純資産 600 ※ その他識別可能資産や特定勘定はないものとする。

ⅰ) 分割承継会社（P社）の会計処理

個別財務諸表

分割承継会社（P社）の個別財務諸表においては，分割事業（a2事業）の資産・負債を時価で受け入れ，時価評価後の受入純資産と取得対価（発行株式の時価）との差額をのれんとして認識します。

【図表3-27】 分割承継会社（P社）の個別財務諸表上の会計処理

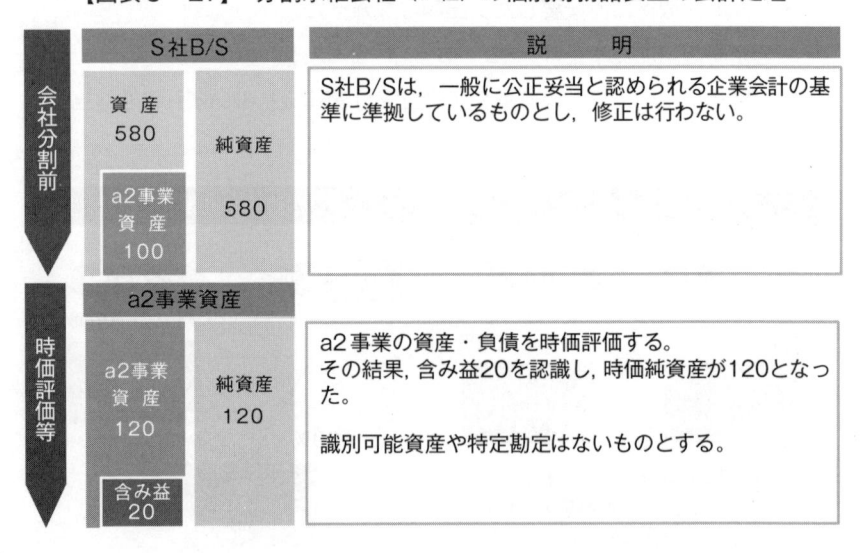

	S社B/S		説　明
会社分割前	資産 580 a2事業資産 100	純資産 580	S社B/Sは，一般に公正妥当と認められる企業会計の基準に準拠しているものとし，修正は行わない。
時価評価等	a2事業資産 a2事業資産 120 含み益 20	純資産 120	a2事業の資産・負債を時価評価する。 その結果，含み益20を認識し，時価純資産が120となった。 識別可能資産や特定勘定はないものとする。

第3章　企業買収ストラクチャー別会計・税務のポイント整理

のれんの算定

| 取得原価 160 | 純資産 120 |

取得原価（＝発行されるP社株式の時価）と，時価評価後のa2事業純資産120の差額40がのれんとして認識された。
以上より，P社の吸収分割仕訳は以下となる。

| 資産 | 120 | 資本金 | 80※ |
| のれん | 40 | 資本剰余金 | 80※ |

※　払込資本は，分割契約に従い取得原価（＝発行した株式の時価160）のうち，80は増加資本金とし，残額は資本剰余金とする。

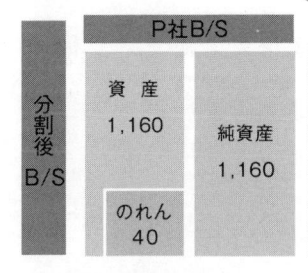

のれん 40

分割後B/S

P社B/S

| 資　産 1,160 | 純資産 1,160 |
| のれん 40 | |

上記仕訳による分割後のP社B/Sは左記のとおり。

ⅱ）　分社型分割会社（S社）の会計処理

個別財務諸表

　分割会社（S社）の個別財務諸表においては，分割承継会社が発行する株式を，移転した事業に係る時価又は取得した分割承継会社株式の時価のうち，より高い信頼性をもって測定可能な時価で算定し，受け入れます。また，これと移転した事業の帳簿価額との差額を移転損益として認識します。

　S社は，a2事業の譲渡及びP社株式の取得による処理を以下のように行います。

| （借）P　社　株　式 | 160※ | （貸）a2事業資産 | 100 |
| | | 　　　移　転　損　益 | 60 |

※　移転した事業に係る時価又は取得した分割承継会社株式の時価のうち，より信頼性をもって測定可能な時価で算定する。ここでは，分割承継会社P社株式の時価とした。

③ 分割型吸収分割の会計処理

分割型吸収分割と分社型吸収分割で異なるのは，分割会社の会計処理のみです。分割会社では，分社型吸収分割が行われた上で，分割承継会社の株式を分割承継会社の株主に現物配当したものとして会計処理が行われます。

そのため，分社型吸収分割の仕訳に現物配当の仕訳が加わり，以下のようになります。

```
（分社型と同じ仕訳）
（借）P 社 株 式    160    （貸）a 2 事業資産    100
                                  移 転 損 益     60
（現物配当の仕訳）
（借）純  資  産    160    （貸）P 社 株 式    160
```

④ 吸収分割の当事者における税務処理の概要

分社型の吸収分割における税務上の当事者は，会計上の当事者である分割承継法人及び分割法人となります。また，分割型分割の場合には，さらに分割法人の株式が交付される分割法人の株主も含まれます。吸収分割のストラクチャーに関連する各当事者の税務上の取扱いをまとめると，**【図表3-28】**のとおりになります。

【図表3-28】 吸収分割の税務処理

当 事 者	適 格 分 割	非 適 格 分 割
分割承継法人	帳簿価額で引継ぎ（含み損益の課税の繰延べ）	時価で引継ぎ（税務上ののれんの発生）
分 割 法 人	帳簿価額で移転（課税なし）	時価で移転（譲渡損益課税あり）
分割法人の株主（分割型の場合）	課税なし	・みなし配当課税あり ・株式譲渡損益課税 　－金銭等交付あり…課税あり 　－金銭等交付なし…課税なし
分割法人の株主（分社型の場合）	－	－

ⅰ) 分割承継法人の税務処理

　非適格吸収分割の場合には，受入資産・負債が時価で引き継がれ，その時価と対価の差額として資産調整勘定又は差額負債調整勘定（税務上ののれん）が計上されます。

　ただし，会社分割が共同事業要件を満たす場合は適格吸収分割となるケースもあります。この場合，受入資産・負債が帳簿価額で引き継がれます。そのため，会計上で取得の会計処理が行われて時価評価されている場合には，税務上の受入資産・負債を帳簿価額に修正するための税務調整が必要になります。また，適格吸収分割の場合には税務上の重要な論点として以下の事項に留意する必要がありますが，詳細は第2章もご参照下さい。

　　　(ア) 分割承継法人の欠損金の使用制限
　　　(イ) 特定資産の譲渡損失の損金不算入

ⅱ) 分割法人の税務処理

　非適格吸収分割の場合，分割事業の資産・負債は時価で譲渡されたことになり，資産・負債の譲渡損益に対して課税されます。

　ただし，会社分割が共同事業要件を満たす場合，適格吸収分割となるケースもあります。この場合，分割事業の資産・負債は分割承継法人に帳簿価額で引き継がれ，分割時における分割法人への課税はありません。

ⅲ) 分割法人の株主の税務処理

　分社型吸収分割の場合には，分割法人の株主に課税関係は発生しません。

　一方，分割型吸収分割の場合には分割法人の株主にも株式が発行されることから課税関係が発生し，非適格吸収分割の場合はみなし配当課税が課されます。

　なお，分割法人の株主が法人である場合には，みなし配当について受取配当金の益金不算入制度が適用されます。

　また，対価として金銭等が交付される場合には，譲渡損益に対しては株式譲渡損益課税が発生します。

ストラクチャー別編

❹ 株式交換に関する会計処理・税務処理

① 株式交換の当事者における会計処理

株式交換についての会計処理が必要になる当事者は，基本的には株式交換完全子会社の株主を個人とすれば，株式交換完全親会社のみです。

株式交換完全子会社においては，株式交換により株主が入れ替わったにすぎず，通常会計処理は発生しません。

株式交換において関連する当事者と各当事者において必要な会計処理の概要は，【図表３－29】のとおりです。

【図表３－29】 株式交換の会計処理の概要

当 事 者	個別財務諸表	連結財務諸表
株式交換完全親会社	子会社株式を取得原価（取得に直接要した費用を含む）で評価	パーチェス法の会計処理 時価で受入れ（のれんの認識）
株式交換完全子会社	原則処理なし	－

【設 例】

- P社（株主Aの100％子会社）は株式交換により，S社（株主Bの100％子会社）を完全子会社化する。取得企業はP社と判定された。
- P社の株式の時価は@5，株式交換比率（P社：S社）は１：0.2で合意された。なお，取得に直接要した支出額はなかった。
- 発行済株式総数は両社とも100株である。
- 株式交換時の増加資本金は50である。

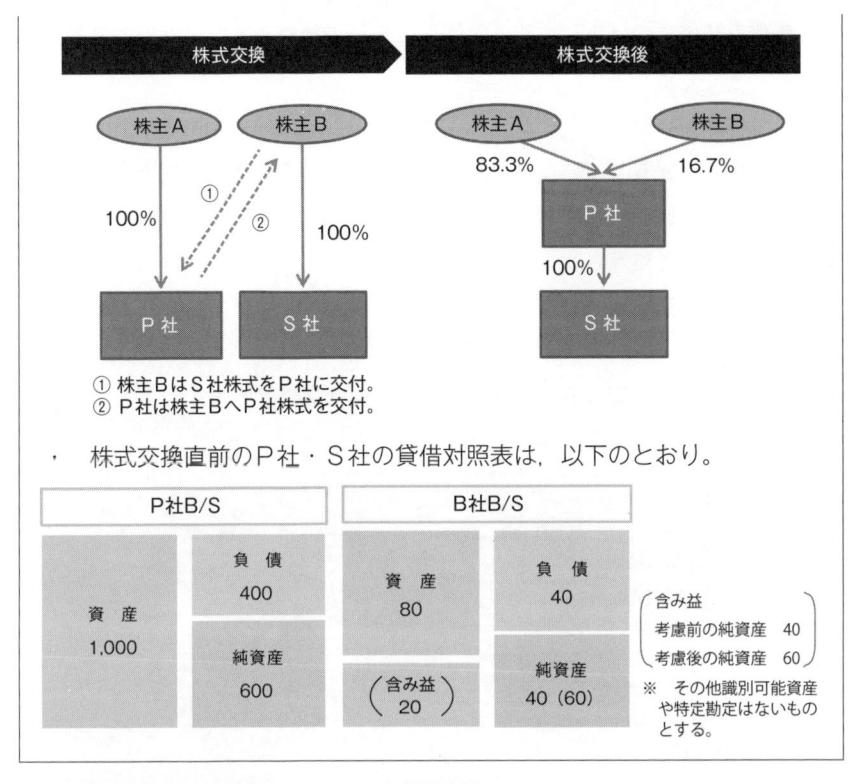

第3章 企業買収ストラクチャー別会計・税務のポイント整理

```
株式交換                        株式交換後

株主A    株主B            株主A         株主B
                         83.3%         16.7%
100%  ①  ②  100%
         ↓                      P 社
                                 ↓ 100%
 P 社    S 社                    S 社

① 株主BはS社株式をP社に交付。
② P社は株主BへP社株式を交付。
```

- 株式交換直前のP社・S社の貸借対照表は，以下のとおり。

```
P社B/S                    S社B/S

資産      負債           資産   負債        含み益
1,000     400            80    40         考慮前の純資産 40
          純資産                            考慮後の純資産 60
          600            含み益 純資産
                          20   40（60）    ※ その他識別可能資産
                                              や特定勘定はないもの
                                              とする。
```

ⅰ） 株式交換完全親会社（P社）の会計処理

個別財務諸表

P社は，子会社株式を交付したP社株式の時価等で取得し，株式交換契約に定められたP社株式発行に伴う資本の増加額との差額を資本剰余金として処理します。

| （借）S 社 株 式 | $100^{※1}$ | （貸）純 資 産 | $100^{※2}$ |

※1　100＝＠5×100株×0.20
※2　内訳は，資本金100，資本剰余金100

連結財務諸表

株式交換完全親会社の連結財務諸表においては，株式交換完全子会社の資

産・負債を時価で受け入れ，時価評価後のS社の純資産と取得対価との差額をのれんとして認識します。

また，株式交換完全親会社が，株式交換日の前日に株式交換完全子会社となる企業の株式を保有していた場合，株式交換日の時価に基づいて子会社株式に振り替えて取得原価に加算し，その時価と帳簿価額との差額は当期の段階取得に係る損益として処理されます。

株式交換後，連結前のP社，S社の貸借対照表は，以下のとおりとなっています。

【図表3-30】 連結前の各社貸借対照表

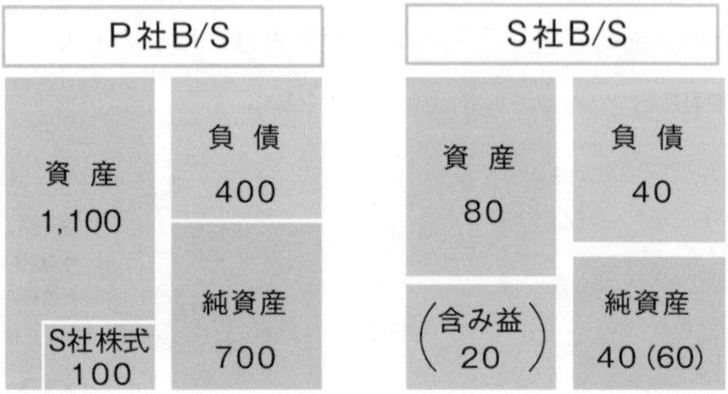

P社B/S		S社B/S	
資産 1,100	負債 400	資産 80	負債 40
	純資産 700	(含み益) 20	純資産 40 (60)
S社株式 100			

【図表3−31】 株式交換完全親会社（P社）の連結財務諸表上の会計処理

時価評価等

S社B/S
- 資産 100 / 負債 40
- 含み益 20 / 純資産 60

説明：
連結にあたってS社の個別財務諸表の修正として，資産・負債を時価評価する。

土　地　等　20 ／ 純資産（評価差額）　20

識別可能資産，特定勘定はないものとする。

単純合算

単純合算B/S
- 資産 1,200 / 負債 440
- 純資産 760

説明：
P社とS社のB/Sを合算する。
資　産＝1,100（P社）＋100（S社）＝1,200
負　債＝400（P社）＋40（S社）＝440
純資産＝700（P社）＋60（S社）＝760

投資と資本の相殺

- 取得原価 100 / 純資産 60
- のれん 40

説明：
連結相殺仕訳により，P社による投資勘定であるS社株式100と，時価評価後のS社純資産60の差額40がのれんとして認識された。

純　資　産　60 ／ S社株式　100
の　れ　ん　40 ／

株式交換後B/S

P社連結B/S
- 資産 1,140 / 負債 440
- のれん 40 / 純資産 700

上記の結果，連結財務諸表は，左記のとおり。

ⅱ）株式交換完全子会社の会計処理

個別財務諸表

株式交換完全子会社からみると，株式交換は株主が入れ替わったにすぎず，株式交換完全子会社では原則として会計処理は発生しません。

② 株式交換の税務処理

株式交換のストラクチャーに関連する税務上の当事者は、完全親法人、完全子法人の株主のほか、完全子法人も対象になります。株式交換のストラクチャーに関連する各当事者の税務処理の概要は、【図表3－32】のとおりです。

【図表3－32】 株式交換の税務処理の概要

当事者	適格株式交換	非適格株式交換
完全親法人	課税なし	課税なし
完全子法人	課税なし	特定の資産の含み損益に対して課税
完全子法人の株主	課税なし	・みなし配当課税なし ・株式譲渡損益課税 　－金銭等交付あり…課税あり 　－金銭等交付なし…課税なし

ⅰ） 完全親法人の税務処理

株式交換においては、完全親法人に対する課税関係は発生しません。

ⅱ） 完全子法人の税務処理

非適格株式交換の場合には、完全子法人の有する一定の資産について時価評価を行い、株式交換の属する事業年度の課税所得計算上、時価と帳簿価額との差額を益金又は損金の額に算入します。ここでいう一定の資産とは、固定資産、土地等、有価証券、金銭債権、繰延資産であって、以下のものを除きます。

> ・ 株式交換の日の属する事業年度開始の日前5年以内に開始した各事業年度等において圧縮記帳等の規定の適用を受けた減価償却資産
> ・ 売買目的有価証券
> ・ 償還有価証券
> ・ 資産の時価と帳簿価額との差額が資本金等の額の2分の1に相当する金額又は1千万円のいずれか少ない金額に満たない場合のその資産

ただし、株式交換が共同事業要件を満たす場合、適格株式交換となるケースもあります。この場合には完全子法人に課税関係は生じません。

ⅲ) 完全子法人の株主の税務処理

株式交換では，適格・非適格の区分にかかわらず完全子法人の株主にみなし配当課税は生じません。

完全子法人の株式の対価として金銭の交付がある場合にのみ，完全子法人の株主の株式譲渡損益に対して課税されます。

❺ 株式移転に関する会計処理・税務処理

① 株式移転の当事者における会計処理

株式移転において会計処理が必要になる当事者は，基本的には株式移転完全親会社のみです。株式移転において関連する当事者と，各当事者において必要な会計処理の概要は，【図表３－33】のとおりです。

【図表３－33】 株式移転の会計処理の概要

当　事　者	個別財務諸表	連結財務諸表
株式移転完全親会社	子会社株式を取得原価（取得に直接要した費用を含む）で計上	パーチェス法の会計処理 時価で受入れ（のれんの認識）
株式移転完全子会社 （取得企業）	原則処理なし	－
株式移転完全子会社 （被取得企業）	原則処理なし	－

【設　例】

- Ｐ社（株主Ａの100％子会社）とＳ社（株主Ｂの100％子会社）は株式移転により株式移転完全親会社であるＨ社を設立する。
- 取得企業はＰ社と判定された。
- Ｐ社株式の時価は＠５，株式移転比率（Ｐ社：Ｓ社）は１：０.２で合意された。

ストラクチャー別編

- 発行済株式総数は両社とも100株である。
- 株式移転時のH社の増加資本金は50である。

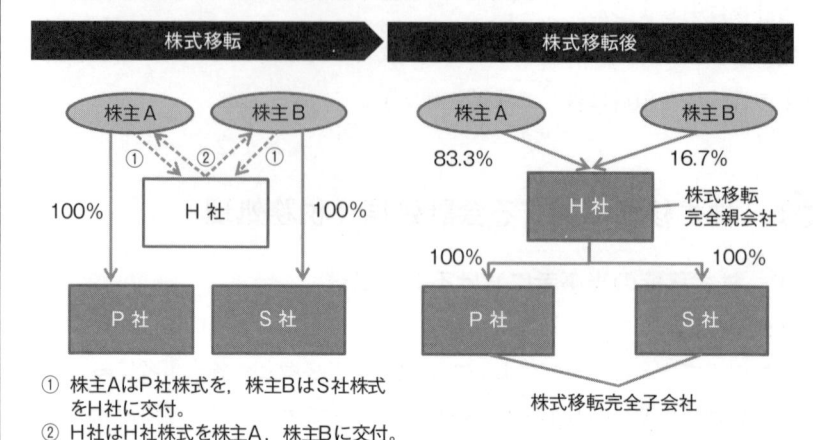

```
          株式移転                      株式移転後
    ┌─株主A─┐ ┌─株主B─┐        株主A        株主B
       ①   ②   ①            83.3%        16.7%
    100%  H社  100%              H社      株式移転
                                          完全親会社
                              100%      100%
     P社      S社              P社       S社
                                          株式移転完全子会社
```

① 株主AはP社株式を、株主BはS社株式をH社に交付。
② H社はH社株式を株主A、株主Bに交付。

- 株式移転直前のP社・S社の貸借対照表は、以下のとおりです。

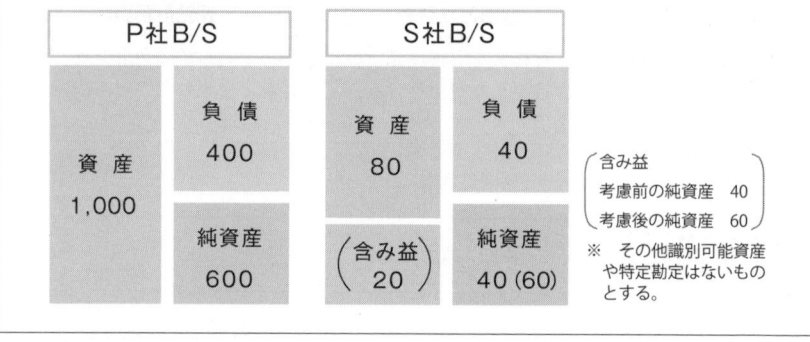

```
P社B/S                   S社B/S
            負債                      負債
            400                       40         ┌含み益
資産                     資産                     │ 考慮前の純資産 40
1,000                    80                      │ 考慮後の純資産 60
            純資産                    純資産       └
            600        (含み益)        40(60)     ※ その他識別可能資産
                         20                         や特定勘定はないもの
                                                    とする。
```

ⅰ) 株式移転完全子会社（P社・S社）の会計処理

株式交換完全子会社からみると、株式交換は株主が入れ替わったにすぎず、株式交換完全子会社では通常特別な会計処理は発生しません。

ⅱ) 株式移転完全親会社（H社）の会計処理

個別財務諸表

株式移転完全親会社（H社）の個別財務諸表において、取得企業と判定されたP社株式の取得原価はP社の適正な帳簿価額による株主資本となります。

第3章 企業買収ストラクチャー別会計・税務のポイント整理

　また，被取得企業と判定されたS社株式の取得原価は，第1章の取得の会計処理における取得原価の算定に従い，交付した株式の時価等をベースに決定されます。この場合，S社の株主が，H社に対する実際の議決権比率と同じ比率を保有するのに必要な数のP社株式をP社が交付したとみなして算定します。

（借）P 社 株 式	600[※1]	（貸）資 本 金	50
S 社 株 式	100[※2]	資 本 剰 余 金	650

※1　600＝P社株主資本
※2　16.7%＝S社：100株×0.2÷(P社：100株×1＋S社：100株×0.2)
　　　100＝(16.7%×H社：120株)×＠5

連結財務諸表

　株式移転完全親会社（H社）は，取得企業である株式移転完全子会社（P社）に対する投資と資本の相殺消去，及び被取得企業である株式移転完全子会社（S社）に対する投資と資本の相殺消去に分けて，以下のように処理します。

　まず，H社が保有するP社（取得企業）の株式は，P社（取得企業）における株主資本（帳簿価額ベース）と相殺します。H社が保有するP社株式は，H社の個別財務諸表においてP社の帳簿価額ベースの株主資本の額に基づいて評価されているため，相殺消去に伴う消去差額は生じません。

　一方，H社が保有するS社（被取得企業）の株式は，S社の時価純資産と相殺します。H社におけるS社株式は，H社の個別財務諸表上，P社（取得企業）の株価等の時価をベースに決定されているため，のれんが発生します。

　連結前の各社の貸借対照表は，以下のとおりとなっています。

【図表3-34】　連結前の各社貸借対照表

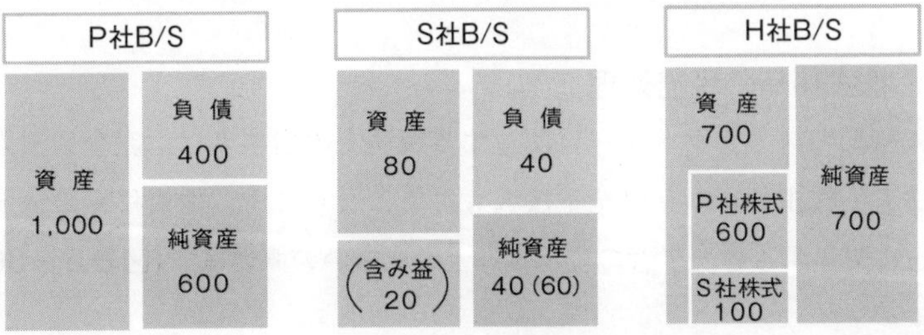

P社B/S		S社B/S		H社B/S	
資産 1,000	負債 400	資産 80	負債 40	資産 700	純資産 700
	純資産 600	(含み益 20)	純資産 40 (60)	P社株式 600	
				S社株式 100	

ストラクチャー別編

【図表３－35】 株式移転完全親会社（H社）の連結財務諸表上の会計処理

	S社B/S		説　明
時価評価	資産 100（含み益 20）	負債 40 / 純資産 60	被取得企業と判定されたS社について，連結財務諸表作成にあたっての個別財務諸表の修正として，同社の資産・負債を時価評価する。 土　地　等　20 ／ 純資産（評価差額）　20 識別可能資産や特定勘定は該当がないものとする
単純合算	単純合算B/S　資産 1,800	負債 440 / 純資産 1,360	H社とP社とS社の財務諸表を単純合算する。 資　産＝1,000（P社）＋100（S社）＋700（H社） 　　　＝1,800 負　債＝400（P社）＋40（S社）＝440 純資産＝600（P社）＋60（S社）＋700（H社）＝1,360
投資と資本の相殺	取得原価 700	純資産 660 / のれん 40	連結相殺仕訳により，H社における投資勘定である子会社株式700と，P社純資産600＋時価評価後のS社純資産60＝660の差額40が，のれんとして認識された。 純　資　産　660 ／ P社株式　600 の　れ　ん　　40 ／ S社株式　100
株式移転後連結B/S	H社連結B/S　資産 1,140（のれん 40）	負債 440 / 純資産 700	上記の結果，連結B/Sは，左記のとおり。

② 株式移転の税務処理

　株式移転のストラクチャーに関連する税務上の当事者は，完全親法人，完全子法人の株主のほか，完全子法人も対象になります。株式移転のストラクチャーに関連する各当事者の税務処理上の取扱いの概要は，**【図表３－36】**の

とおりです。

【図表3-36】 株式移転の税務処理の概要

当 事 者	適格株式移転	非適格株式移転
株式移転設立完全親法人	課税なし	課税なし
株式移転完全子法人	課税なし	特定の資産の含み損益に対して課税
株式移転完全子法人の株主	課税なし	・みなし配当課税なし ・株式譲渡損益課税 　－金銭等交付あり…課税あり 　－金銭等交付なし…課税なし

ⅰ） 完全親法人の株主の税務処理

　株式移転においては，完全親法人に対する課税関係は発生しません。

ⅱ） 完全子法人の税務処理

　非適格株式移転の場合には，完全子法人の有する一定の資産について時価評価を行い，株式移転の属する事業年度の課税所得の計算上，時価と帳簿価額との差額を益金又は損金の額に算入します。ここでいう一定の資産とは，固定資産，土地等，有価証券，金銭債権，繰延資産であって以下のものを除きます。

- 株式移転の日の属する事業年度開始の日前5年以内に開始した各事業年度等において圧縮記帳等の規定の適用を受けた減価償却資産
- 売買目的有価証券
- 償還有価証券
- 資産の時価と帳簿価額との差額が資本金等の額の2分の1に相当する金額又は1千万円のいずれか少ない金額に満たない場合のその資産

　ただし，株式移転が共同事業要件を満たす場合は，適格株式移転となるケースもあります。この場合には，完全子法人に課税関係は生じません。

ⅲ） 完全子法人の株主の税務処理

　株式移転では，適格・非適格の区分にかかわらず完全子法人の株主にみなし配当課税は生じません。

ストラクチャー別編

非適格株式移転であり、かつ完全子法人の株式の対価として金銭の交付がある場合にのみ、完全子法人の株主の株式譲渡損益課税が発生します。

❻ 事業譲渡に関する会計処理・税務処理

① 事業譲渡の当事者における会計処理

第三者間で行われる事業譲渡については、事業譲受会社は取得企業としてパーチェス法を適用します。一方、事業譲渡会社は事業譲渡の対価として現金を受け取ることで投資が清算されたものとして会計処理を行います。事業譲渡に関する会計処理の概要は、【図表3-37】のとおりです。

【図表3-37】 事業譲渡・譲受の会計処理の概要

当　事　者	個別財務諸表	連結財務諸表
事業譲渡会社	時価で移転（移転損益の認識）	－
事業譲受会社	時価で引継ぎ（のれんの認識）	－

【設　例】

- S社は事業譲渡により、P社にa事業を譲渡する。
- a事業の対価は現金160である。

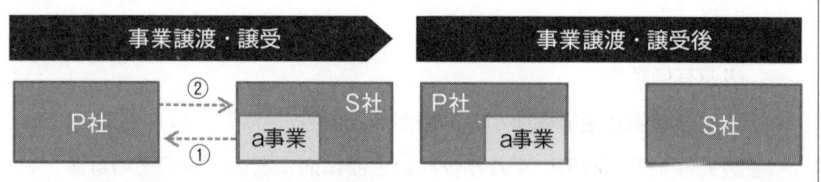

事業譲渡・譲受　　　　　　事業譲渡・譲受後

① S社はa事業をP社に譲渡する。
② P社は対価として現金をS社に支払う。

- 事業譲渡・譲受時のP社・S社の貸借対照表とa事業の資産・負債は以下のとおり。

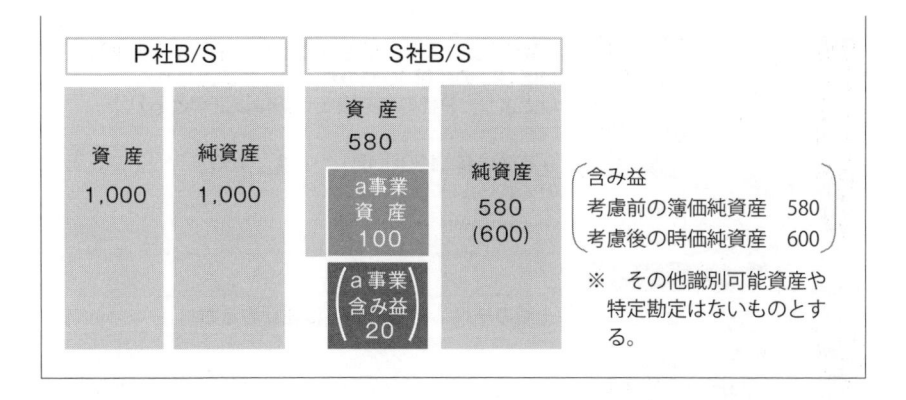

第3章 企業買収ストラクチャー別会計・税務のポイント整理

```
┌─ P社B/S ─┐  ┌─ S社B/S ─┐
│資産 │純資産│  │資産      │
│1,000│1,000│  │580       │純資産
│     │     │  │a事業     │580
│     │     │  │資産      │(600)
│     │     │  │100       │
│     │     │  │a事業     │
│     │     │  │含み益    │
│     │     │  │20        │
```

含み益
考慮前の簿価純資産　580
考慮後の時価純資産　600

※ その他識別可能資産や特定勘定はないものとする。

ⅰ) 事業譲受会社 (P社) の会計処理

個別財務諸表

事業譲受会社 (P社) の個別財務諸表において, 譲受事業の資産・負債を時価で受け入れ, 時価評価後のa事業に係る受入純資産と取得対価との差額をのれんとして認識します。

【図表3－38】 事業譲受会社 (P社) の個別財務諸表上の会計処理

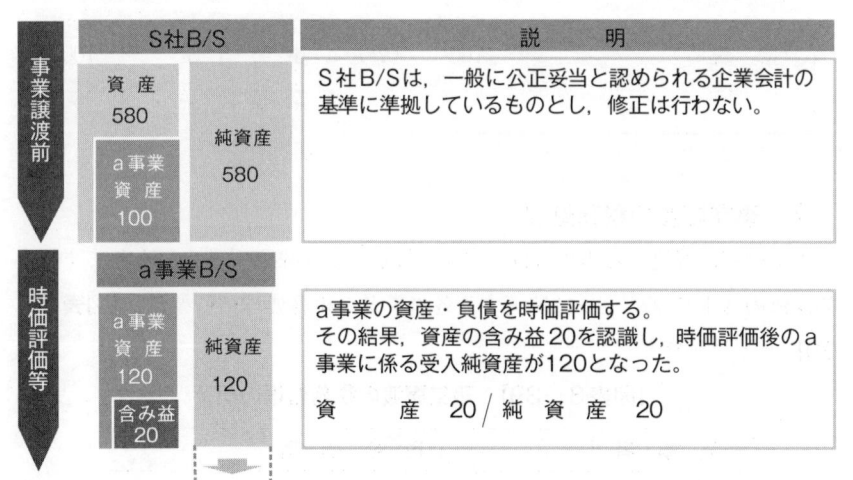

	S社B/S	説　明
事業譲渡前	資産 580／a事業資産 100／純資産 580	S社B/Sは, 一般に公正妥当と認められる企業会計の基準に準拠しているものとし, 修正は行わない。
時価評価等	a事業B/S：a事業資産 120／含み益 20／純資産 120	a事業の資産・負債を時価評価する。その結果, 資産の含み益20を認識し, 時価評価後のa事業に係る受入純資産が120となった。 資　産　20 ／ 純資産　20

135

事業譲受　　現金支払　資産の
　　　　　　160　　　時価
　　　　　　　　　　　120

　　　　　　　　　　　のれん
　　　　　　　　　　　40

a事業を受け入れ，現金160と時価評価後のa事業の時価120の差額40がのれんとして認識された。
以上より，P社の事業譲受仕訳は以下のとおり。

　a事業資産　120 ／ 現　　　金　160
　の れ ん　　 40 ／

P社B/S

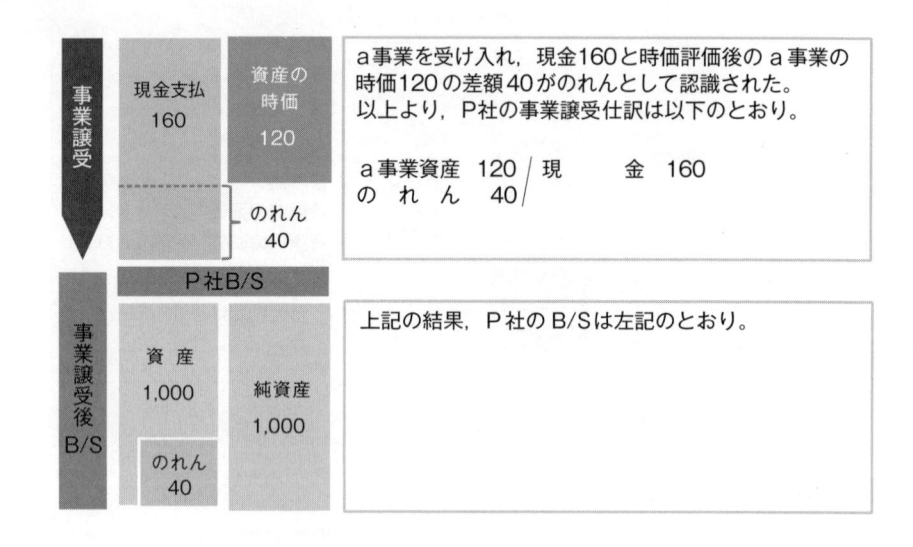

事業譲受後B/S　資　産　純資産
　　　　　　　1,000　　1,000
　　　　　　　のれん
　　　　　　　 40

上記の結果，P社のB/Sは左記のとおり。

ⅱ）事業譲渡会社（S社）の会計処理

事業譲渡会社側では，譲渡した資産と負債の適正な帳簿価額に基づく純資産相当額と，譲渡対価である現金160の差額を事業譲渡損益として認識します。

（借）現　　金　160	（貸）a 事 業 資 産　100
	事 業 譲 渡 益　60

② 事業譲渡の税務処理

事業譲渡に関連する当事者は，事業譲渡法人と事業譲受法人になります。事業譲渡のストラクチャーに関連する各当事者の税務処理の概要は，【図表3－39】のとおりです。

【図表3－39】　事業譲渡の税務処理の概要

当　事　者	税　務　処　理
事業譲渡法人	時価で移転（譲渡損益課税あり）
事業譲受法人	時価で引継ぎ（税務上ののれんの発生）

ⅰ) 事業譲受法人（P社）の税務処理

事業譲受法人においては，各資産及び負債を時価で受け入れ，その時価と対価の差額として資産調整勘定又は負債調整勘定が計上されます。

ⅱ) 事業譲渡法人（S社）の税務処理

事業譲渡は，営業上の資産と債務を一括売買する取引行為であり，合併・会社分割等とは異なり，会社法によって定められた特別の組織再編行為ではありません。そのため，事業譲渡は税務の観点からも通常の資産・負債を時価で譲渡されたことになり，資産・負債の譲渡損益に対して課税されます。なお，独立の第三者間において事業譲渡が行われた場合には，当事者間に寄附の意思がない限り，当該取引価格は原則として時価として取り扱われます。

❼ 会社分割＋株式取得に関する会計処理・税務処理

① 会社分割＋株式取得の当事者における会計処理

新設分割による会社分割を行った後に，分割に際して発行された株式を取得するストラクチャーにおける当事者は，事業を切り出す分割会社，その事業を受け入れる新設分割設立会社及び新設分割設立会社の株式を取得することとなる買収会社の3社となります。

このストラクチャーにおける各当事者の会計処理の概要は，【図表3－40】のとおりです。なお，この場合に分割型分割を選択することは少ないため，ここでは分社型分割を前提としています。

また，このストラクチャーの会計処理においては，分割会社は会社分割後に新設分割設立会社の株式売却を予定しているため，支配が一時的であり，共通支配下の取引に該当しないという考え方があります。しかし，分割会社が新設分割設立会社の株式を売却するまでは，分割会社は移転事業に対して継続的に関与しているため，株式譲渡前には移転損益を認識すべきでないという考え方もあります。そこで，本書では，後者に従い，会社分割時の会計処理は，共通支配下の取引として扱うものとします。

ストラクチャー別編

【図表3−40】 会社分割+株式取得の会計処理の概要

当事者	個別財務諸表	連結財務諸表
新設分割設立会社	共通支配下の会計処理 帳簿価額で引継ぎ	−
分割会社	（会社分割時） 共通支配下の会計処理 帳簿価額で移転（移転損益は認識しない） （株式譲渡時） 新設分割設立会社株式の売却損益の認識	−
買収会社	子会社株式を取得原価（取得に直接要した費用を含む）で計上	パーチェス法の会計処理 時価で受入れ（のれんの認識）

【設 例】

- B社はP社からa事業を買収することで合意し，P社はa事業を新設分割によりS社に移転した。
- a事業の適正な帳簿価額は50，時価は80であった。
- S社はa事業の新設分割に際し，P社にS社株式50を発行した。なお，取得に直接要した支出額はなかった。
- その後，P社は契約額100でS社株式全株をB社へ譲渡した。

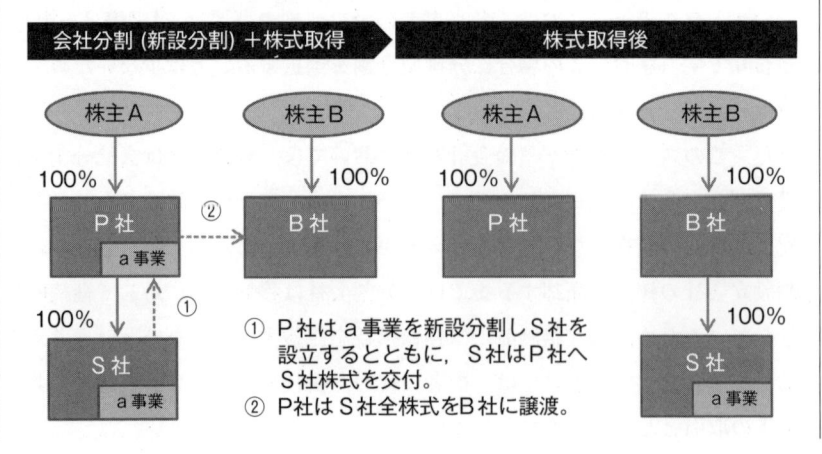

会社分割(新設分割)+株式取得 → 株式取得後

株主A 100% → P社(a事業) 100% → S社(a事業)
② P社 → B社 ← 株主B 100%

① P社はa事業を新設分割しS社を設立するとともに，S社はP社へS社株式を交付。
② P社はS社全株式をB社に譲渡。

株式取得後：
株主A 100% → P社
株主B 100% → B社 100% → S社(a事業)

第3章 企業買収ストラクチャー別会計・税務のポイント整理

・ 各社の分割直前の貸借対照表は以下のとおり。

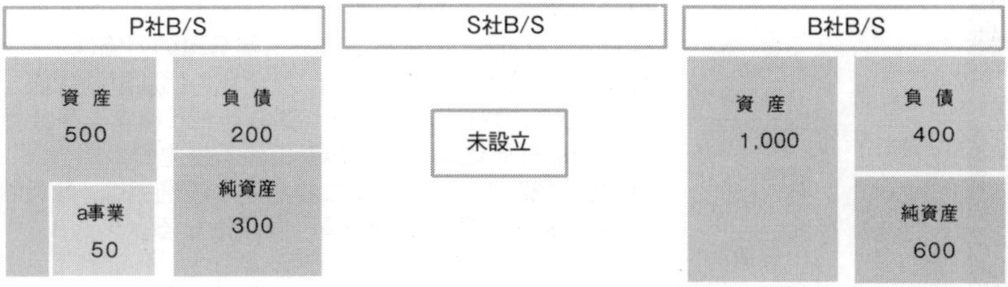

P社B/S		S社B/S	B社B/S	
資産 500	負債 200	未設立	資産 1,000	負債 400
a事業 50	純資産 300			純資産 600

ⅰ) 分割会社（P社）の会計処理

個別財務諸表

　分割会社（P社）の個別財務諸表では，会社分割と株式譲渡の2段階に分けて会計処理を行います。まず，会社分割を行った時点では，共通支配下の取引に準じて，移転した資産及び負債の対価として交付された株式の取得原価は，移転した事業に係る株主資本相当額で算定し，この時点では移転損益を認識しません。

　次に分割会社（P社）は，取得した分割承継会社（S社）の株式を契約額で売却し，売却損益を認識します。

【図表3−41】　分割会社（P社）の個別財務諸表上の会計処理

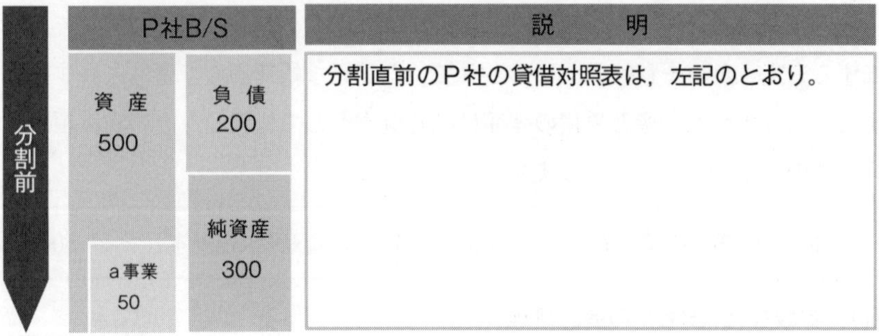

	P社B/S		説　　明
分割前	資産 500	負債 200	分割直前のP社の貸借対照表は，左記のとおり。
	a事業 50	純資産 300	

ストラクチャー別編

<table>
<tr><td rowspan="2">分割の処理</td><td colspan="2">P社B/S</td><td rowspan="2">自社の事業の一部を新設分割により移転し、100％子会社として分社化する場合、事業分離の対価は「子会社株式」となる。この場合、親会社の個別財務諸表上では、移転損益を認識せず、親会社が取得する子会社株式の取得原価は、移転事業に係る株主資本相当額に基づいて算定される。すなわち、本設例では、S社株式はa事業資産の帳簿価額と同額になる。

S 社 株 式　50　／　a事業資産　50</td></tr>
<tr><td>資産 500
S社株式 50</td><td>負債 200
純資産 300</td></tr>
<tr><td rowspan="2">株式譲渡後B/S</td><td colspan="2">P社B/S</td><td rowspan="2">P社は、S社株式を契約額で売却する。S社株式の帳簿価額と契約額との差額は、売却損益として認識されることとなる。

現　　　金　100　／　S 社 株 式　50
　　　　　　　　　／　売 却 損 益　50

資　産：P社資産500－S社株式50＋現金100
　　　　＝550
純資産：P社純資産300＋売却損益50＝350</td></tr>
<tr><td>資産 550</td><td>負債 200
純資産 350</td></tr>
</table>

ii）分割承継会社（S社）の会計処理

<u>個別財務諸表</u>

　分割承継会社（S社）の個別財務諸表では、共通支配下の取引に準じて、移転する資産・負債を移転直前に付されていた適正な帳簿価額で受け入れます。また、受け入れた資産と負債の差額は払込資本として処理し、その内訳項目は、会社法の規定に基づき決定します。

（借）a 事 業 資 産	50	（貸）純資産(払込資本)	50

iii）買収会社（B社）の会計処理

<u>個別財務諸表</u>

　買収会社（B社）は、S社株式を契約額100で受け取り、以下のように処理します。

第３章　企業買収ストラクチャー別会計・税務のポイント整理

| （借）Ｓ 社 株 式 | 100 | （貸）現　　　　金 | 100 |

連結財務諸表

買収会社（Ｂ社）では，Ｓ社はＢ社の子会社に該当するため，連結財務諸表が作成されます。

買収会社の連結財務諸表においては，被買収会社（Ｓ社）の資産・負債を時価で受け入れ，時価評価後の純資産と取得対価との差額をのれんとして認識します。

連結前のＢ社，Ｓ社の貸借対照表は，以下のようになっています。

【図表３−42】　Ｂ社，Ｓ社の連結前の貸借対照表

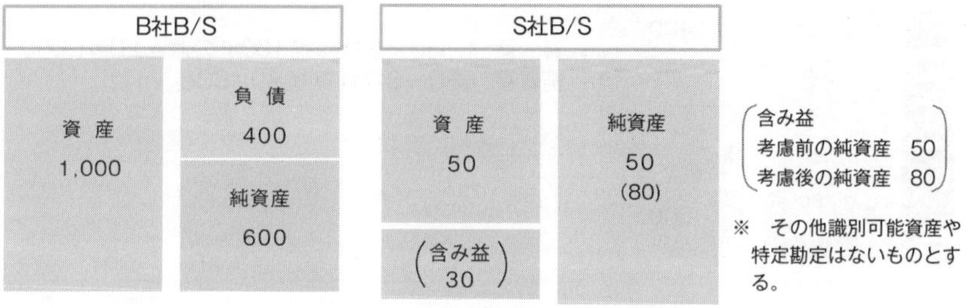

Ｂ社Ｂ/Ｓ
- 資産 1,000
- 負債 400
- 純資産 600

Ｓ社Ｂ/Ｓ
- 資産 50
- 純資産 50 (80)
- (含み益 30)

含み益
- 考慮前の純資産　50
- 考慮後の純資産　80

※　その他識別可能資産や特定勘定はないものとする。

【図表３−43】　買収会社（Ｂ社）の連結財務諸表上の会計処理

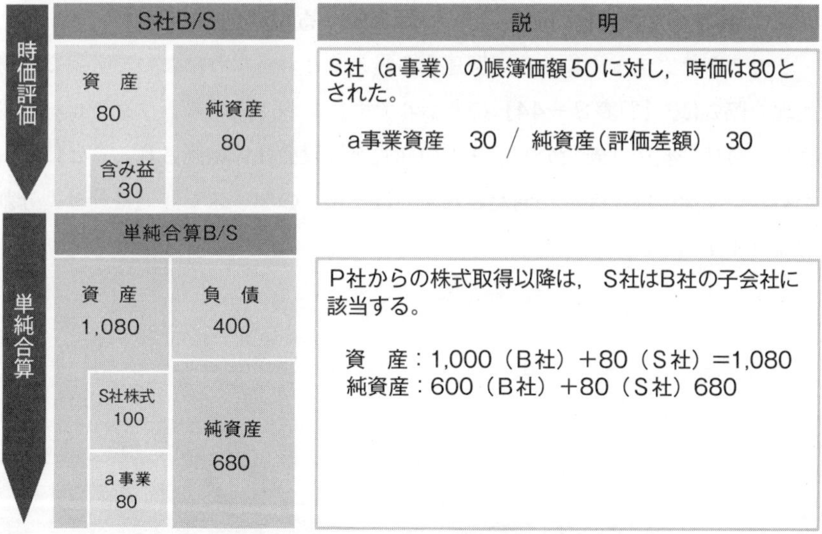

時価評価

Ｓ社Ｂ/Ｓ
- 資産 80
- 純資産 80
- 含み益 30

説明：Ｓ社（a事業）の帳簿価額50に対し，時価は80とされた。

　a事業資産　30　／　純資産（評価差額）　30

単純合算

単純合算Ｂ/Ｓ
- 資産 1,080
- 負債 400
- Ｓ社株式 100
- ａ事業 80
- 純資産 680

Ｐ社からの株式取得以降は，Ｓ社はＢ社の子会社に該当する。

　資　産：1,000（Ｂ社）＋80（Ｓ社）＝1,080
　純資産：600（Ｂ社）＋80（Ｓ社）680

ストラクチャー別編

投資と資本の相殺消去

取得価額 100
S社純資産 80
のれん 20

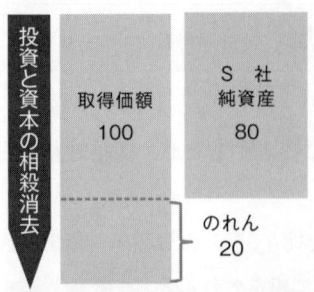

取得原価100と時価評価後のS社純資産80の差額20がのれんとして認識された。
以上より，B社の連結仕訳は以下となる。

純資産（S社） 80 ／ S社株式 100
のれん 20 ／

買収後連結B/S

B社連結B/S

資産 1,000
a事業 80
のれん 20
負債 400
純資産 600

上記仕訳を反映した連結B/Sは，左記のとおりとなる。

資　産　1,080－S社株式100＋のれん20＝1,000
純資産　680－S社純資産80＝600

② 会社分割＋株式取得の当事者における税務処理

　このストラクチャーにおいて関連する当事者と各当事者において必要な税務処理の概要は，【図表３－44】のとおりです。なお，このストラクチャーの場合は，会社分割後，新設分割子法人の株式が買収会社に譲渡されることになるため，支配関係継続要件が満たされず，ほとんどのケースで非適格分社型分割となります。

【図表３－44】 会社分割＋株式取得の税務処理の概要

当 事 者	分割時（非適格）	株式取得時
新設分割子法人 （新設分割設立会社）	時価で引継ぎ （税務上ののれんの発生）	－
新設分割親法人（分割会社） （会社分割時）	時価で移転 （原則，譲渡損益は繰延）	原則，資産譲渡損益課税あり
新設分割親法人（分割会社） （株式譲渡時）	－	株式譲渡損益課税あり
買収会社	－	－

ⅰ）　新設分割子法人（Ｓ社）の税務処理

　分割時に課税関係は発生しません。ただし，このストラクチャーの場合，分割会社（Ｐ社）が会社分割後に当該株式の売却を予定しており，支配関係継続要件を満たさないため，非適格となります。この場合，受入資産・負債の税務上の価額は時価となるため，会計上の帳簿価額と差異が生じ，税務調整が必要になります。また，受け入れた資産・負債の時価と対価との差額として，新設分割子法人において資産調整勘定又は負債調整勘定（税務上ののれん）が計上されます。詳細は第２章をご参照下さい。

ⅱ）　新設分割親法人（Ｐ社）の税務処理

　非適格分割の場合，分割法人の資産・負債は時価で譲渡されたことになり，資産・負債の譲渡損益が発生します。ただし，設例の場合にはＰ社とＳ社は完全支配関係にあるため，グループ法人税制によりこの譲渡損益は一部繰り延べられ，Ｓ社株式譲渡時に課税されることになります。譲渡損益の繰延べの対象となる資産については，第２章をご参照下さい。

　また，新設分割親法人では，新設分割子法人の株式売却に伴う譲渡損益に対して課税が行われます。

ⅲ）　買収会社の税務処理

　買収会社においては単なる株式の取得であり，特別な税務上の処理はありません。

❽ 事業譲渡＋株式取得に関する会計処理・税務処理

① 事業譲渡＋株式取得の当事者における会計処理

　事業譲渡と株式取得を組み合わせたストラクチャーにおける当事者は，事業譲渡会社，事業譲受会社及び事業譲受会社の株式を取得することとなる買収会社の3社になります。この方法における関連する当事者と必要な会計処理の概要は，【図表3－45】のとおりです。

　なお，このストラクチャーの会計処理においても，事業譲渡後に事業譲受会社の売却を予定していることから，「会社分割＋株式取得」と同様，共通支配下の取引として扱うべきかどうかの論点があります。本書では，先と同様に，共通支配下の取引に準ずるものとして解説します。

【図表3－45】　事業譲渡＋株式取得の会計処理の概要

当事者	個別財務諸表	連結財務諸表
事業譲受会社	共通支配下の会計処理 帳簿価額で引継ぎ（のれんの認識）	－
事業譲渡会社	（事業譲渡時） 共通支配下の会計処理 移転損益を認識する	－
	（株式譲渡時） 子会社株式の売却損益の認識	
買収会社	子会社株式を取得原価（取得に直接要した費用を含む）で計上	パーチェス法の会計処理 時価で受入れ（のれんの認識）

【設　例】

- B社はP社からa事業を買収することで合意し，まずP社は100％子会社であるS社にa事業を譲渡した。
- a事業の適正な帳簿価額は50，時価は80であった。
- S社はa事業の譲受対価として，P社に現金100を支払う。

- その後，P社は契約額150でS社株式全株をB社へ譲渡した。
- 事業譲渡後のS社資産の時価は，130であった。

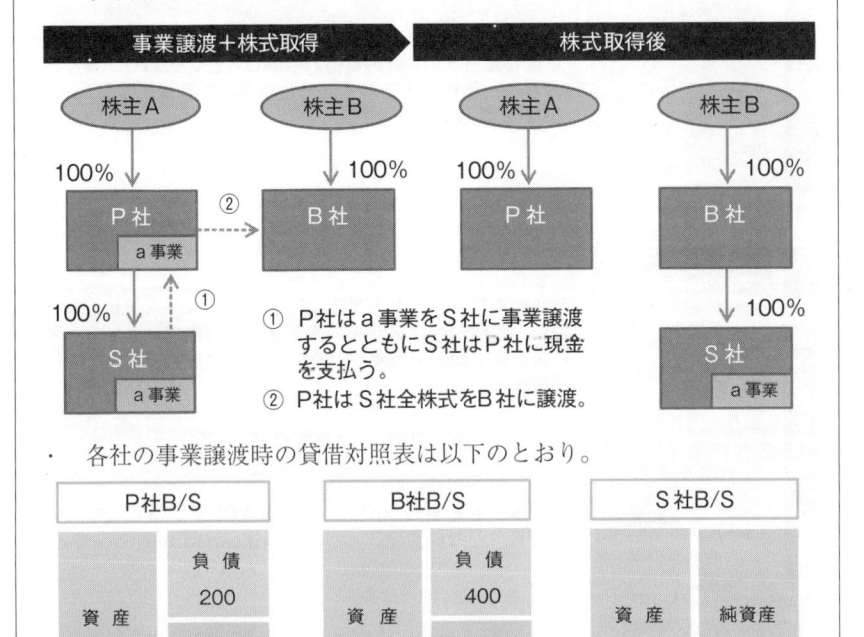

事業譲渡＋株式取得 → **株式取得後**

株主A → 100% → P社（a事業）
P社 → 100% → S社（a事業）
株主B → 100% → B社
② P社からB社へ

① P社はa事業をS社に事業譲渡するとともにS社はP社に現金を支払う。
② P社はS社全株式をB社に譲渡。

株式取得後：
株主A → 100% → P社
株主B → 100% → B社 → 100% → S社（a事業）

- 各社の事業譲渡時の貸借対照表は以下のとおり。

P社B/S
資産 500 ／ 負債 200，純資産 300

B社B/S
資産 1,000 ／ 負債 400，純資産 600

S社B/S
資産 100 ／ 純資産 100

ⅰ）事業譲渡会社（P社）の会計処理

個別財務諸表

　事業譲渡会社（P社）の個別財務諸表では，事業譲渡と株式譲渡の2段階に分けて会計処理を行います。まず，事業譲渡を行った時点では，共通支配下の取引に準じて，事業譲受会社（S社）から受け取った現金等の財産を移転前に付された適正な帳簿価額により計上し，当該価額と移転事業に係る株主資本相当額との差額は，原則として移転損益として認識します。

　次に，事業譲渡会社（P社）は，事業譲受会社（S社）の株式を契約額で売

却し，売却損益を認識します。

【図表３－46】 事業譲渡会社（Ｐ社）の個別財務諸表上の会計処理

事業譲渡前

P社B/S		説　明
資産 500 S社株式 100 a事業 50	負債 200 純資産 300	事業移転直前のP社の貸借対照表は左記のとおり。資産500のうち，移転する事業であるa事業に係る資産は50（時価80）となっている。

事業譲渡の処理

P社B/S		説　明
資産 550 S社株式 100	負債 200 純資産 350	自社の事業の一部を事業譲渡により100％子会社に移転する場合，受取対価は譲渡前の適正な帳簿価額で計上し，a事業に係る株主資本相当額との差額を原則として移転損益として認識する。 現　金　100／a事業資産　50 　　　　　　　／移転損益　　50 資　産：P社資産500－a事業資産50＋現金100＝550 純資産：P社純資産300＋移転損益50＝350

株式譲渡後

P社B/S		説　明
資産 600	負債 200 純資産 400	P社はS社株式を契約額で売却する。S社株式の帳簿価額と契約額との差額は，売却損益として認識されることになる。 現　金　150／S社株式　　100 　　　　　　　／売却損益　　50 資　産：P社資産550－S社株式100＋現金150＝600 純資産：P社純資産350＋譲渡損益50＝400

ii）　事業譲受会社（S社）の会計処理

個別財務諸表

　S社では，受け入れる資産・負債は帳簿価額により計上し，移転事業に係る株主資本相当額と交付した現金との差額はのれんとして処理します。

【図表3-47】 事業譲受会社（S社）の個別財務諸表上の会計処理

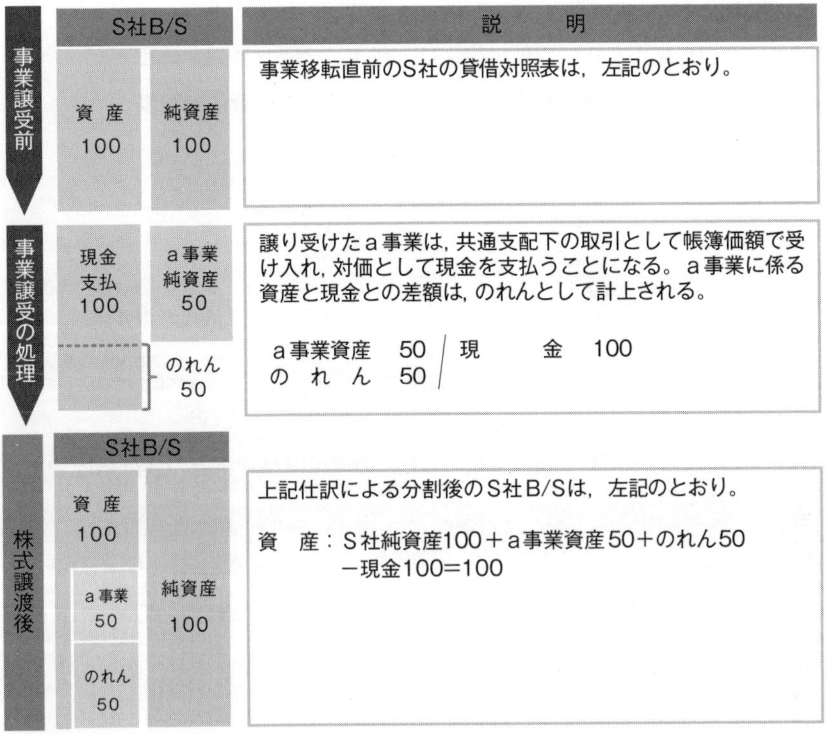

	S社B/S		説　　明
事業譲受前	資　産 100	純資産 100	事業移転直前のS社の貸借対照表は，左記のとおり。
事業譲受の処理	現金 支払 100	a事業 純資産 50 ／ のれん 50	譲り受けたa事業は，共通支配下の取引として帳簿価額で受け入れ，対価として現金を支払うことになる。a事業に係る資産と現金との差額は，のれんとして計上される。 　a事業資産　50 ｜ 現　　金　100 　の　れ　ん　50
株式譲渡後	資　産 100 ／ a事業 50 ／ のれん 50	純資産 100	上記仕訳による分割後のS社B/Sは，左記のとおり。 資　産：S社純資産100＋a事業資産50＋のれん50 　　　　－現金100＝100

iii) 買収会社（B社）の会計処理

個別財務諸表

買収会社（B社）は，S社株式を契約額150で受け取り，以下のように処理します。

（借）S　社　株　式	150	（貸）現　　　　　金	150

連結財務諸表

買収会社（B社）では，S社はB社の子会社に該当するため，連結財務諸表が作成されます。

買収会社（B社）の連結財務諸表においては，被買収会社（S社）の資産・

ストラクチャー別編

負債を時価で受け入れ，時価評価後の純資産と取得対価との差額をのれんとして認識します。

連結前のB社，S社の貸借対照表は，以下のようになっています。

【図表3－48】 B社，S社の連結前の貸借対照表

B社B/S		S社B/S		
資産 1,000	負債 400	資産 100	純資産 100 (130)	含み益 考慮前の純資産 100 考慮後の純資産 130
	純資産 600	a事業 50		
S社株式 150		のれん 50		※ その他識別可能資産や特定勘定はないものとする。
		含み益 30		

【図表3－49】 買収会社（B社）の連結財務諸表上の会計処理

	S社B/S		説　明
時価評価	資産 130 含み益 30	純資産 130	S社の資産の帳簿価額100に対し，時価は130とされた。 資　産　30 ／ 純資産（評価差額）30
単純合算	単純合算B/S		B社B/SとS社B/Sの単純合算B/Sは，左記のとおりである。 資　産：1,000（B社）＋130（S社）＝1,130 負　債：400（B社）＋ 0（S社）＝400 純資産：600（B社）＋130（S社）＝730
	資産 1,130	負債 400	
	S社株式 150	純資産 730	
投資と資本の相殺	取得原価 150	S社純資産 130 のれん 20	取得原価150と時価評価後のS社純資産130の差額20がのれんとして認識された。 以上により，B社の連結仕訳は以下となる。 純　資　産　130 ／ S 社 株 式　150 の　れ　ん　　20

148

	B社連結B/S		相殺消去後貸借対照表は，左記のとおりとなる。 なお，左記のとおり，連結財務諸表に影響を与えない。 資　産：1,130－150+20=1,000 負　債：400+0=400 純資産：730－130=600
買収後連結B/S	資産 1,000	負債 400	
		純資産 600	
	のれん 70		

② 事業譲渡＋株式取得の当事者における税務処理

このストラクチャーにおいて関連する当事者と各当事者において必要な税務処理の概要は，【図表3－50】のとおりです。

【図表3－50】　事業譲渡＋株式取得の税務処理の概要

当　事　者	事業譲渡・譲受時	株式取得時
事業譲受法人	時価で引継ぎ（税務上ののれんの発生）	－
事業譲渡法人 (事業譲渡時)	時価で移転（原則，譲渡損益は繰延）	原則，資産譲渡損益課税あり
事業譲渡法人 (株式譲渡時)	－	株式譲渡損益課税あり
買　収　法　人	－	－

ⅰ）事業譲受会社（S社）の税務処理

譲受会社では，会計上，各資産及び負債を帳簿価額で受け入れる一方，税務上は時価で受け入れることとなり，会計と税務で差異が生じることとなります。そのため，税務調整が必要となります。また，受け入れた資産・負債の時価と対価との差額として資産調整勘定又は負債調整勘定（税務上ののれん）が計上されます。

ⅱ）事業譲渡会社（P社）の税務処理

事業譲渡・譲受は，営業上の資産と債務を一括譲渡する取引行為であり，組織再編行為ではありません。そのため，事業譲渡・譲受は税務の観点からは資産・負債の譲渡とみなされ，譲渡資産・負債は時価で売却されたことになり，

資産・負債の譲渡損益が発生します。ただし、設例の場合にはP社とS社は完全支配関係にあるため、グループ法人税制によりこの譲渡損益は一部繰り延べられ、S社株式譲渡時に実現することになります。譲渡損益の繰延べの対象となる資産については、第2章をご参照下さい。

また、S社株式の売却に伴う譲渡損益に対して課税が行われます。

iii） 買収会社（B社）の税務処理

買収会社においては単なる株式の取得であり、特別な税務上の処理はありません。

第4章 グループ内組織再編ストラクチャー別会計・税務のポイント

【本章のポイント】

- ■ グループ内組織再編は，主にグループ内の統廃合や持株会社化等によりグループ内のシナジーを生み出し，グループ全体の利益や企業価値を最大化することを目的として行われます。
- ■ グループ内組織再編に用いられるスキームとしては，企業買収ストラクチャーで用いられるものと同様に合併，吸収分割，事業譲渡等のスキームを組み合わせて活用します。しかし，グループ内組織再編においてそれらを活用する場合には，企業買収ストラクチャーで説明した会計・税務上の取扱いとは異なります。
- ■ 会計上，グループ内再編においてもストラクチャーや株式保有割合等によっては，のれんが発生するケースはありますし，抱合せ株式消滅差損益，持分変動損益移転等の損益が発生するケースもあります。そのため，検討しているストラクチャーごとの会計処理の概要は最低限抑えておく必要があります。
- ■ 税務上の取扱いについては，グループ内組織再編の場合には，ストラクチャーや株式所有割合等によっては，適格，非適格の要件や繰越欠損金引継要件等を充たしているかによって課税関係が大きく異なりますので，より慎重な検討が必要となります。

ストラクチャー別編

1 グループ内組織再編における主なストラクチャー

グループ内組織再編において用いられる主なストラクチャーを，組織再編の目的別に整理すると，以下のとおりです。

❶ グループ内事業統廃合

① 目　　的

グループ内における事業の統廃合は，主に以下のような目的を持って検討されます。

<u>グループ内事業統合を進める主な目的</u>

- ・グループ会社の特定の事業を特定の会社に集中させ，特定の事業の収益性を高めることによりグループ全体の収益性を高めたい。
- ・グループ内の意思決定のスピードを早めたい。
- ・グループ内での利益相反，競合関係を解消したい。
- ・親子上場を解消したい（上場コストの削減や利益相反関係の整理，グループ意思決定の迅速化等）。

<u>事業分離・廃止を進める主な目的</u>

- ・グループ会社のノンコア事業や不採算事業を将来的に清算・売却により切り離したい。
- ・リスクの高い新規事業を行う場合に，事業を切り出し子会社化することにより，リスク分散を図りたい。
- ・地域ごと，又は事業ごとに事業を分離・子会社化することにより，独

立性を高め，地域性・事業の特徴に合わせた営業戦略や人事・報酬等に関する柔軟な意思決定を行いたい。

上記目的を達成するために，企業買収ストラクチャーで用いられた合併，吸収分割，事業譲渡等のスキームが活用されます。

② 事業統廃合でよく活用されるストラクチャー
ⅰ) グループ内吸収合併

グループ内に同一又は関連性の強い事業を行っている会社が複数存在する場合で，グループ全体で不効率が生じている，又は期待されたシナジー効果が十分に生み出されていないような場合に，吸収合併により事業を統合することが検討されます。

グループ内吸収合併の簡便的なイメージ図は，【図表4－1】のとおりです。

【図表4－1】 グループ内吸収合併のイメージ図

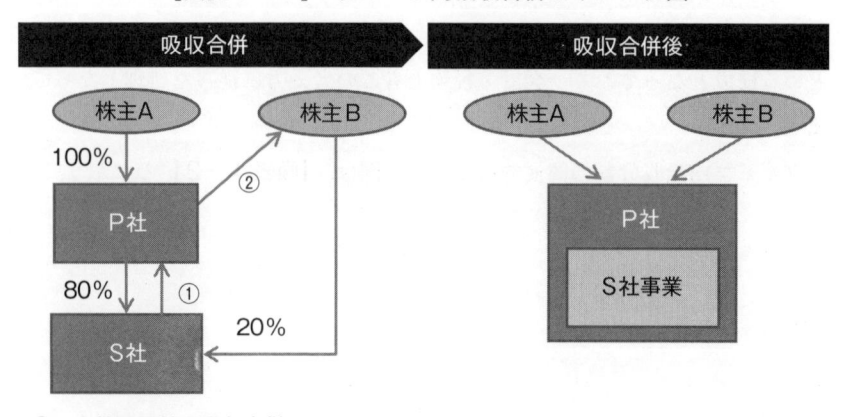

① S社はP社に吸収合併。
② P社は株主Bに対してP社株式を交付。

なお，上記の例はすべて株式を対価としていますが，会社法上は現金又はその他の資産を対価とすることも可能です。

ストラクチャー別編

　第3章での解説のとおり，吸収合併の場合には，合併消滅会社の事業，権利義務を包括承継することができるため，個別に契約当事者間での契約移転手続が不要である点が事業譲渡の場合と大きく異なります。

　一方，合併消滅会社の簿外債務や不採算事業も含めて引き継ぐことになりますので，合併消滅会社の簿外債務や不採算事業を切り離したい場合には，必要な事業だけについて会社分割や事業譲渡を選択する場合もあります。さらに債権者保護手続で最低でも1カ月は要することになるため，スケジュール管理についても比較検討が必要となります。

ⅱ）　グループ内吸収分割

　グループ内で，一部の事業を他の会社に集約させたい場合やノンコア事業や不採算事業を特定の会社に集約したい場合（その後の処分が目的）に，吸収分割により事業を統合することが検討されます。

　第3章での解説のとおり，吸収分割には分割承継会社の株式を分割会社に交付する分社型吸収分割と，分割会社の株主に交付する分割型吸収分割に区分されます。分割型分割については，会社法上明記されておらず，分社型分割により一旦分割承継会社の株式を受け取り，直ちに分割会社の株主に現物配当するという構成となっており，会計・税務上もこの考え方に従った処理となっています。

　グループ内吸収分割の簡便的なイメージ図は，【図表4－2】のとおりです。

【図表4-2】 分社型吸収分割

（分社型吸収分割）

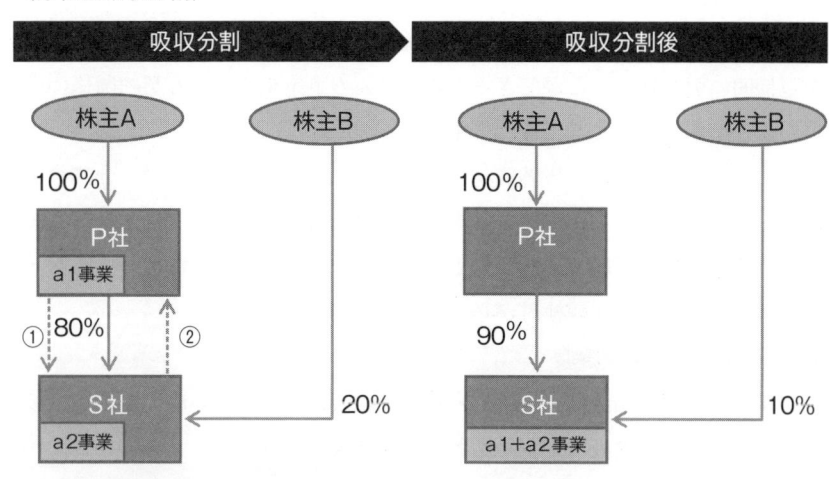

吸収分割

株主A ─100%→ P社（a1事業）
株主B ─20%→ S社（a2事業）
① P社 ─80%→ S社（a1事業はS社に吸収される）
② S社 → P社（a1事業の対価としてS社株式を交付）

吸収分割後

株主A ─100%→ P社
株主B ─10%→ S社（a1+a2事業）
P社 ─90%→ S社

① a1事業はS社に吸収される。
② S社はP社へ、a1事業の対価としてS社株式を交付。

（分割型吸収分割）

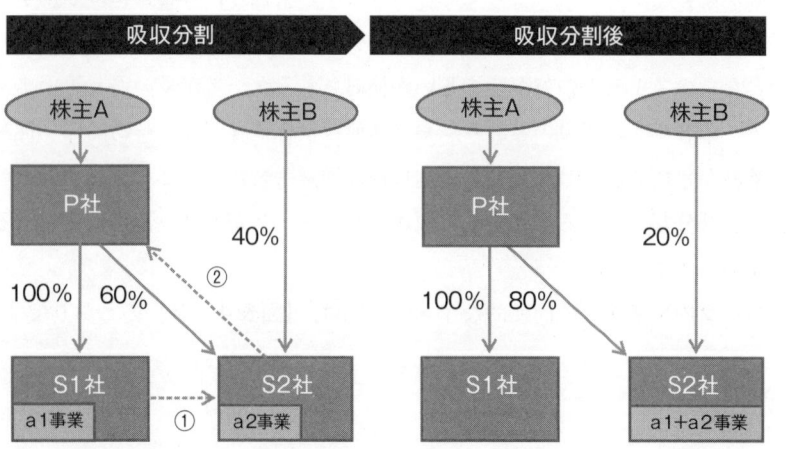

吸収分割

株主A → P社
株主B ─40%→ S2社
P社 ─100%→ S1社（a1事業）
P社 ─60%→ S2社（a2事業）
① S1社のa1事業はS2社に吸収される
② S2社はP社へ、a1事業の対価としてS2社株式を交付

吸収分割後

株主A → P社
株主B ─20%→ S2社
P社 ─100%→ S1社
P社 ─80%→ S2社（a1+a2事業）

① S1社のa1事業はS2社に吸収される。
② S2社はP社へ、a1事業の対価としてS2社株式を交付。

なお，上記の例は，すべて株式を対価としていますが，会社法上は現金又はその他の資産を対価とすることも可能です。

吸収分割スキームは，第3章での解説のとおり，分割事業に係る資産・負債を包括的に引き継ぐことができるため，後述の事業譲渡よりも契約関係の引継等がより簡便であると考えられます。

一方，分割事業に係る簿外債務も引き継ぐことになりますので，分割事業に関する簿外債務の存在が気になる場合には事業譲渡を選択する場合もあります。さらに債権者保護手続で最低でも1カ月は要することになるため，スケジュール管理についても，比較検討が必要となります。

ⅲ） グループ内事業譲渡

グループ内事業譲渡はグループ内吸収分割と同じ目的を達成できますので，実務上はグループ内吸収分割とあわせて比較検討されます。

第3章での解説のとおり，事業譲渡によった場合には，包括承継ではなく，個々の契約に基づき自由に引継資産・負債を設計でき，簿外債務は原則として引き継がない点がメリットとしてあげられます。会社分割の場合には分割事業に係る資産・負債（簿外債務も含む）は原則引き継ぐことになりますので，この点でどちらのスキームの方が望ましいか検討されるケースが多いかと思います。

一方，第3章での解説のとおり，事業譲渡は債権債務関係，契約関係，従業員の承継が包括的に行われないため，個別に同意手続が必要となります。そのため，会社分割に比べると作業的に煩雑となるケースがあり，慎重に検討する必要があります。

グループ内事業譲渡の簡便的なイメージ図は，【図表4－3】のとおりです。

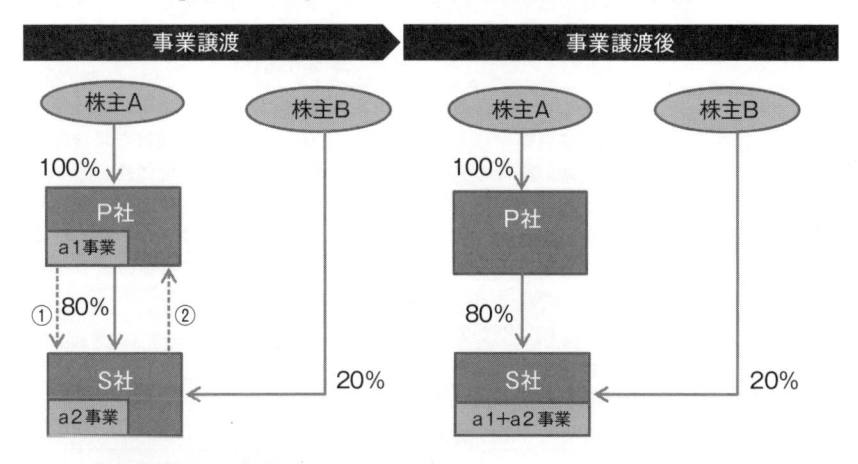

第4章　グループ内組織再編ストラクチャー別会計・税務のポイント

【図表4－3】　グループ内事業譲渡のイメージ図

① a1事業はS社に譲渡される。
② S社はP社へ、a1事業の対価として現金を交付。

③　事業統廃合ストラクチャーのメリット／デメリット（まとめ）

事業統廃合ストラクチャーの主なメリット・デメリットは、【図表4－4】のように整理されます。

【図表4－4】　事業統廃合ストラクチャーのメリット／デメリット

	メリット	デメリット
吸収合併	・包括承継なので、個別の権利の引継ぎが容易 ・株式対価、現金対価、その他対価と対価設定が自由 ・組織再編税制上の一定の要件を満たせば、課税関係は発生しない。	・不採算事業など不要な事業や資産・負債、簿外債務についても包括的に引継いでしまう。 ・従業員も包括的に引継ぐことになってしまう。 ・債権者保護手続が必要であり、最低でも1カ月以上は手続きに時間を要する。
吸収分割	・分割事業に関する包括承継なので、個別の権利の引継ぎが容易 ・株式対価、現金対価、その他対価と対価設定が自由	・分割事業に関する簿外債務についても包括的に引継いでしまう。 ・分割事業に係る従業員も包括的に引継ぐことになってしまう。

	・組織再編税制上の一定の要件を満たせば，課税関係は発生しない。	・債権者保護手続が必要であり，最低でも1カ月以上は手続に時間を要する。
事業譲渡	・事業に関する資産，負債，契約関係等は個別に引継ぐことになるため，不要資産，負債の引継ぎは行わないことが可能であるし，簿外債務も引継がない。 ・従業員を引継がないという選択もできる。 ・債権者保護手続は不要であるため，契約関係が比較的単純なケースでは手続きを短期間に行うことができるケースがある。	・個別に契約を引継ぐことになるため，契約関係が複雑な場合には手続上煩雑となる可能性がある。 ・対価として現金が必要となる。 ・税務上は課税関係が生じる（100％グループ関係の場合を除く）。

❷ 持株会社化

① 目　　的

持株会社化について，主に以下のような目的を持って検討されています。

<u>持株会社化を進める主な目的</u>

・持株会社に経営管理機能を集約し，グループ会社間の利害を調整しつつ，グループ全体のシナジーの追求を行うことによりグループ全体の企業価値の最大化を目指したい。
・持株会社化により，グループ企業それぞれの役割とその責任をより明確にしたい。各事業会社に見合った組織や人事制度を採用することも可能としたい。
・グループ企業に事業に関する意思決定権限を移譲し，意思決定のスピードを高めたい。
・今後，グループ戦略に合わせて事業買収，売却，再編を進めていきたい。

上記目的を達成するために，会社分割や株式移転等のスキームを組み合わせて活用されます。

② 持株会社化でよく活用されるストラクチャー

ⅰ) 単独新設分割

単独新設分割は，ある１つの会社がその事業に関して有する権利義務の全部又は一部を分割により設立する会社に承継させることをいいます。すなわち，１つの事業会社（新設分割会社）が事業に関連する資産及び負債，契約関係を新設分割設立会社に移転させ，新設分割会社には子会社管理機能のみを残すことにより，新設分割会社を持株会社化する方法です。

単独新設分割の簡便的なイメージ図は，【図表４－５】のとおりです。

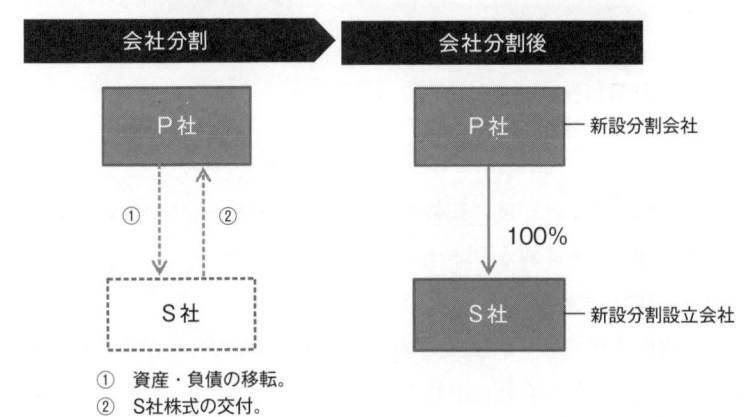

【図表４－５】 単独新設分割のイメージ図

① 資産・負債の移転。
② Ｓ社株式の交付。

単独新設分割のスキームを活用して，事業会社内の複数の事業を一度に分割し，傘下に複数の事業会社を設立することが可能です。

ⅱ) 単独株式移転

単独株式移転は，ある会社がその発行済株式の全部を新たに設立する会社に取得させることをいいます。すなわち，ある事業会社が単独で自社の上位に持株会社を設立し，その完全子会社になると同時に，当該事業会社の株主を持株

会社の株主に移転する方法です。

単独株式移転の簡便的なイメージ図は，【図表4－6】のとおりです。

【図表4－6】 単独株式移転のイメージ図

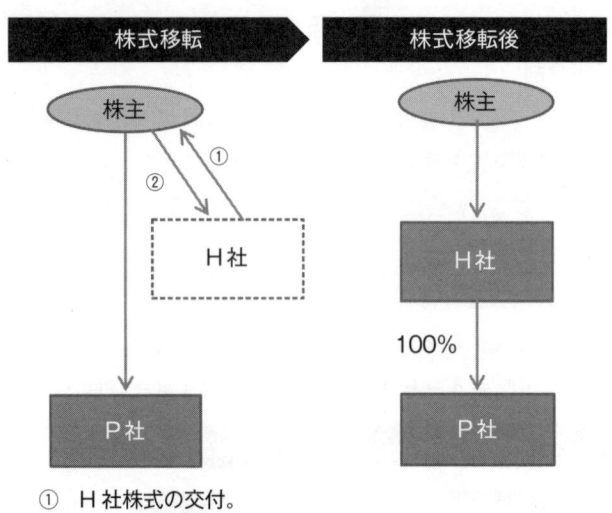

① H社株式の交付。
② P社株式の拠出。

単独新設分割と違い，一度に複数の会社を純粋持株会社の傘下に設立することはできない点が大きく異なります。

ⅲ) グループ内株式移転

グループ内株式移転は，単独株式移転と異なり複数の会社がその発行済株式の全部を新たに設立する会社に取得させることをいいます。すなわち，複数の事業会社が自社の上位に持株会社を共同で設立し，その完全子会社となると同時に，当該事業会社の株主は持株会社の株主に移転する方法です。

グループ内株式移転の簡便的なイメージ図は，【図表4－7】のとおりです。

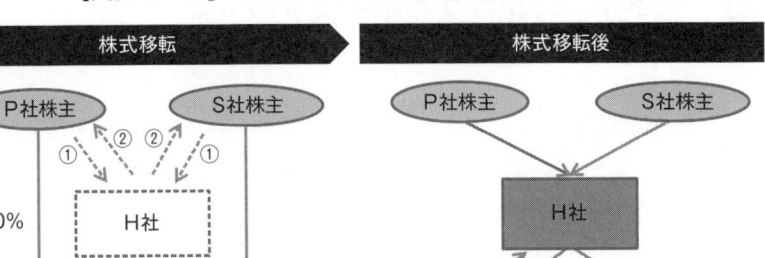

第4章 グループ内組織再編ストラクチャー別会計・税務のポイント

【図表4-7】 グループ内単独株式移転のイメージ図

[株式移転前]
- P社株主が100%でP社を保有
- P社がS社を80%保有、S社株主がS社を20%保有
① P社株式とS社株式をH社に拠出。
② 対価としてH社株式を交付。

[株式移転後]
- P社株主とS社株主がH社を保有
- H社がP社を100%、S社を100%保有

③ 純粋持株会社化ストラクチャーのメリット／デメリット（まとめ）

純粋持株会社化ストラクチャーの主なメリット・デメリットは，【図表4-8】のように整理されます。

【図表4-8】 純粋持株会社化ストラクチャーのメリット／デメリット

	メリット	デメリット
会社分割（単独新設分割又は受け皿会社設立後，吸収分割）	・対価として現金は不要 ・複数の事業を一度に傘下に収めることが可能。 ・受け皿会社設立後，吸収分割を行うことで当初から100％子会社以外の子会社を傘下にもつことが可能。	・債権者保護手続や許認可承認手続は必要である。
単独株式移転	・対価として現金は不要 ・債権者保護手続や許認可承認手続は不要である。	・複数の事業を一度に傘下に収めることは不可能 ・当初は100％子会社を傘下に収めることとなる。
グループ内株式移転	単独株式移転に同じ （なお，複数の事業を傘下に収めることが可能である点で単独株式移転と異なる）	

161

❸ 完全子会社化（スクイーズアウト）

① 目　　　的

完全子会社化について，主に以下のような目的を持って検討されています。

完全子会社化を進める主な目的

> ・少数株主を排除することにより，経営の自由度を高め，積極的な経営意思決定を迅速かつ柔軟に行いたい。
> ・少数株主を排除することにより，グループ経営の成果に対する社外流出（少数株主に対する配当）をなくし，グループ全体の経営資源の再配分を効率よく行いたい。
> ・上場子会社の場合には，完全子会社化による非上場化により上場維持コストを省きたい。

　実務的には，株式買取り（TOBを含む）による子会社化後の第二フェーズ段階や上場会社の非上場化の検討段階でよく完全子会社化スキームの検討が行われます。
　上記目的を達成するために，株式買取り（TOBを含む），株式交換や自己株式取得のスキームを組み合わせて活用されます。

②　完全子会社化でよく活用されるストラクチャー
ⅰ）株式交換

　株式交換は，第3章での解説のとおり，親会社株式を対価とする場合，現金を使うことなく子会社株式を取得することができるため，株式取得や自己株式取得スキームに比べ資金負担が少ないという点が大きな特徴です。一方，子会社の株主がすべて親会社の株主になってしまいますので，例えば，安定株主の持株割合が著しく減少するなどにより，最終的な株主構成がグループ戦略上不

適切な形になってしまうことがあり得ます。したがって、計画段階から最終的な株主構成を試算しておくことが重要となります。また、株式交換比率を巡って事後的に訴訟等で問題となるケースが散見されますので、株式交換比率の公正性についてより慎重な検討が必要となります。

株式交換の簡便的なイメージ図は、**【図表4-9】**のとおりです。

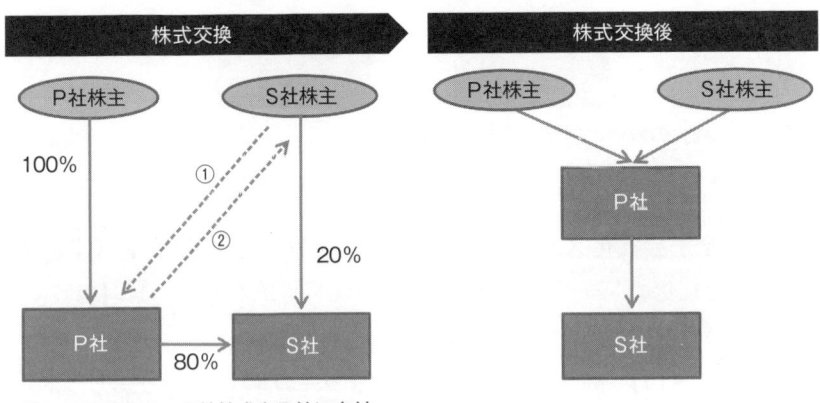

【図表4-9】 株式交換のイメージ図

① S社株主は、S社株式をP社に交付。
② P社は、S社株主へP社株式を交付。

ⅱ) 自己株式取得

自己株式取得の場合は、少数株主と個別に交渉して自己株式取得を進めるケースと、株式公開買付け（以下、TOB）により議決権株式を3分の2以上取得した後、普通株式を全部取得条項付の種類株式に変換し、強制的に自己株式取得を進めるケースがあります。

全部取得条項付種類株式への変換後、強制的に自己株式取得を進めるスキームは、少数株主が非常に多い場合に有効な手段です。ただし、少数株主が有する株式の買取価格について個別に決定していく方法と比して、買取価格を巡って事後的に訴訟等で問題となるケースが散見されますので、買取価格の公正性についてより慎重な検討が必要となります。

【図表4－10】 自己株式の取得による場合のイメージ図

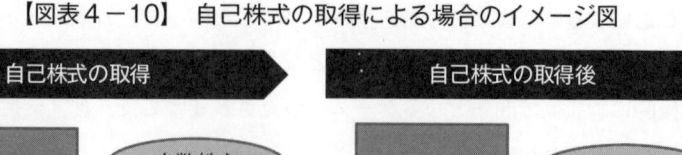

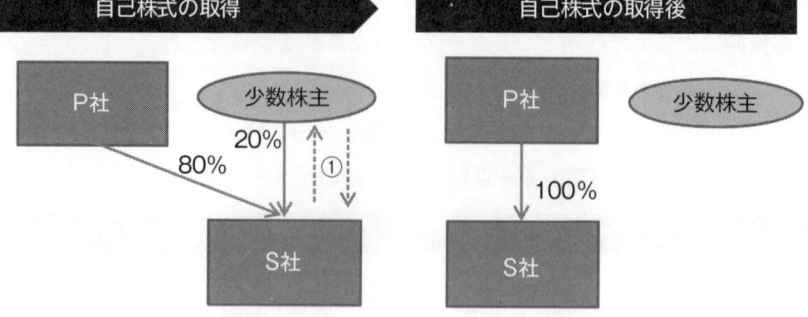

自己株式の取得 → 自己株式の取得後

P社 — 80% → S社、少数株主 — 20% → S社、① 自己株式の取得と対価の支払い

P社 — 100% → S社、少数株主

① 自己株式の取得と対価の支払い。

③ 完全子会社化ストラクチャーのメリット／デメリット（まとめ）

完全子会社化ストラクチャーの主なメリット・デメリットは，【図表4－11】のように整理されます。

【図表4－11】 完全子会社化ストラクチャーのメリット／デメリット

	メリット	デメリット
株式交換	・株式対価，現金対価，その他対価と対価設定が自由。 ・組織再編税制上の一定の要件を満たせば，課税関係は発生しない。 ・配当可能利益の制限は受けない。	・少数株主が親会社の株主に残ってしまうため，望ましくない資本構成になってしまう可能性がある。 ・株式交換比率を巡って，事後的に少数株主からの訴訟が発生するリスクがある。 ・債権者保護手続が必要となり，手続きに最低でも1カ月はかかる。
自己株式取得	・少数株主を完全に排除することができる。 ・債権者保護手続は不要。	・対価として現金が必要である。 ・配当可能利益の範囲内での取得しか認められない。 ・税務上，株主側にみなし配当課税と株式譲渡損益課税が発生する可能性がある。

		・全部取得条項付株式に変換後，自己株式をすべて買い取るスキームの場合には，買取価格を巡って事後的に少数株主からの訴訟が発生するリスクがある。

ストラクチャー別編

2 事業統廃合の会計・税務

　以下では，グループ内の事業統廃合の会計処理，税務処理について説明します。組織再編にあたっては，受け入れる資産・負債の対価として株式を用いる場合，無対価とする場合の他，現金等の財産を対価とする場合も選択できますが，グループ内再編の場合，通常は現金等の財産のやり取りは発生させず，無対価又は株式を対価とすることが多いため，以下では特に断りのない限り，株式を対価とすることを前提とします。

❶　吸収合併（親会社が100％子会社を吸収合併する場合）の会計処理・税務処理

①　親会社が子会社を吸収合併する場合（100％子会社を合併する場合）の会計処理

　親会社が100％子会社を吸収合併する場合は共通支配下の取引となるため，親会社（合併存続会社）は合併期日前日の適正な帳簿価額により子会社（合併消滅会社）の資産及び負債を取得します。また，グループ外の企業を合併する場合と異なり，合併消滅会社の株主は合併存続会社である親会社であるため，通常，株式の発行は行われず，親会社が保有している子会社株式と子会社の純資産を相殺消去し，その差額を抱合せ株式消滅差損益として認識することとなります。

　親会社が100％子会社を吸収合併する場合の会計処理の概要は，【図表4－12】のとおりです。

第4章　グループ内組織再編ストラクチャー別会計・税務のポイント

【図表4-12】　親会社が100%子会社を合併する場合の会計処理の概要

当事者	個別財務諸表	連結財務諸表
親会社 （合併存続会社）	共通支配下の会計処理 ・帳簿価額で引継ぎ ・抱合せ株式消滅差損益の認識	（連結財務諸表を作成する場合） 抱合せ株式消滅差損益の戻入れ
子会社 （合併消滅会社）	企業結合日の前日を決算日とした決算	－

【設例】

- P社は100%子会社であるS社を吸収合併する。
- P社はS社株式取得の際に、S社資産を時価評価し、20の含み益を連結上認識している。
- P社が保有しているS社株式の帳簿価額は30である。

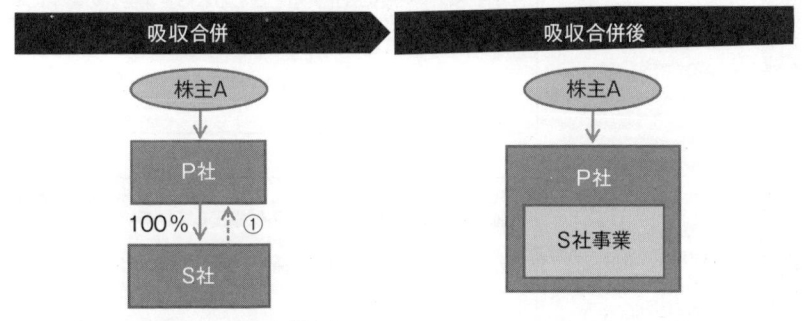

吸収合併　　　　　　　　　　　吸収合併後

株主A → P社 → 100% → S社
① S社はP社に吸収合併される。

株主A → P社（S社事業）

① S社はP社に吸収合併される。

- 両社の合併直前の貸借対照表は、以下のとおり。

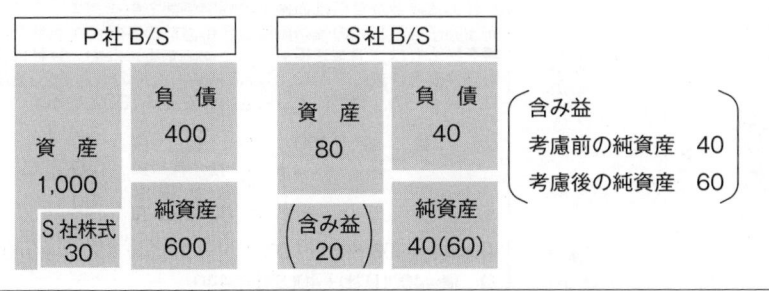

P社 B/S
- 資産　1,000
- S社株式　30
- 負債　400
- 純資産　600

S社 B/S
- 資産　80
- （含み益　20）
- 負債　40
- 純資産　40（60）

含み益
- 考慮前の純資産　40
- 考慮後の純資産　60

ストラクチャー別編

ⅰ) 合併存続会社である親会社（P社）の会計処理

個別財務諸表

P社は，原則としてS社の資産及び負債を帳簿価額で受け入れます。ただし，親会社と子会社が企業結合する場合において，子会社の資産及び負債の帳簿価額を連結上修正しているときは，親会社が作成する個別財務諸表においては連結上の金額である修正後の帳簿価額により計上することが必要になります。したがって，本設例の場合，資産の含み益20を考慮した100を引き継ぐ資産として認識します。

また，P社が保有しているS社株式の帳簿価額と，S社の連結上の純資産（帳簿価額）との差額を抱合せ株式消滅差損益として認識します。

【図表4－13】 合併存続会社である親会社(P社)の個別財務諸表上の会計処理

区分	S社B/S / P社B/S		説　　明
合併前	資産 80	負債 40 / 純資産 40	S社B/Sは，一般に公正妥当と認められる企業会計の基準に準拠しているものとし，修正は行わない。また，共通支配下の取引となるため，S社の時価評価も実施しない。
連結上の簿価へ修正	資産 100 / 含み益 20	負債 40 / 純資産 60	P社は連結財務諸表を作成しており，S社の含み益20を連結上認識しているため，連結ベースに修正している。 資　　産　20 ／ 純　資　産　20
合併後B/S	資産 1,070	負債 440 / 純資産 630	S社の資産及び負債は連結上の帳簿価額で引き継ぎ，P社が保有する子会社株式の帳簿価額と合併直前のS社の純資産との差額を抱合せ株式消滅差損益として認識する。なお，P社は連結財務諸表を作成しており，S社取得時に土地の含み益20を認識しているため，合併により引き継ぐ資産は100となる。 諸　資　産　100 ／ 諸　負　債　40 　　　　　　　　　　S　社　株　式　30 　　　　　　　　　　抱合せ株式 　　　　　　　　　　消滅差損益　30 資　産＝1,000(P社)＋100(S社)－30（S社株式）＝1,070 負　債＝400(P社)＋40(S社)＝440 純資産＝600(P社)＋(60(S社純資産)－30(S社株式))＝630

168

第4章 グループ内組織再編ストラクチャー別会計・税務のポイント

連結財務諸表

　個別財務諸表の会計処理では，抱合せ株式消滅差損益が発生しますが，親会社に他の子会社があり，連結財務諸表を作成する場合には，当該損益は連結財務諸表上では過年度に認識済みの損益であるため，利益剰余金と相殺消去することになります。

　結果として，合併した後の個別財務諸表と合併前の連結財務諸表は，同一の結果となります。

【図表4-14】 合併存続会社（P社）の連結財務諸表上の会計処理

	単純合算B/S		説　明
単純合算	資産 1,070	負債 440 / 純資産 630	当設例では合併によりS社が消滅しているが，説明の便宜上他の子会社（ただしB/S項目はすべてゼロ）があると仮定して連結財務諸表を作成する。この場合，単純合算B/SはP社の個別B/Sに一致する。
連結仕訳	⇩		本設例では子会社のB/S項目をすべてゼロとしているため，投資と資本の相殺消去は該当なし。 ただし，個別上認識された抱合せ株式消滅差益は，連結上，過年度に認識済みの損益であるため，利益剰余金と相殺する。 　抱合せ株式消滅差益　30 ／ 純資産（利益剰余金）　30※ 　※　結果として純資産に影響はない。
合併後連結B/S	P社連結B/S　資産 1,070	負債 440 / 純資産 630	上記の結果，P社の連結財務諸表は，左記のとおり。 連結の前後で合併後の個別B/Sと連結B/Sに変化はないが，P/Lの抱合せ株式消滅差益が取り消されている分だけ，個別P/Lと連結P/Lに差異がある。

② 親会社が100％子会社を吸収合併する場合の税務処理

　親会社が100％子会社を吸収合併（無対価）する場合の税務処理の概要は，【図表4-15】のとおりです。

ストラクチャー別編

【図表4－15】 親会社が100％子会社を吸収合併する場合の税務処理の概要

当　事　者	適　格　合　併
親会社（合併法人）	帳簿価額で引継ぎ（含み損益の課税繰延べ）
子会社（被合併法人）	帳簿価額で移転（課税なし）
子会社（被合併法人）の株主	課税なし

ⅰ） 合併法人の税務処理

　親会社が100％子会社を合併する際は，金銭の交付がない限り適格合併とされます。適格合併の際の合併法人は，被合併法人である子会社の資産及び負債を帳簿価額で受け入れます。

　なお，適格合併の場合には税務上の重要な論点として以下の事項がありますが，詳細につきましては第2章をご参照下さい。

　　(ア) 被合併法人の繰越欠損金の引継ぎ制限
　　(イ) 合併法人の欠損金の使用制限
　　(ウ) 特定資産の譲渡損失の損金不算入

ⅱ） 被合併法人の税務処理

　親会社が100％子会社を合併する際は，金銭の交付がない限り適格合併とされるため，子会社の資産及び負債は親会社に帳簿価額で引き継がれます。したがって，被合併法人である子会社に譲渡損益は発生せず，課税関係は発生しません。

ⅲ） 被合併法人の株主の税務処理

　被合併法人の株主は，適格合併の場合には株式譲渡損益課税やみなし配当課税はありません。

❷ 吸収合併（親会社が子会社を吸収合併する場合（子会社に少数株主が存在する場合））の会計処理・税務処理

① 親会社が子会社を吸収合併する場合（子会社に少数株主が存在する場合）の会計処理

親会社が子会社を吸収合併する場合で子会社に少数株主が存在する場合の会計処理は，親会社が100％子会社を吸収合併する場合の会計処理と概ね同じですが，親会社が子会社の少数株主に対して自社の株式を交付した場合は，交付した株式の時価を基礎として払込資本を増加させる必要があります。親会社が子会社を吸収合併する場合で，子会社に少数株主が存在する場合の会計処理の概要は，【図表4－16】のとおりです。

【図表4－16】 親会社が子会社を合併する場合の会計処理の概要(少数株主が存在する場合)

当事者	個別財務諸表	連結財務諸表
親会社 （合併存続会社）	共通支配下の会計処理 ・帳簿価額で引継ぎ ・抱合せ株式消滅差損益の認識 　（親会社持分） ・のれんの認識 　（少数株主との取引）	（連結財務諸表を作成する場合） 抱合せ株式消滅差損益の戻入れ
子会社 （合併消滅会社）	企業結合日の前日を決算日とした決算	－

なお，子会社が孫会社を合併する場合も，個別財務諸表，連結財務諸表ともに上記とほぼ同様の会計処理となります。ただし，子会社が孫会社と合併する場合は，親会社が孫会社の少数株主と取引を行うことがないため，親会社の連結財務諸表においては，のれんではなく持分変動損益が計上されることになる点が異なります。

ストラクチャー別編

【設 例】

- P社は80％子会社であるS社を吸収合併する。
- P社はS社の吸収合併に際し，S社少数株主にP社株式（時価20）を発行する。
- P社はS社株式取得の際に，S社資産を時価評価し，20の含み益を連結上認識している。
- P社が保有しているS社株式の帳簿価額は24である。

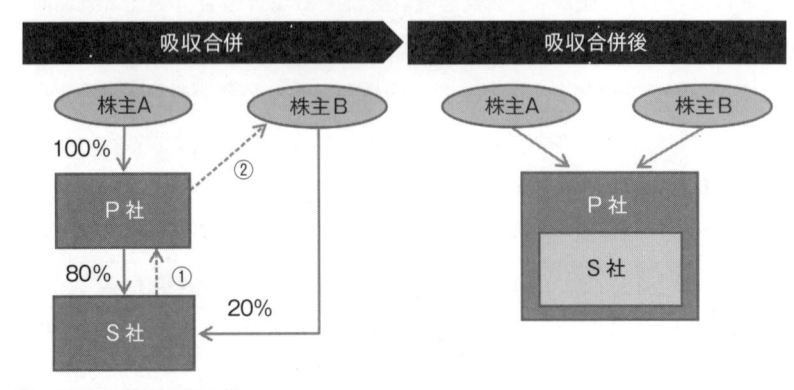

吸収合併

株主A ─100%→ P社 ─80%→ S社
株主B ──②──→ P社
株主B ──20%→ S社

吸収合併後

株主A → P社（S社）
株主B → P社（S社）

① S社はP社に吸収合併。
② P社は株主Bに対してP社株式を交付。

- 両社の合併直前の貸借対照表は，以下のとおり。

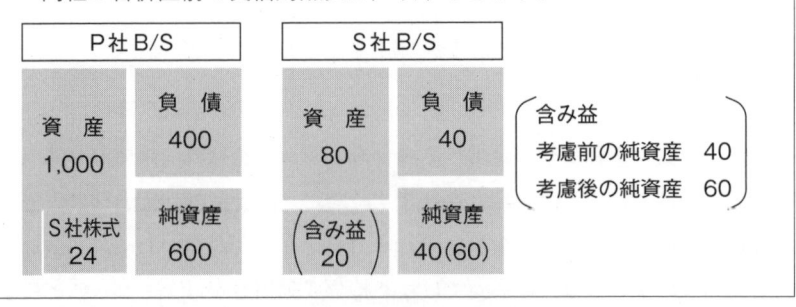

P社 B/S

資 産 1,000	負 債 400
S社株式 24	純資産 600

S社 B/S

資 産 80	負 債 40
含み益 20	純資産 40(60)

含み益
考慮前の純資産 40
考慮後の純資産 60

ⅰ) 合併存続会社である親会社（P社）の会計処理

個別財務諸表

　P社は原則としてS社の資産及び負債を帳簿価額で受け入れますが，親会社

第4章 グループ内組織再編ストラクチャー別会計・税務のポイント

が連結上帳簿価額を修正している場合は連結上の帳簿価額により受け入れることになります。また，P社が保有しているS社株式の帳簿価額と，S社の純資産に占める親会社持分相当額との差額を抱合せ株式消滅差損益として認識します。

P社が合併の対価としてP社株式をS社の少数株主に交付した場合は，P社株式の時価を基礎として払込資本を増加させます。S社の少数株主に交付した株式の時価と，S社純資産のうち少数株主持分相当額との差額は，のれんとして認識します。

【図表4－17】 合併存続会社である親会社(P社)の個別財務諸表上の会計処理

	S社B/S		説明
合併前	資産 80	負債 40	S社B/Sは，一般に公正妥当と認められる企業会計の基準に準拠しているものとし，修正は行わない。また，共通支配下の取引となるため，S社の時価評価も実施しない。
		純資産 40	

	S社B/S		説明
連結上の簿価へ修正	資産 100	負債 40	P社は連結財務諸表を作成しており，S社の含み益20を連結上認識していため，連結ベースに修正している。 　資産　　　20　/　純資産　　　20
		純資産 60	
	含み益 20		

	P社B/S		説明
合併後B/S	資産 1,084	負債 440	S社の資産及び負債は，連結上の帳簿価額で引き継ぎ，P社が保有する子会社株式24と合併直前のS社の純資産のうち，親会社持分相当額48(＝修正後純資産60×80%)との差額24を抱合せ株式消滅差損益として認識する。また，P社がS社の少数株主に交付した株式の時価 20と，合併直前S社純資産のうち，少数株主持分相当額12(＝修正純資産60×20%)との差額8をのれんとして認識する。 P社の合併仕訳は，以下のとおり。 （親会社持分相当額部分） 　資　　産　　80 ／ 負　　債　　　　　32 　　　　　　　　　　 S 社 株 式　　　24 　　　　　　　　　　 抱合せ株式 　　　　　　　　　　 消滅差損益　　　24 （少数株主持分相当額部分） 　資　　産　　20 ／ 負　　債　　　　　8 　の れ ん　　 8 ／ 純資産(払込資本) 20※ ※ 増加する株主資本の額は，払込資本（資本金又は資本剰余金）として処理。
		純資産 644	
	のれん 8		

173

ストラクチャー別編

連結財務諸表

個別財務諸表上の会計処理では，抱合せ株式消滅差損益が発生しますが，親会社に他の子会社があり，連結財務諸表を作成する場合には，当該損益は連結財務諸表上では過年度に認識済みの損益であるため，利益剰余金と相殺消去することになります。

【図表4－18】 合併存続会社（P社）の連結財務諸表上の会計処理

	単純合算B/S	説　明
単純合算	資産 1,084 ／ 負債 440／純資産 644／のれん 8	当設例では合併によりS社が消滅しているが，説明の便宜上他の子会社（ただしB/S項目はすべてゼロ）があると仮定して連結財務諸表を作成する。この場合，単純合算B/SはP社の個別B/Sに一致する。
連結仕訳	⇩	本設例では子会社のB/S項目をすべてゼロとしているため，投資と資本の相殺消去は該当なし。ただし，個別上認識された抱合せ消滅差益は，連結上，過年度に認識済みの損益であるため，利益剰余金と相殺する。 抱合せ株式消滅差益　24／純資産（利益剰余金）　24※ ※　結果として純資産に影響はない。
合併後連結B/S	P社連結B/S 資産 1,084／負債 440／純資産 644／のれん 8	上記の結果，P社の連結財務諸表は，左記のとおり。 連結の前後で個別B/Sと連結B/Sに変化はないが，P/Lの抱合せ株式消滅差益が取り消されている分だけ，個別P/Lと連結P/Lに差異がある。

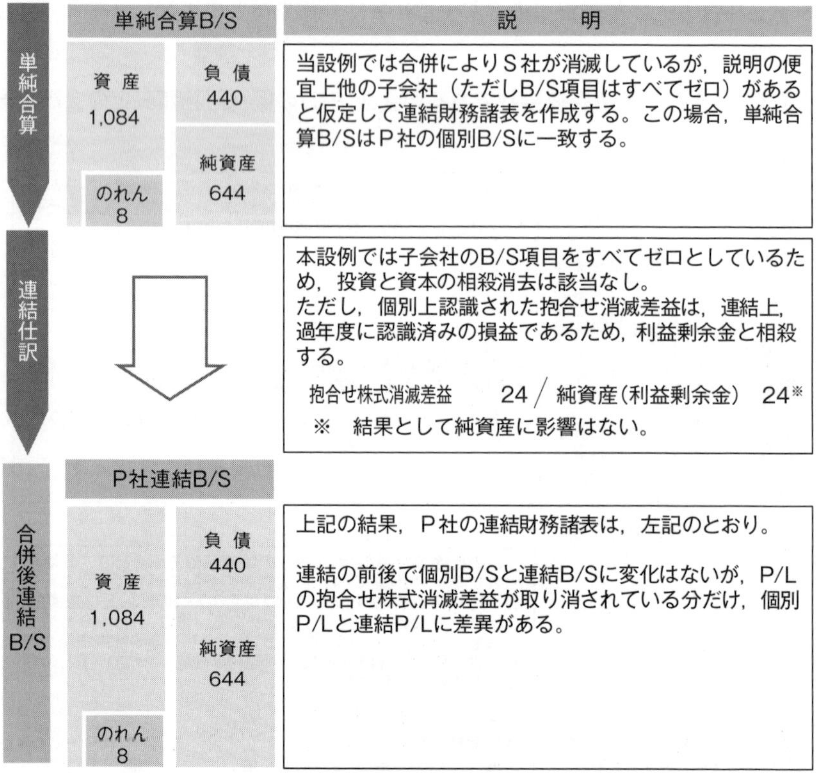

② 親会社が子会社（子会社に少数株主が存在する場合）を吸収合併する場合の税務処理

親会社が50％超100％未満の子会社を吸収合併する場合の税務処理の概要は，【図表4－19】のとおりです。

第4章　グループ内組織再編ストラクチャー別会計・税務のポイント

【図表4－19】 親会社が50%超100%未満の子会社を吸収合併する場合の税務処理の概要

当事者	適格合併	非適格合併
親会社（合併法人）	帳簿価額で引継ぎ （含み損益の課税繰延べ）	時価で引継ぎ （税務上ののれんの発生）
子会社（被合併法人）	帳簿価額で移転 （課税なし）	時価で移転 （譲渡損益課税あり）
子会社（被合併法人）の株主	課税なし	・みなし配当課税あり ・株式譲渡損益課税 　－金銭等交付あり…課税あり 　－金銭等交付なし…課税なし

　親会社が子会社を吸収合併する場合で，子会社の持分が50％超100％未満の場合の適格要件は，金銭の交付がないことに加え，従業者引継要件と事業引継性要件が加わることになります（適格要件の詳細については第2章参照）。

ⅰ）　合併法人の税務処理

　親会社が50％超100％未満の子会社を合併する場合，適格合併の際は被合併会社の資産及び負債を帳簿価額で受け入れ，非適格合併の際は被合併会社の資産及び負債を時価で受け入れます。

　なお，適格合併の場合には税務上の重要な論点として以下の事項がありますが，詳細につきましては第2章をご参照下さい。

> ㈰　被合併法人の繰越欠損金の引継ぎ制限
> ㈪　合併法人の欠損金の使用制限
> ㈫　特定資産の譲渡損失の損金不算入

ⅱ）　被合併法人の税務処理

　親会社が50％超100％未満の子会社を合併する場合，適格合併の際は被合併法人である子会社に譲渡損益は発生せず，課税関係は発生しません。また，非適格合併である場合には，資産及び負債を時価で合併法人へ移転するため譲渡損益が発生し，課税関係が発生します。

ストラクチャー別編

iii) 被合併法人の株主の税務処理

　被合併法人の株主は，適格合併の場合には，株式譲渡損益課税やみなし配当課税はありません。

　一方，非適格合併の場合は，みなし配当課税が発生ます。また，対価として金銭等の交付がある場合には，株式の譲渡損益に対して課税が発生します。

❸　吸収合併（子会社同士が合併する場合）の会計処理・税務処理

①　吸収合併（子会社同士が合併する場合）の会計処理

　子会社が他の子会社を吸収合併する場合，共通支配下の取引となるため，子会社（合併存続会社）が他の子会社（合併消滅会社）から受け入れる資産及び負債は，合併期日の前日の適正な帳簿価額により計上します。この際，受け入れる帳簿価額は連結上の帳簿価額ではないことに留意が必要です。

　合併の対価が子会社（合併存続会社）の株式のみの場合で，子会社（合併存続会社）が他の子会社（合併消滅会社）に子会社（合併存続会社）の株式を交付した場合には，他の子会社（合併消滅会社）から受け入れる資産及び負債の適正な帳簿価額を基礎として払込資本等を増加させます。この場合，払込資本を増加させる方法と，消滅会社の株主資本の内訳科目を引き継ぐ方法と2通りの方法があります。

　また，子会社（合併存続会社）が他の子会社（合併消滅会社）の株式を保有している場合は，抱合せ株式消滅差損益を認識せず，増加する株主資本等の調整項目とする点に留意が必要です。

　子会社が他の子会社を吸収合併する場合の会計処理の概要は，【図表4－20】のとおりです。

第4章　グループ内組織再編ストラクチャー別会計・税務のポイント

【図表4-20】　子会社が他の子会社を合併する場合の会計処理の概要

当事者	個別財務諸表	連結財務諸表
親　会　社	合併消滅会社の子会社株式を合併存続会社の子会社株式へ帳簿価額で振替	のれん又は持分変動損益の認識（少数株主との取引）
子　会　社 （合併存続会社）	共通支配下の会計処理 ・帳簿価額で引継ぎ	－
他の子会社 （合併消滅会社）	企業結合日の前日を決算日とした決算	－

【設　例】

- P社（親会社）は子会社であるS1社（合併存続会社　持分比率60％　帳簿価額120）とS2社（合併消滅会社　持分比率80％　帳簿価額80）の株式を保有している。
- S1社（合併存続会社）はS2社（合併消滅会社）を吸収合併した。
- 合併に際し，S1社はP社に80株，S2社の少数株主に20株を発行し，P社はS1社を70％保有することとなった。
- 合併直前のS1社の時価純資産は500と算定されており，S2社の時価純資産は500と算定されている。
- P社は，S1社及びS2社を設立時から保有しており，S1社はS2社の株式を保有していない。
- S1社の純資産の内訳は，資本金200，利益剰余金200であり，S2社の純資産の内訳は，資本金100，利益剰余金100である。

吸収合併 / 吸収合併後

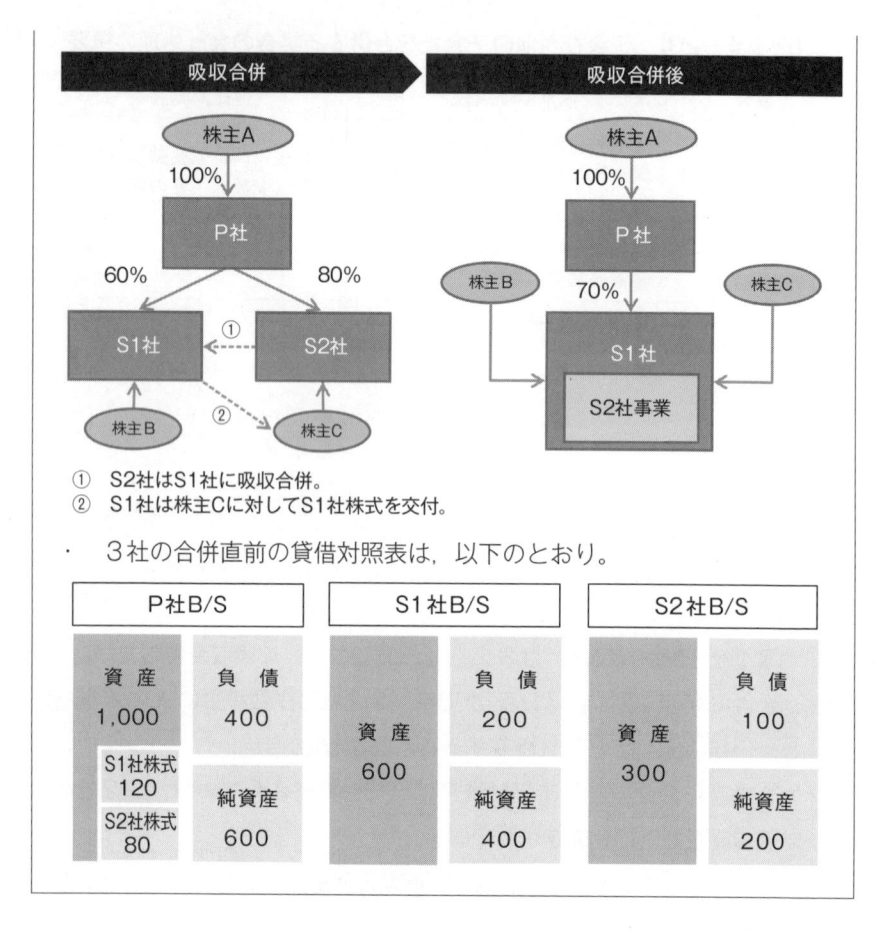

```
吸収合併前:
株主A → 100% → P社
P社 → 60% → S1社
P社 → 80% → S2社
株主B → S1社
株主C → S2社
① S2社はS1社に吸収合併。
② S1社は株主Cに対してS1社株式を交付。

吸収合併後:
株主A → 100% → P社
P社 → 70% → S1社（S2社事業を含む）
株主B → S1社
株主C → S1社
```

① S2社はS1社に吸収合併。
② S1社は株主Cに対してS1社株式を交付。

・ 3社の合併直前の貸借対照表は，以下のとおり。

P社B/S	
資　産 1,000	負　債 400
S1社株式 120	
S2社株式 80	純資産 600

S1社B/S	
資　産 600	負　債 200
	純資産 400

S2社B/S	
資　産 300	負　債 100
	純資産 200

ⅰ) 合併存続会社である子会社（S1社）の会計処理

個別財務諸表

　同一の企業により支配されている子会社同士の合併においては，共通支配下の取引の考え方に従い，合併存続会社であるS1社は合併消滅会社S2社の資産及び負債を適正な帳簿価額で受け入れることになります。この際，親会社が100％子会社を吸収合併する場合及び親会社が子会社を吸収合併する場合（子会社に少数株主が存在する場合），連結上の帳簿価額を用いていましたが，子会社同士の合併においては合併消滅会社の個別財務諸表上の帳簿価額で受け入れる

ことになる点に留意が必要です。

【図表4-21】 合併存続会社である子会社(S1社)の個別財務諸表上の会計処理

合併前

S2社B/S
- 資産 300
- 負債 100
- 純資産 200

説明：S2社B/Sは，一般に公正妥当と認められる企業会計の基準に準拠しているものとし，修正は行わない。また，共通支配下の取引となるため，S社の資産・負債の時価評価も実施しない。

合併後B/S

S1社B/S
- 資産 900
- 負債 300
- 純資産 600

S2社の資産及び負債はS2社の帳簿価額で引継ぐ。
S1社の合併仕訳は，以下のとおり。

| 資　産 | 300 | 負　債 | 100 |
| | | 純資産（払込資本） | 200※ |

※　S2社の株主資本は，払込資本（資本金又は資本剰余金）とするか，又はS2社株主資本の内訳科目をそのまま引き継ぐ。

ⅱ) 親会社（P社）の会計処理

個別財務諸表

親会社の個別財務諸表では，親会社P社が保有していたS2社株式が消滅する一方，新たにS1社の株式の交付を受けているため，S1社株式とS2社株式を等価で交換したと考え以下の処理を行います。

親会社（P社）の会計処理

| (借) S 1 社 株 式 | 80 | (貸) S 2 社 株 式 | 80 |

連結財務諸表

連結上は，親会社の子会社（合併存続会社）に対する持分が増加し，他の子会社（合併消滅会社）の持分が減少します。そのため，子会社（合併存続会社）に対する持分の増加に対してはのれんを，他の子会社（合併消滅会社）に対する持分の減少に対しては持分変動損益を認識することになります。

ストラクチャー別編

【図表4-22】 親会社（P社）の連結財務諸表上の会計処理

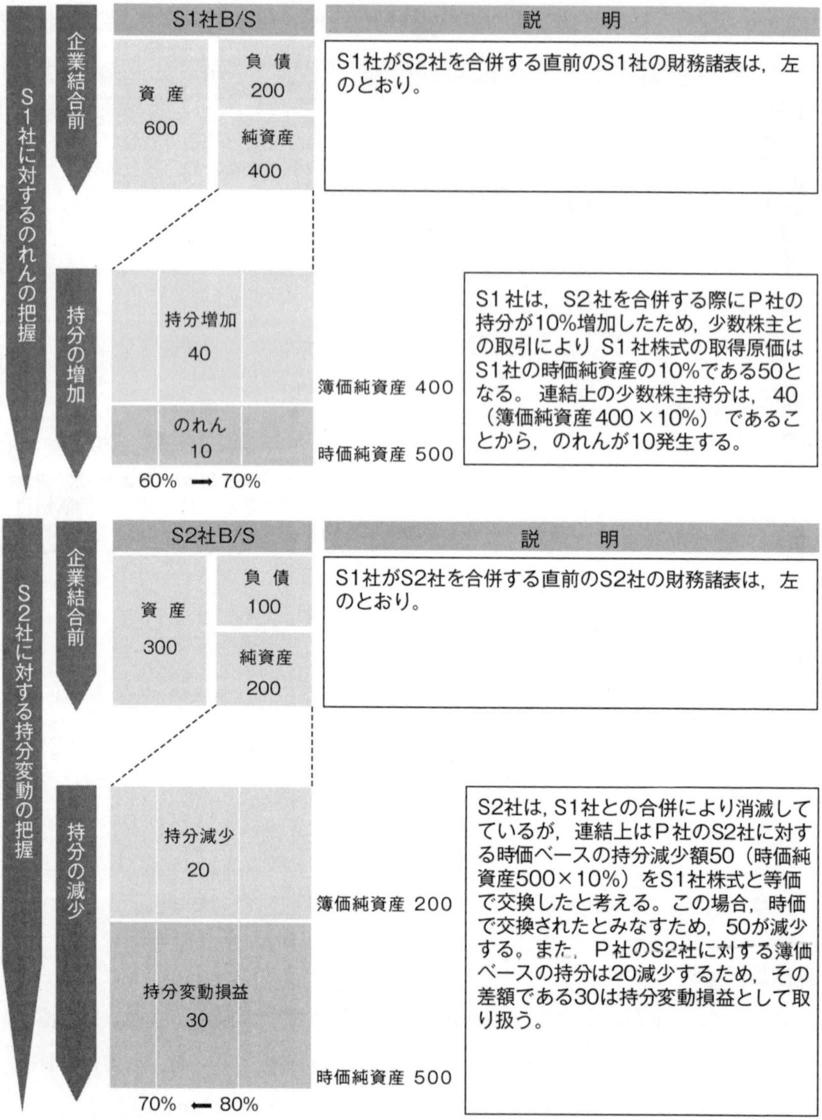

S1社に対するのれんの把握

企業結合前

S1社B/S
- 資産 600
- 負債 200
- 純資産 400

説明：S1社がS2社を合併する直前のS1社の財務諸表は，左のとおり。

持分の増加

- 持分増加 40
- のれん 10

簿価純資産 400
時価純資産 500

60% → 70%

説明：S1社は，S2社を合併する際にP社の持分が10％増加したため，少数株主との取引によりS1社株式の取得原価はS1社の時価純資産の10％である50となる。連結上の少数株主持分は，40（簿価純資産400×10％）であることから，のれんが10発生する。

S2社に対する持分変動の把握

企業結合前

S2社B/S
- 資産 300
- 負債 100
- 純資産 200

説明：S1社がS2社を合併する直前のS2社の財務諸表は，左のとおり。

持分の減少

- 持分減少 20
- 持分変動損益 30

簿価純資産 200
時価純資産 500

70% ← 80%

説明：S2社は，S1社との合併により消滅しているが，連結上はP社のS2社に対する時価ベースの持分減少額50（時価純資産500×10％）をS1社株式と等価で交換したと考える。この場合，時価で交換されたとみなすため，50が減少する。また，P社のS2社に対する簿価ベースの持分は20減少するため，その差額である30は持分変動損益として取り扱う。

第4章 グループ内組織再編ストラクチャー別会計・税務のポイント

	単純合算B/S		説　明
単純合算	資産 1,900	負債 700	P社と合併後のS1社の財務諸表を単純合算する。 資　産＝1,000(P社)＋900(S1社)＝1,900 負　債＝400(P社)＋300(S1社)＝700 純資産＝600(P社)＋600(S1社)＝1,200
		純資産 1,200	

連結処理

連結仕訳：

P社の投資とS1社及びS2社の資本の相殺消去を行う。また，P社がS1社及びS2社を取得した後に獲得した剰余金を少数株主へ振り替える。

資本金(S1社相当分)　200　／　S　1　社　株　式　120
　　　　　　　　　　　　　　　少　数　株　主　持　分　 80

資本金(S2社相当分)　100　／　S　2　社　株　式　 80
　　　　　　　　　　　　　　　少　数　株　主　持　分　 20

利益剰余金(S1社)　80　／　少　数　株　主　持　分　80
利益剰余金(S2社)　20　／　少　数　株　主　持　分　20

S1社とS2社が合併したことにより，P社のS1社持分が10％増加し，S2社持分が10％減少したため，それぞれのれんと持分変動損益を認識した。

の　　れ　　ん　　10　／　少　数　株　主　持　分　10
少　数　株　主　持　分　30　／　持　分　変　動　損　益　30

	P社連結B/S		
合併後連結B/S	資産 1,710	負債 700	上記の結果，P社の連結財務諸表は左記のとおり。
		少数株主持分 180	
	のれん 10	純資産 830	

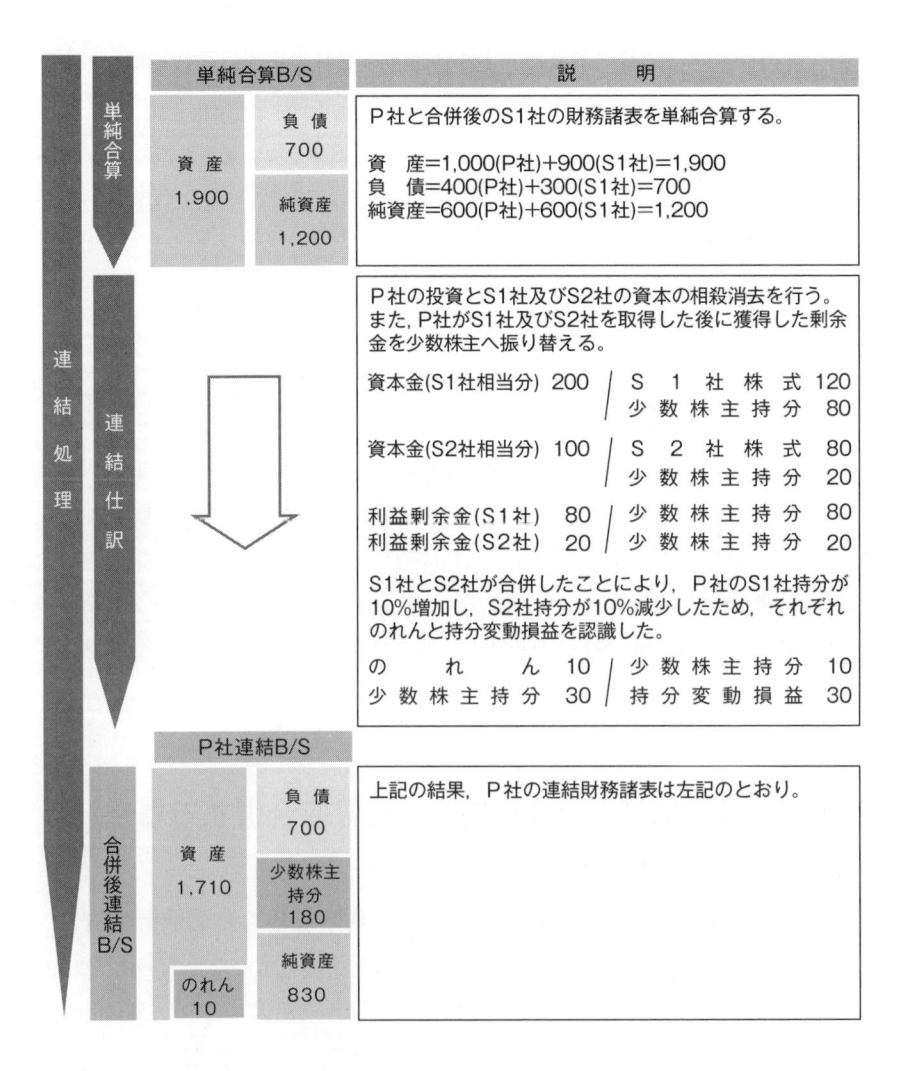

② 子会社同士が合併する場合の税務処理

子会社同士が合併する場合の税務処理の概要は，【図表4－23】のとおりです。

ストラクチャー別編

【図表4-23】 子会社同士が合併する場合の税務処理の概要

当事者	適格合併	非適格合併
子会社（合併法人）	帳簿価額で引継ぎ （含み損益の課税繰延べ）	時価で引継ぎ （税務上ののれんの発生）
他の子会社(被合併法人)	帳簿価額で移転 （課税なし）	時価で移転 （譲渡損益課税あり）
他の子会社(被合併法人)の株主	課税なし	・みなし配当課税あり ・株式譲渡損益課税 　－金銭等交付あり…課税あり 　－金銭等交付なし…課税なし

　同一の株主に50％超100％未満の株式を保有されているグループ内の合併であり，合併に際して現金が交付されず合併法人の株式のみの交付であるため，従業員引継要件と事業継続性要件があれば適格合併となり，これらの要件を満たさない場合は非適格合併となります（適格要件の詳細については，第2章参照）。税務上の取扱いは，親会社が子会社を吸収合併する場合（子会社に少数株主が存在する場合）と同様になります。

❹ 吸収合併（子会社が親会社を吸収合併する場合）の会計処理・税務処理

① 吸収合併（子会社が親会社を吸収合併する場合）の会計処理

　子会社が親会社を吸収合併する場合，共通支配下の取引となるため，子会社が親会社から受け入れる資産及び負債は，合併期日の前日の適正な（連結上の）帳簿価額により計上します。また，子会社は，親会社が合併直前に保有していた子会社株式を帳簿価額で自己株式として受け入れ，株主資本から控除します。親会社から受け入れた資産及び負債の差額は，払込資本（資本金又は資本剰余金）として処理するか，又は親会社の株主資本の内訳科目を引き継ぐことになります。

　連結財務諸表では，子会社の個別財務諸表で行った処理を振り戻し，親会社

が子会社の少数株主から株式を取得したものとして会計処理を行います。

【図表４－24】 子会社が親会社を吸収合併する場合の会計処理の概要

当事者	個別財務諸表	連結財務諸表
子会社（合併存続会社）	共通支配下の会計処理 ・帳簿価額で引継ぎ	親会社を存続会社とみなし，のれんの認識（少数株主との取引の処理）
親会社（合併消滅会社）	企業結合日の前日を決算日とした決算	－

【設 例】

- P社はS社の株式（80％，取得原価240）を取得して子会社とした。
- S社（合併存続会社）はP社（合併消滅会社）を吸収合併（いわゆる逆さ合併）した。
- 合併比率は１：１とされ，S社は新株を100株発行し，P社株主に100株割り当てた。
- 合併時のS社株式の時価は＠７である。

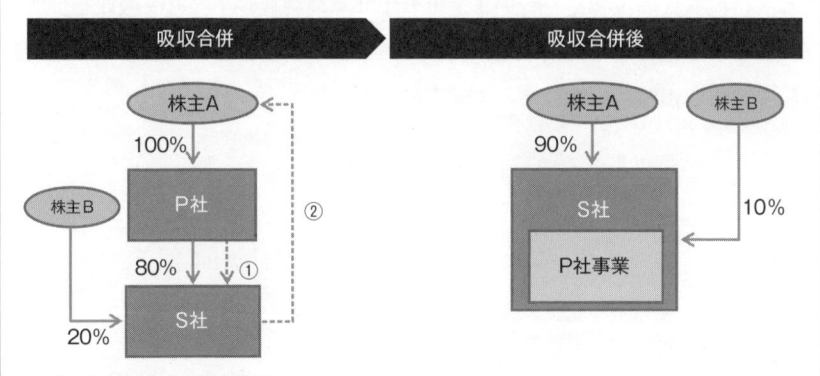

```
吸収合併                         吸収合併後

        株主A                       株主A      株主B
        100%↓                       90%↓       
株主B    P社        ②                 S社      ←10%
  ↓     80%↓ ↕①                    P社事業
  20%    S社  
```

① P社はS社に吸収合併。
② S社は株主Aに対してS社株式を交付。

- 両社の合併直前の貸借対照表は，以下のとおり。

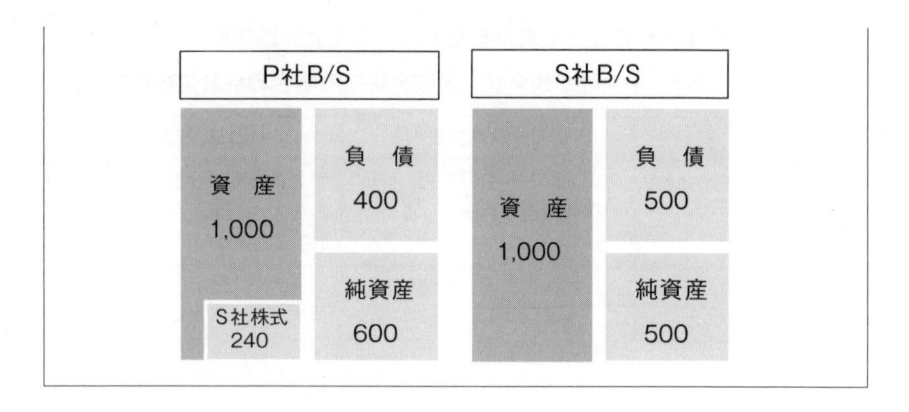

```
┌─────────────────┐      ┌─────────────────┐
│     P社B/S      │      │     S社B/S      │
├────────┬────────┤      ├────────┬────────┤
│        │ 負 債  │      │        │ 負 債  │
│ 資 産  │  400   │      │ 資 産  │  500   │
│ 1,000  ├────────┤      │ 1,000  ├────────┤
│        │ 純資産 │      │        │ 純資産 │
│S社株式 │  600   │      │        │  500   │
│  240   │        │      │        │        │
└────────┴────────┘      └────────┴────────┘
```

ⅰ) 合併存続会社である子会社（S社）の会計処理

個別財務諸表

　共通支配下の取引であるため，企業集団内を移転する資産及び負債については，移転前に付された適正な帳簿価額で計上します。移転された資産及び負債の差額は純資産として処理することになります。

　また，P社が保有しているS社株式については，合併により自己株式となるため，自己株式の振替えを行います。つまり，親会社が子会社を吸収合併する際に発生する抱合せ株式消滅差損益は，子会社が親会社を吸収合併する場合には発生せず，損益に影響はありません。

【図表4-25】 合併存続会社である子会社（S社）の個別財務諸表上の会計処理

	P社B/S		説　　　明
合併前	諸資産 1,000	負債 400	合併前のP社のB/Sは，左記のとおり。
		純資産 600	
	S社株式 240		
	S社B/S		
合併後B/S	諸資産 1,760	負債 900	本設例は共通支配下の取引となるため，企業集団内を移転する資産負債については，帳簿価額で計上する。また，P社が保有していたS社株式については合併により自己株式となるため，振替えを行う。 資　　産　1,000 ／ 負　　債　　　　　400 　　　　　　　　　／ 純資産（払込資本）600※ 自 己 株 式　240 ／ S 社 株 式　　　　240 ※ 払込資本（資本金又は資本剰余金）とするか，又はP社の株主資本の内訳科目をそのまま引継ぐ。
		純資産 860	
		自己株式 △240	

連結財務諸表

　S社に子会社があり，連結財務諸表を作成する場合には，S社の連結財務諸表では，S社のP社を合併する処理を一旦振り戻す処理を行い，S社を合併消滅会社，P社を合併存続会社とみなして連結財務諸表を作成します。また，S社の少数株主が保有していた株式は，P社が子会社の少数株主から株式を取得したものとして会計処理を行います。

【図表4−26】 合併存続会社（S社）の連結財務諸表上の会計処理

単純合算

単純合算B/S：
- 諸資産 1,760
- 負債 900
- 純資産 860

説明：
当設例では、合併によりP社が消滅しているが、説明の便宜上、S社に他の子会社（ただしB/S項目はすべてゼロ）があると仮定して、連結財務諸表を作成する。この場合、単純合算B/Sは、S社の個別B/Sに一致する。

連結仕訳

投資と資本の相殺消去を行う。

| 資 本 金 | 300 | S 社 株 式 | 240 |
| 利益剰余金期首残高 | 40 | 少 数 株 主 持 分 | 100 |

S社の個別財務諸表における取引を一旦戻し、改めてS社を吸収合併消滅会社、P社を合併存続会社とする合併を行ったとみなして連結財務諸表を作成する。
また、少数株主持分を取得するために少数株主に対価を支払ったと考えるため、連結上は新たに株式を交付したものとみなして払込資本を算定（20株×@7）し、払込資本と少数株主持分消滅額の差額は、のれんとして認識する。

| 少数株主持分 | 100 | 純資産（払込資本） | 140※ |
| の れ ん | 40 | | |

※　連結上の資本金はS社の資本金とし、P社の資本金との差額は資本剰余金に振り替える。

合併後連結B/S

S社連結B/S：
- 諸資産 1,560
- のれん 40
- 負債 900
- 純資産 660

P社を存続会社とみなして処理を行うため、合併直前のP社連結財務諸表に、上記「調整」分を加味したものが、子会社が親会社を合併した場合の貸借対照表となる。

- 資　産：1,760−240+40=1,560
- 少数株主持分：100−100=0
- 純資産：860−300−40+140=660

②　子会社が親会社を吸収合併する場合の税務処理

　子会社が親会社を吸収合併する場合の税務処理の概要は、【図表4−27】のとおりです。

第4章　グループ内組織再編ストラクチャー別会計・税務のポイント

【図表4－27】　子会社が親会社を吸収合併する場合の税務処理

当 事 者	適格合併	非適格合併
子会社（合併法人）	帳簿価額で引継ぎ （含み損益の課税繰延べ）	時価で引継ぎ （税務上ののれんの発生）
親会社(被合併法人)	帳簿価額で移転 （課税なし）	時価で移転 （譲渡損益課税あり）
親会社(被合併法人) の株主	課税なし	・みなし配当課税 ・株式譲渡損益課税 　－金銭等交付あり…課税あり 　－金銭等交付なし…課税なし

　同一の株主に50％超100％未満の株式を保有されているグループ内の合併であり，合併に際して現金が交付されず合併法人の株式のみの交付であるため，従業者引継要件と事業継続性要件があれば適格合併となり，これらの要件を満たさない場合は非適格合併となります（適格要件の詳細については第2章参照）。税務上の取扱いは，親会社が子会社を吸収合併する場合（子会社に少数株主が存在する場合）と同様になります。

❺　分社型吸収分割（親会社が100％子会社に事業を移転する場合）の会計処理・税務処理

①　親会社が100％子会社に分社型分割により事業を移転する場合の会計処理

　親会社が100％保有する子会社に対し事業を移転する場合，共通支配下の取引となるため，移転する資産及び負債は分割直前に親会社で付されていた適正な帳簿価額によることになります。したがって，親会社の個別財務諸表上，親会社が追加取得する子会社株式の取得原価は，移転事業に係る株主資本相当額に基づいて算定され，移転損益は認識しないことになります。なお，移転する事業に係る繰延税金資産及び繰延税金負債がある場合は，これを控除して算定することになります。

ストラクチャー別編

　子会社の個別財務諸表では，親会社から受け入れる資産及び負債を，分割の効力発生日の前日に親会社で付されていた適正な帳簿価額により計上し，同額の払込資本を増加させます。

　親会社が100％子会社に事業を分割（分社型）する場合で，対価が子会社株式のみである場合の会計処理の概要は，【図表４−28】のとおりです。

【図表４−28】　親会社が100％子会社に事業を分割（分社型）する場合の会計処理の概要

当　事　者	個別財務諸表	連結財務諸表
親会社（分割会社）	共通支配下の会計処理 ・帳簿価額で移転 （移転損益を認識しない）	個別上の分割仕訳を内部取引として相殺
子会社（分割承継会社）	共通支配下の会計処理 ・帳簿価額で引継ぎ	−

【設　例】

- P社はS社設立時より，S社株式（帳簿価額100）を100％保有している。
- 当期末に，P社はa１事業を分社型吸収分割によりS社に移転し，対価としてS社より新たにS社株式を受け取った。
- a１事業の帳簿価額は50となっている。

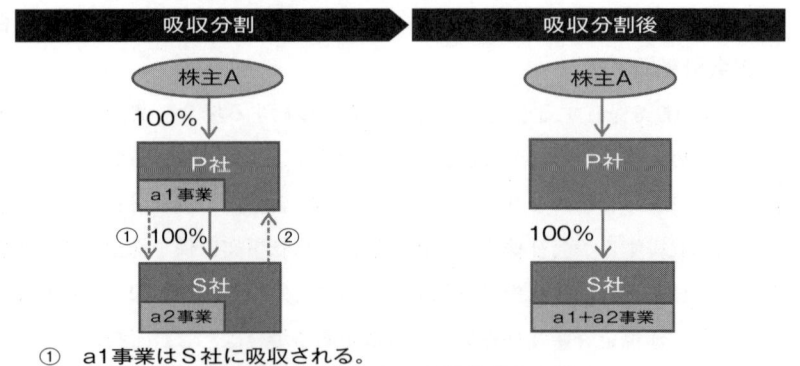

吸収分割

株主A → 100% → P社（a１事業） → ① 100% → S社（a２事業） ②

吸収分割後

株主A → P社 → 100% → S社（a１+a２事業）

① a１事業はS社に吸収される。
② S社はP社へa１事業の対価としてS社株式を交付する。

第4章 グループ内組織再編ストラクチャー別会計・税務のポイント

- 分割直前の両社の貸借対照表は，以下のとおり。

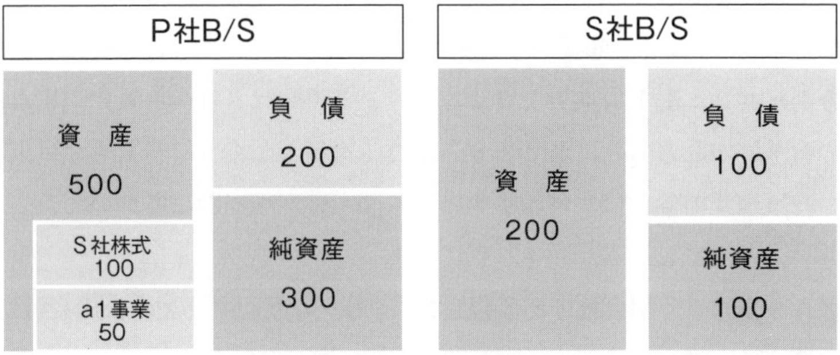

P社B/S
資産 500
（S社株式 100／a1事業 50）
負債 200
純資産 300

S社B/S
資産 200
負債 100
純資産 100

ⅰ) 分割承継会社である子会社（S社）の会計処理

個別財務諸表

子会社（S社）は，親会社（P社）からa1事業を分社型分割により受け入れます。当該分割は共通支配下の取引に該当するため，a1事業は帳簿価額で引き継ぐことになります。また，対価としてS社株式をP社に交付することにより増加した株主資本については，払込資本として計上します。

【図表4-29】 分割承継会社である子会社(S社)の個別財務諸表上の会計処理

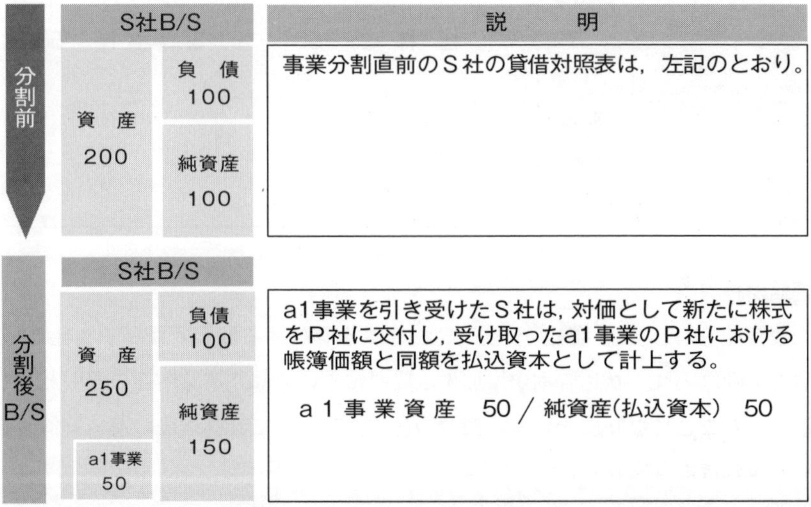

	S社B/S	説　明
分割前	資産 200／負債 100・純資産 100	事業分割直前のS社の貸借対照表は，左記のとおり。
分割後B/S	資産 250（うちa1事業 50）／負債 100・純資産 150	a1事業を引き受けたS社は，対価として新たに株式をP社に交付し，受け取ったa1事業のP社における帳簿価額と同額を払込資本として計上する。 　a1事業資産　50 ／ 純資産（払込資本）　50

ストラクチャー別編

ii) 分割会社である親会社（P社）の会計処理

個別財務諸表

親会社（P社）はa1事業を子会社（S社）に分社型分割により移転します。当該分割は共通支配下の取引となるため，a1事業はS社へP社の適正な帳簿価額で引き継がれることになります。また，対価としてS社株式を受け取りますが，当該株式の価額は，移転事業に係る株主資本相当額に基づいて算定されます。

【図表4-30】 分割会社である親会社（P社）の個別財務諸表上の会計処理

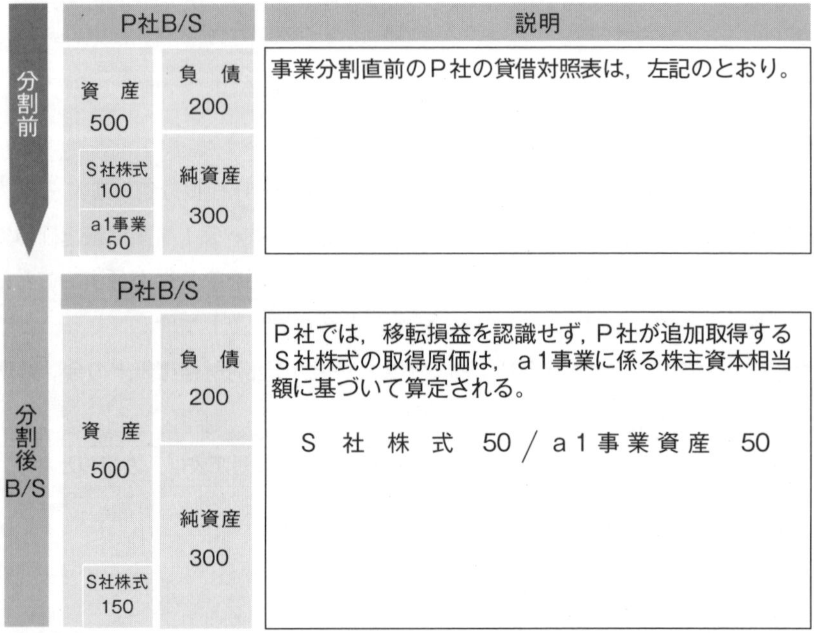

分割前

P社B/S		説明
資 産 500	負 債 200	事業分割直前のP社の貸借対照表は，左記のとおり。
S社株式 100	純資産 300	
a1事業 50		

分割後B/S

P社B/S		説明
資 産 500	負 債 200	P社では，移転損益を認識せず，P社が追加取得するS社株式の取得原価は，a1事業に係る株主資本相当額に基づいて算定される。 　S　社　株　式　50／a1事業資産　50
S社株式 150	純資産 300	

連結財務諸表

親会社（P社）が子会社（S社）にa1事業を移転する取引，及び子会社でa1事業を受け入れ，払込資本が増加する取引については，連結内部の取引として消去することになります。本設例の場合，結果として分割前後の連結貸借対照表に変動はありません。

第4章　グループ内組織再編ストラクチャー別会計・税務のポイント

【図表4-31】　分割会社である親会社（P社）の連結財務諸表上の会計処理

	単純合算B/S	説　明
単純合算	資　産 750／負　債 300／純資産 450／S社株式 150	分割後のP社とS社の資産，負債，純資産を単純合算する。 資　産：500(P社)+250(S社)=750 負　債：200(P社)+100(S社)=300 純資産：300(P社)+150(S社)=450
連結仕訳	⬇	a1事業移転により増加した投資と資本は，すべて企業集団内での内部取引であるため，全額相殺消去する。 前期以前取得分： 　純 資 産　　100 ／ S 社 株 式　　100 a1事業移転分： 　純 資 産　　 50 ／ S 社 株 式　　 50 　（払込資本）
分割後連結B/S	P社連結B/S　資　産 600／負　債 300／純資産 300	上記より，P社の連結B/Sは左記のとおり。

【図表4-32】　（参考）分割がなかった場合の連結B/S

P社連結B/S	説　明
資　産 600／負　債 300／純資産 300	P社とS社の資産，負債，純資産を単純合算，及び投資と資本の相殺消去をする。 資　産：500(P社)+200(S社)−100(S社株式)=600 負　債：200(P社)+100(S社)=300 純資産：300(P社)+100(S社)−100(取得時純資産)=300 分割した場合の連結B/Sは，分割しなかった場合の連結B/Sの結果と一致する。

② 親会社が100％子会社に分社型分割により事業を移転する場合の税務処理

親会社が100％子会社に分社型分割で事業を移転する場合の税務処理の概要は，【図表4－33】のとおりです。

【図表4－33】 親会社が100％子会社に事業を分割（分社型）する場合の税務処理の概要

当事者	適格合併
親会社（分割法人）	帳簿価額で移転（課税なし）
子会社（分割承継法人）	帳簿価額で引継ぎ（含み損益の課税繰延べ）
親会社（分割法人）の株主	－

ⅰ） 分割法人である親会社の税務処理

分社型分割の分割法人である親会社が分割承継法人である100％子会社に事業を分割する場合，金銭等の交付がなく，支配関係継続要件を満たす限り適格分割となります。そのため，親会社の移転する資産及び負債は子会社に帳簿価額で引き継がれ，分割法人に譲渡損益は発生せず，課税関係は発生しません。

ⅱ） 分割承継法人である子会社の税務処理

分社型分割の分割承継法人である子会社は，適格分割であれば移転する資産及び負債を帳簿価額で受け入れることとなります。

なお，分社型分割では，適格分割であったとしても税務上の繰越欠損金を分割承継法人へ引き継ぐことはできません。また，適格吸収分割の場合には税務上重要な論点として以下の事項に留意する必要があります。詳細は第2章をご参照下さい。

> (ア) 分割承継法人の欠損金の使用制限
> (イ) 特定資産の譲渡損失の損金不算入

ⅲ） 分割法人の株主の税務処理

分社型分割の場合，適格か非適格かにかかわらず，分割法人の株主は，取引

に直接関連しないため，課税関係は発生しません。

❻ 分社型吸収分割（親会社が子会社に事業を移転する場合（子会社に少数株主が存在する場合））の会計処理・税務処理

① 親会社が子会社に分社型分割により事業を移転する場合（子会社に少数株主が存在する場合）の会計処理

親会社が少数株主の存在する子会社に分社型吸収分割により事業を移転する場合の個別財務諸表の会計処理は，親会社及び子会社ともに分社型吸収分割（親会社が100％子会社に事業を移転する場合）の会計処理と同一です。

しかし，子会社に少数株主が存在するため，連結財務諸表上の会計処理は異なります。まず，親会社が少数株主が存在する子会社へ事業を移転することで，当該移転事業の連結上の持分が減少します。一方，当該移転事業の対価として子会社株式を受け取ることで，分割直前の子会社の持分が増加します。この持分の増加は，少数株主との取引に該当するため，簿価純資産と時価純資産の差額のうち，持分が増加する部分についてのれんを認識することになります。

親会社が少数株主の存在する子会社へ事業を分社型分割する場合で，対価が株式のみである場合の会計処理の概要は，【図表4－34】のとおりです。

【図表4－34】 親会社が子会社へ事業を分割（分社型）する場合（子会社に少数株主が存在する場合）の会計処理の概要

当事者	個別財務諸表	連結財務諸表
親会社（分割会社）	共通支配下の会計処理 ・帳簿価額で移転 （移転損益を認識しない）	のれん又は持分変動損益の認識 （少数株主との取引）
子会社（分割承継会社）	共通支配下の会計処理 ・帳簿価額で引継ぎ	－

ストラクチャー別編

【設 例】

- P社はS社（発行済株式200株）の株式を140株（持分割合70％、帳簿価額700）保有している。
- 当期末に、P社はa1事業をS社に分社型吸収分割し、対価としてS社よりS社株式50株を受け取った。
- なお、P社におけるa1事業の適正な帳簿価額は200であり、a1事業の資産の時価は250、a1事業の時価は517であった。
- S社株式の時価総額は2,067であった。
- 当該分社型吸収分割によりP社のS社に対する持分比率は6％増加し、76％となった。

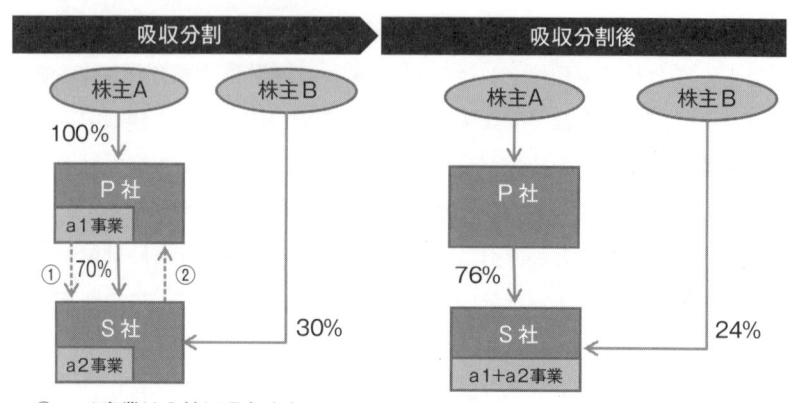

```
            吸収分割                    吸収分割後

     株主A      株主B              株主A         株主B
      ↓100%                         ↓
     ┌─────┐                      ┌─────┐
     │ P 社 │                      │ P 社 │
     │a1事業│                      └─────┘
     └─────┘                         ↓76%
    ①↓70% ↑②                     ┌──────┐              ↑24%
     ┌─────┐  ←── 30%            │ S 社  │ ←──
     │ S 社 │                      │a1+a2事業│
     │a2事業│                      └──────┘
     └─────┘
```

① a1事業はS社に吸収される。
② S社はP社へ、a1事業の対価としてS社株式を交付。

- 分割直前の両社の貸借対照表は以下のとおり。

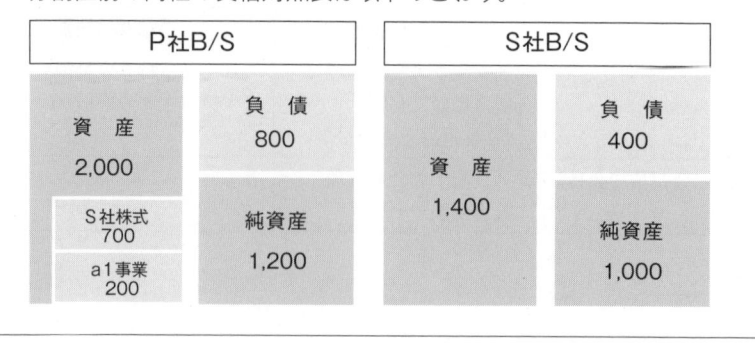

P社B/S		S社B/S	
資　産 2,000	負　債 800	資　産 1,400	負　債 400
S社株式 700	純資産 1,200		純資産 1,000
a1事業 200			

i) 分割承継会社である子会社（S社）の会計処理

個別財務諸表

親会社（P社）から子会社（S社）へa１事業を分社型分割で移転する取引は，分社型吸収分割（親会社が100％子会社に事業を移転する場合）と同様に共通支配下の取引となるため，S社がa１事業を帳簿価額で引き継ぐことになります。また，対価としてS社株式をP社に交付することにより増加した株主資本については，払込資本として計上します。

【図表４−３５】 分割承継会社である子会社（S社）の個別財務諸表上の会計処理

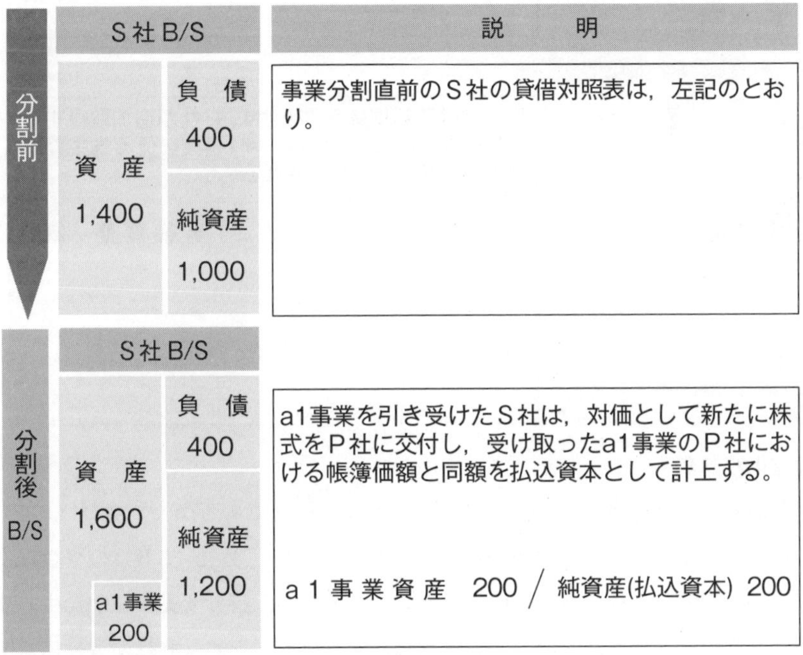

S社 B/S	説　　明
分割前 負債 400 資産 1,400 純資産 1,000	事業分割直前のS社の貸借対照表は，左記のとおり。
分割後 B/S 負債 400 資産 1,600 純資産 1,200 a1事業 200	a1事業を引き受けたS社は，対価として新たに株式をP社に交付し，受け取ったa1事業のP社における帳簿価額と同額を払込資本として計上する。 a１事業資産　200　／　純資産(払込資本)　200

ii) 分割会社である親会社（P社）の会計処理

個別財務諸表

親会社（P社）から子会社（S社）へa１事業を分社型分割で移転する取引は，分社型吸収分割（親会社が100％子会社に事業を移転する場合）と同様に共通支配下の取引となるため，a１事業はS社へ帳簿価額で引き継がれることになりま

ストラクチャー別編

す。また，対価としてS社株式を受け取りますが，当該株式の価額は，移転事業に係る株主資本相当額に基づいて算定されます。

【図表4−36】 分割会社である親会社（P社）の個別財務諸表上の会計処理

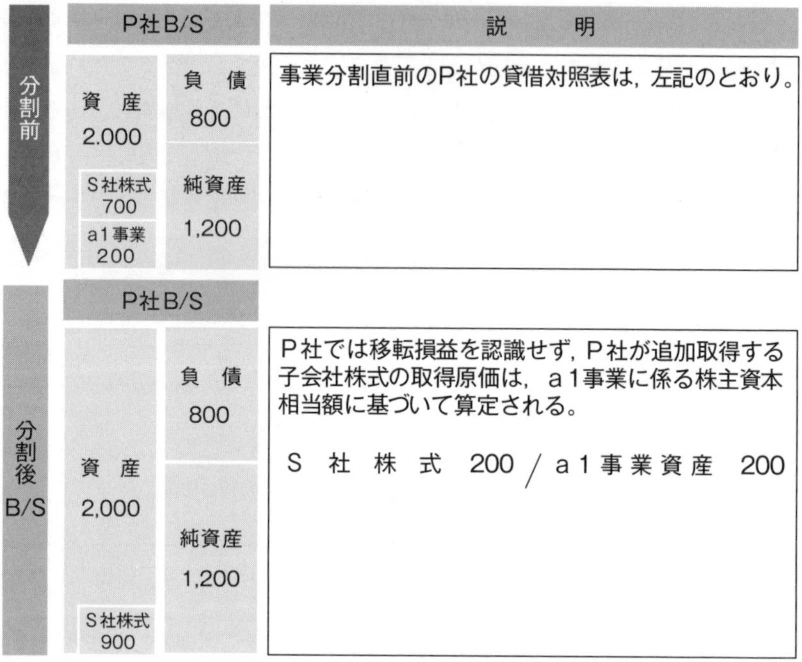

分割前 P社B/S
- 資産 2,000
  - S社株式 700
  - a1事業 200
- 負債 800
- 純資産 1,200

説明：事業分割直前のP社の貸借対照表は，左記のとおり。

分割後B/S P社B/S
- 資産 2,000
  - S社株式 900
- 負債 800
- 純資産 1,200

P社では移転損益を認識せず，P社が追加取得する子会社株式の取得原価は，a1事業に係る株主資本相当額に基づいて算定される。

　S　社　株　式　200 ／ a1事業資産　200

連結財務諸表

　移転前のa1事業はすべて親会社（P社）の持分であるが，子会社（S社）に事業が移転した場合，移転後のa1事業の一部は子会社（S社）の少数株主のものとなり，P社の連結上の持分が減少するため，持分変動損益が発生します。一方で，S社から対価としてS社株式を受け取るため，P社のS社に対する持分は増加（少数株主持分が減少）し，追加取得によるのれんが発生します。

第4章 グループ内組織再編ストラクチャー別会計・税務のポイント

【図表4-37】 分割会社である親会社（P社）の連結財務諸表上の会計処理

単純合算

単純合算B/S：
- 資産 3,600（うちS社株式 900）
- 負債 1,200
- 純資産 2,400

P社とS社の資産，負債，純資産を単純合算する。

資　産：2,000（P社）＋1,600（S社）＝3,600
負　債：800（P社）＋400（S社）＝1,200
純資産：1,200（P社）＋1,200（S社）＝2,400

連結仕訳

投資と資本の相殺消去を行う。また，少数株主との取引として子会社株式の追加取得の処理を行う。

（前期以前取得分）
純　資　産　1,000 ／ S　社　株　式　700
　　　　　　　　　　　少数株主持分　300

（a1事業移転分）
少数株主持分　60※2 ／ S　社　株　式　124※1
の　れ　ん　　64

※1　少数株主からのS社持分の追加取得
　　　S社株式の時価　2,067×6％＝124
※2　S社株式追加取得に伴う持分増加額
　　　分割直前のS社純資産1,000×追加持分6％＝60

「P社の事業が移転したとみなされる額」と「移転した事業に係るP社の持分減少額」との差額が，持分変動損益となる。

純　資　産　200 ／ S　社　株　式　　76※3
　　　　　　　　　　少数株主持分　48※4
　　　　　　　　　　持分変動損益　76※5

※3　差額（S社株式追加取得200－※1）
※4　a1事業株主資本200×少数株主持分割合24％
※5　移転したa1事業の時価517×24％－移転したa1事業の株主資本相当額200×24％

以上より，移転後の貸借対照表は，左記のとおり。

分割後連結B/S

P社連結B/S：
- 資産 2,764
- のれん 64
- 負債 1,200
- 少数株主持分 288
- 純資産 1,276

② 親会社が分社型分割により子会社に事業を移転する場合（子会社に少数株主が存在する場合）の税務処理

親会社が少数株主の存在する子会社に分社型分割により事業を移転する場合の税務処理の概要は，【図表4-38】のとおりです。

ストラクチャー別編

【図表4－38】 親会社が子会社に事業を分割（分社型）する場合の税務処理の概要（少数株主が存在する場合）

当 事 者	適格分割	非適格分割
親会社（分割法人）	帳簿価額で移転 （課税なし）	時価で移転 （譲渡損益課税あり）
子会社（分割承継法人）	帳簿価額で引継ぎ （含み損益の課税繰延べ）	時価で引継ぎ （税務上ののれんの発生）
親会社(分割法人)の株主	課税なし	課税なし

　分社型分割の分割法人である親会社が，分割承継法人である子会社（持分は50％超100％未満）に事業を分割する場合の適格要件は，金銭等の交付がないこと及び支配関係継続要件に加え，主要事業継続性要件，従業員引継要件，及び主要資産・負債引継要件が加わることになります（適格要件の詳細については第2章参照）。

ⅰ) 分割法人である親会社の税務処理

　適格分割の要件を満たす場合は，分割法人に譲渡損益は発生せず，課税関係は発生しません。一方，非適格分割となる場合は，分割法人は移転する資産及び負債を時価で譲渡することになるため，譲渡損益について課税関係が発生します。

ⅱ) 分割承継法人である子会社の税務処理

　適格分割の要件を満たす場合は，分社型吸収分割（親会社が100％子会社に事業を移転する場合）と同様に，移転する資産及び負債を帳簿価額により受け入れることとなります。一方，非適格となる場合は，移転する資産及び負債を時価により受け入れることになります。なお，分社型分割では，適格分割であったとしても，税務上の繰越欠損金を分割承継法人へ引き継ぐことはできません。また，適格吸収分割の場合には，税務上の重要な論点として以下の事項に留意する必要がありますが，詳細は第2章をご参照下さい。

> (ア) 分割承継法人の欠損金の使用制限
> (イ) 特定資産の譲渡損失の損金不算入

iii) 分割法人の株主の税務処理

　分社型分割の場合は，適格か非適格かにかかわらず，分割法人の株主は，取引に直接関連しないため，課税関係は発生しません。

❼ 分割型吸収分割（親会社が子会社に事業を移転する場合）の会計処理・税務処理

① 親会社が子会社に分割型吸収分割により事業を移転する場合の会計処理

　分割型吸収分割の場合，分割会社では分社型吸収分割が行われた上で，分割承継会社の株式を分割会社の株主に配当したものとして会計処理が行われます。

　したがって，親会社（分割会社）においては，共通支配下における分社型吸収分割と同一の会計処理を行った上で，移転事業の対価として受け取った子会社株式を親会社の株主に現物配当したものとして剰余金の取崩処理を行うこととなります。

　また，子会社（分割承継会社）においては，共通支配下における分社型吸収分割と同一の会計処理を行うのみとなります（但し，増加すべき株主資本は払込資本又は親会社で計上されていた株主資本の内訳を適切に配分した額をもって計上することができます）。

　親会社が子会社に事業を分割（分割型）する場合の会計処理の概要は，【図表4－39】のとおりです。

ストラクチャー別編

【図表4－39】 親会社が子会社に事業を分割（分割型）する場合の会計処理の概要

当　事　者	個別財務諸表	連結財務諸表
親会社（分割会社）	共通支配下の会計処理 ・帳簿価額で移転 　（移転損益を認識しない） ・現物配当の会計処理	親会社持分（剰余金）を少数株主持分へ振替え
子会社（分割承継会社）	共通支配下の会計処理 ・帳簿価額で引継ぎ	－
親会社（分割会社）の株主	親会社株式から子会社株式へ振替え	－

【設　例】

- P社はS社設立時よりS社株式を100％保有（帳簿価額100）している。
- 当期末に，P社はａ１事業を分割型吸収分割によりS社に移転し，対価として新たにS社株式50を受け取り，P社の株主AにＡ現物配当している。
- ａ１事業の帳簿価額は50となっている。

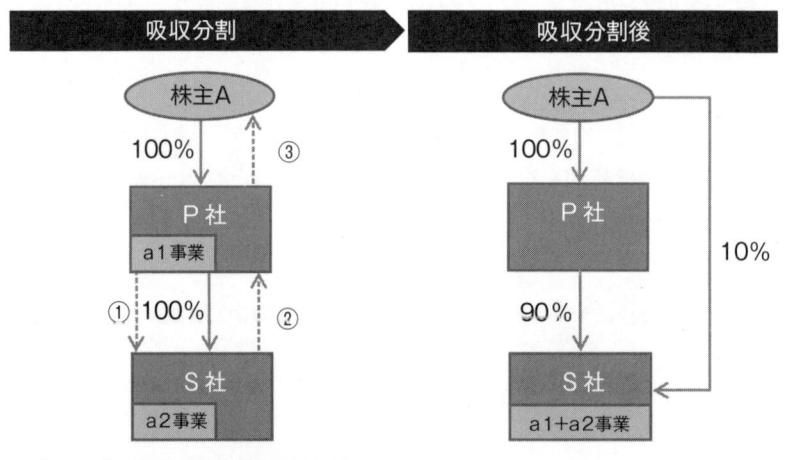

吸収分割

株主A → 100% → P社（a1事業） → ①100% → S社（a2事業）
③（点線） ②（点線）

吸収分割後

株主A → 100% → P社 → 90% → S社（a1+a2事業）
株主A → 10% → S社

① a1事業はS社に吸収される。
② S社はP社へ，a1事業の対価としてS社株式を交付。
③ P社はP社の株主である株主AにS社株式を現物配当する。

- 吸収分割直前の両社の貸借対照表は，以下のとおり。

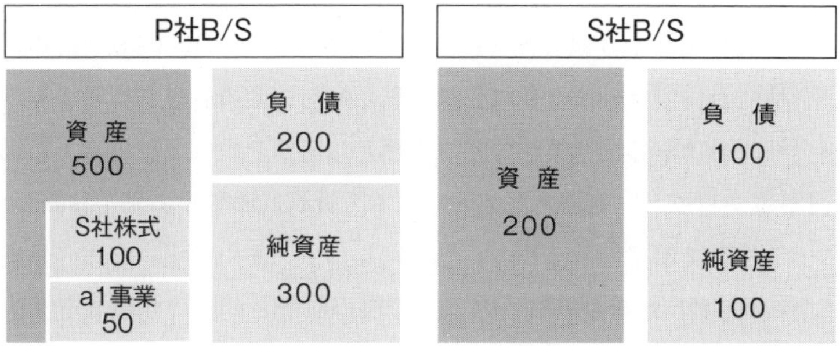

P社B/S
- 資産 500
- S社株式 100
- a1事業 50
- 負債 200
- 純資産 300

S社B/S
- 資産 200
- 負債 100
- 純資産 100

ⅰ) 分割承継会社である子会社（S社）の会計処理

個別財務諸表

分割型吸収分割により親会社（P社）のa1事業を子会社（S社）に移転する場合，S社においては，分社型吸収分割の場合と同様に，親会社から移転した資産及び負債をP社で付されていた適正な帳簿価額で計上します。

【図表4－40】 分割承継会社である子会社（S社）の個別財務諸表上の会計処理

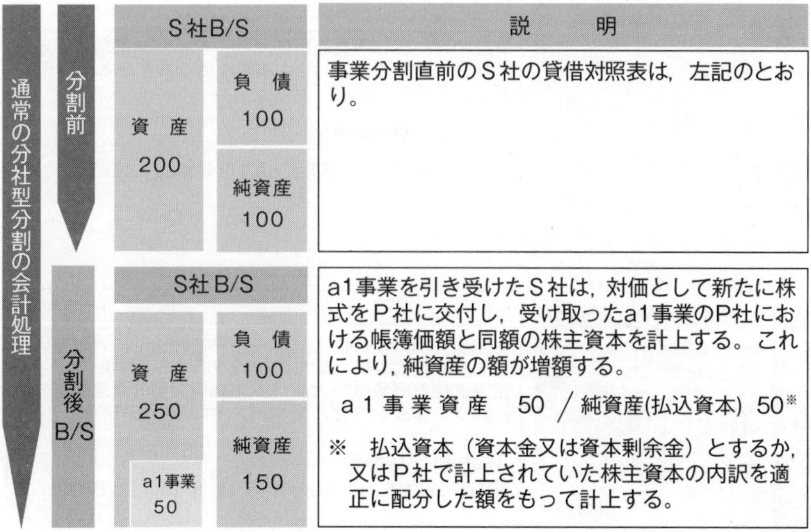

通常の分社型分割の会計処理

分割前 S社B/S
- 資産 200
- 負債 100
- 純資産 100

説明：事業分割直前のS社の貸借対照表は，左記のとおり。

分割後B/S S社B/S
- 資産 250（a1事業 50）
- 負債 100
- 純資産 150

a1事業を引き受けたS社は，対価として新たに株式をP社に交付し，受け取ったa1事業のP社における帳簿価額と同額の株主資本を計上する。これにより，純資産の額が増額する。

　　a1事業資産　50 ／ 純資産(払込資本) 50※

※ 払込資本（資本金又は資本剰余金）とするか，又はP社で計上されていた株主資本の内訳を適正に配分した額をもって計上する。

ii) 分割会社である親会社（P社）の会計処理
個別財務諸表

分割型吸収分割により親会社（P社）のa1事業を子会社（S社）に移転する場合，P社においては分社型吸収分割と現物配当の会計処理を行います。

分割会社における分社型吸収分割の処理として，P社における適正な帳簿価額でa1事業を移転し，対価として受け取るS社株式の取得原価を移転したa1事業に係る株主資本相当額に基づいて算定します。また，現物配当の処理として，子会社（S社）から受け取った株式の取得原価と同額の剰余金を減少させます。

【図表4－41】 分割会社である親会社（P社）の個別財務諸表上の会計処理

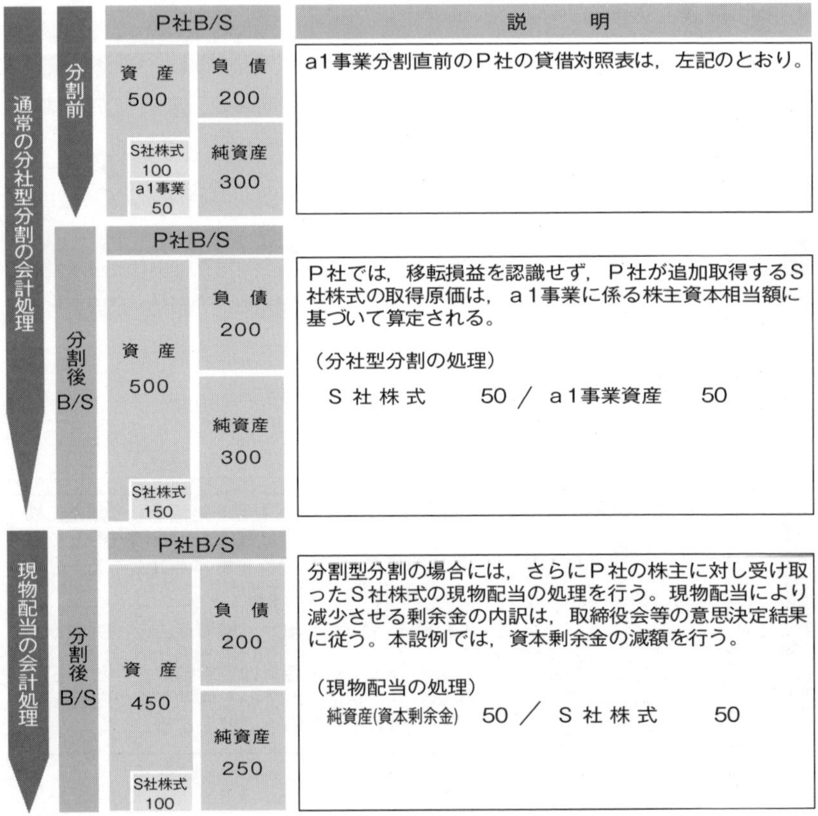

		説　　明
通常の分社型分割の会計処理	分割前 P社B/S 資産 500（S社株式 100／a1事業 50）／負債 200／純資産 300	a1事業分割直前のP社の貸借対照表は，左記のとおり。
	分割後B/S P社B/S 資産 500（S社株式 150）／負債 200／純資産 300	P社では，移転損益を認識せず，P社が追加取得するS社株式の取得原価は，a1事業に係る株主資本相当額に基づいて算定される。 （分社型分割の処理） 　S 社 株 式　　50 ／ a1事業資産　　50
現物配当の会計処理	分割後B/S P社B/S 資産 450（S社株式 100）／負債 200／純資産 250	分割型分割の場合には，さらにP社の株主に対し受け取ったS社株式の現物配当の処理を行う。現物配当により減少させる剰余金の内訳は，取締役会等の意思決定結果に従う。本設例では，資本剰余金の減額を行う。 （現物配当の処理） 　純資産(資本剰余金)　50 ／ S 社 株 式　　50

第4章　グループ内組織再編ストラクチャー別会計・税務のポイント

連結財務諸表

　P社が分割型分割によりS社にa1事業を移転する場合，S社はP社の株主にS社株式を交付することにより，P社持分が減少し，少数株主持分が増加するため，連結財務諸表上の帳簿価額（剰余金）のうち，少数株主に移転した金額を直接少数株主持分に振り替えます。

【図表4-42】　分割会社である親会社（P社）の連結財務諸表上の会計処理

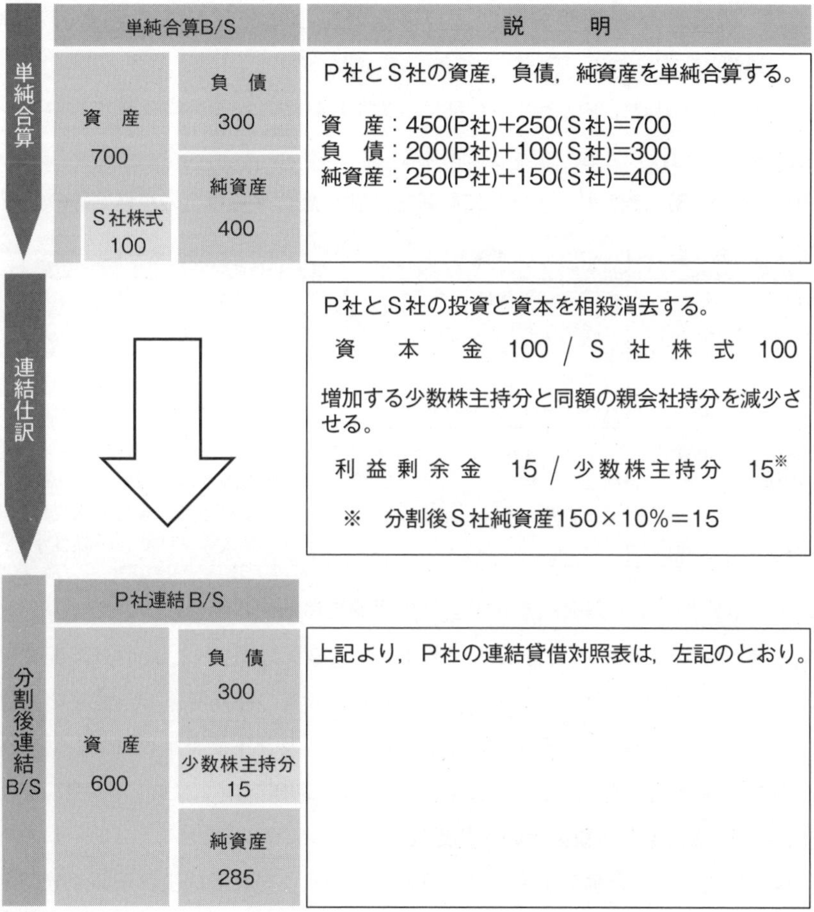

	単純合算B/S		説　　　明
単純合算	資　産 700	負　債 300	P社とS社の資産，負債，純資産を単純合算する。 資　産：450(P社)+250(S社)=700 負　債：200(P社)+100(S社)=300 純資産：250(P社)+150(S社)=400
		純資産 400	
		S社株式 100	

連結仕訳		P社とS社の投資と資本を相殺消去する。 　資　本　金　100　/　S　社　株　式　100 増加する少数株主持分と同額の親会社持分を減少させる。 　利　益　剰　余　金　15　/　少数株主持分　15※ 　※　分割後S社純資産150×10％=15

	P社連結B/S		
分割後連結B/S	資　産 600	負　債 300	上記より，P社の連結貸借対照表は，左記のとおり。
		少数株主持分 15	
		純資産 285	

iii) P社株主の会計処理

P社の株主は，受け取ったS社株式相当分について，従来保有していたP社株式と振替えを行います。

（借）S 社 株 式	50	（貸）P 社 株 式　　50

② 親会社が分割型分割により子会社に事業を移転する場合の税務処理

親会社が分割型分割により子会社に事業を移転する場合の税務処理の概要は，【図表4－43】のとおりです。

【図表4－43】 親会社が子会社に事業を分割（分割型）する場合の税務処理の概要

当 事 者	適格分割	非適格分割
親 会 社 （分割法人）	帳簿価額で移転 （課税なし）	時価で移転 （譲渡損益課税あり）
子 会 社 （分割承継法人）	帳簿価額で引継ぎ （含み損益の課税繰延べ）	時価で引継ぎ （税務上ののれんの発生）
親会社（分割法人）の株主	課税なし	・みなし配当課税あり ・株式譲渡損益課税 　－金銭等交付あり…課税あり 　－金銭等交付なし…課税なし

分割型分割により親会社から子会社に事業を移転する場合については，分社型分割と同様に100％の持分関係があり，金銭の交付がなく，かつ，支配関係継続要件を満たす場合，もしくは50％超100％未満の持分関係で，前述の要件に加え，主要事業継続性要件，従業員引継要件，及び主要資産・負債引継要件を満たす場合に適格分割となります（適格要件の詳細については第2章参照）。

i) 分割法人である親会社の税務処理

適格分割の要件を満たす場合は，移転する資産及び負債は帳簿価額で分割承継法人に引き継がれ，分割法人に譲渡損益は発生せず，課税関係は発生しません。

非適格分割型分割の場合は，分割法人は分割する資産及び負債を時価で譲渡することになるため，譲渡損益について課税関係が発生します。

ii） 分割承継法人である子会社の税務処理

適格分割の要件を満たす場合は，移転する資産及び負債を帳簿価額により受け入れることになります。

一方，非適格となる場合は，移転する資産及び負債を時価で受け入れ，その時価と対価の差額として資産調整勘定又は差額負債調整勘定（税務上ののれん）が発生します。

なお，分割型分割では，適格分割であったとしても，税務上の繰越欠損金を分割承継法人へ引き継ぐことはできません。また，適格分割の場合には，税務上の重要な論点として以下の事項に留意する必要がありますが，詳細は第2章をご参照下さい。

> (ア) 分割承継法人の欠損金の使用制限
> (イ) 特定資産の譲渡損失の損金不算入

iii） 分割法人である親会社の株主の処理

分割法人である親会社の株主は，適格分割の場合は，みなし配当課税は発生せず，分割法人の株式の帳簿価額を分割承継法人の株式に振り替える処理を行います。

一方，非適格分割である場合は，みなし配当課税が発生します。また，金銭の交付がある場合，譲渡損益課税が発生します。

❽ 分割型吸収分割（子会社が親会社に事業を移転する場合）の会計処理・税務処理

① 分割型吸収分割（子会社が親会社に事業を移転する場合）の会計処理

分割型吸収分割の場合，分割会社では分社型吸収分割が行われた上で，分割承継会社の株式を分割会社の株主に配当したものとして会計処理が行われます。

したがって，子会社（分割会社）においては，共通支配下における分社型吸収分割と同一の会計処理を行った上で，移転事業の対価として受け取った親会社株式を子会社の株主（すなわち，親会社及び子会社の少数株主）に現物配当したものとして剰余金の取崩処理を行うことになります。

また，親会社（分割承継会社）においては，移転事業に係る資産を帳簿価額で引き継いだ上で，移転事業の対価として子会社に発行した株式が現物配当を通じて親会社（自己株式取得）及び子会社の少数株主に交付されることとなりますので，経済的実態は親会社が子会社を吸収合併する場合とほぼ同様（吸収する対象が事業なのか会社なのかの違いだけ）であるとして，親会社が子会社を吸収合併する場合の会計処理に準じて処理することになります。

子会社が親会社に事業を移転する場合で，分割型分割による場合の会計処理の概要は，【図表4-44】のとおりです。

【図表4-44】 子会社が親会社に事業を分割(分割型)する場合の会計処理の概要

当　事　者	個別財務諸表	連結財務諸表
子　会　社 （分割会社）	共通支配下の会計処理 ・帳簿価額で移転（移転損益を認識しない） ・現物配当の会計処理	－
親　会　社 （分割承継会社）	共通支配下の会計処理 ・帳簿価額で引継ぎ ・抱合せ株式消滅差損益の認識 （親会社が子会社を吸収合併する場合に準ずる）	・個別上の分割仕訳を内部取引として相殺消去 ・のれんの認識（少数株主との取引）

第4章　グループ内組織再編ストラクチャー別会計・税務のポイント

【設　例】

- P社はS社設立時よりS社（資本金1,000）の株式を800株（持分割合80％，帳簿価額800）保有している。
- P社はS社のa1事業（帳簿価額1,000，資産時価1,200，a1事業時価1,250）を分割型吸収分割により取得し，対価としてS社にP社株式100株を発行（時価：＠12.5×100株＝1,250）し，S社は受け取ったP社株式を取得と同時に現物配当した（P社：80株，S社少数株主20株）。
- S社の分割前の発行済株式数は480株であった。

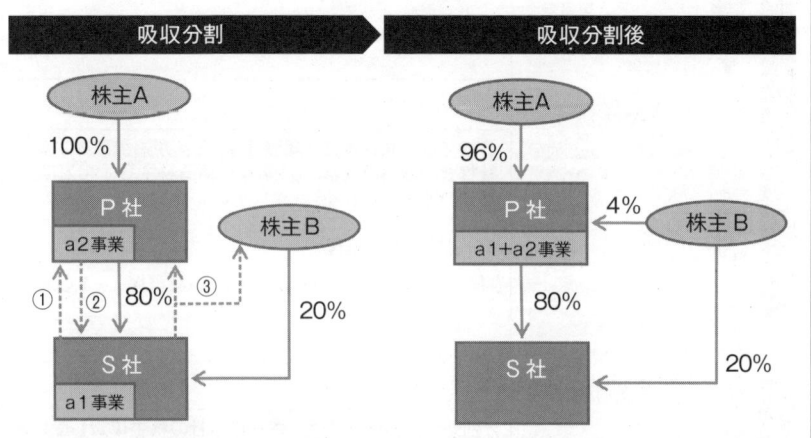

吸収分割 ▶ 吸収分割後

株主A → 100% → P社（a2事業）
株主B → 20% → S社
P社 → 80% → S社（a1事業）
① S社はa1事業をP社に移転する。
② P社はa1事業の対価としてP社株式をS社に交付
③ S社は受け取ったP社株式をS社の株主であるP社及び株主Bに現物配当する。

吸収分割後：
株主A → 96% → P社（a1+a2事業）
株主B → 4% → P社
P社 → 80% → S社
株主B → 20% → S社

① S社はa1事業をP社に移転する。
② P社はa1事業の対価としてP社株式をS社に交付
③ S社は受け取ったP社株式をS社の株主であるP社及び株主Bに現物配当する。

- 分割直前のP社及びS社の貸借対照表は，以下のとおり。

P社B/S
資　産 2,800／負　債 800
S社株式 800／純資産 2,000

S社B/S
資　産 2,200／負　債 200
a1事業 1,000／純資産 2,000

207

ⅰ) 分割会社である子会社（S社）の会計処理

個別財務諸表

分割型吸収分割により子会社（S社）のa1事業を親会社（P社）に移転する場合、S社においては、分社型吸収分割と現物配当の会計処理を行います。

【図表4－45】 分割会社である子会社（S社）の個別財務諸表上の会計処理

		S社B/S		説　明
分社型分割の会計処理	分割前	資　産 2,200（a1事業 1,000）	負　債 200／純資産 2,000	a1事業分割直前のS社の貸借対照表は、左記のとおり。
	分割後B/S	資　産 2,200（P社株式 1,000）	負　債 200／純資産 2,000	S社では、移転損益を認識せず、S社が追加取得するP社株式の取得原価は、a1事業に係る株主資本相当額に基づいて算定される。 （分社型分割の処理） 　P社株式　1,000／a1事業資産　1,000
現物配当の会計処理	分割後B/S	資　産 1,200	負　債 200／純資産 1,000	分割型分割の場合には、さらにS社の株主に対し受け取ったP社株式の現物配当の処理を行う。現物配当により減少させる剰余金の内訳は、取締役会等の意思決定結果に従う。本設例では資本剰余金の減額を行う。 （現物配当の処理） 　純資産（資本剰余金）　1,000／P社株式　1,000

ⅱ) 分割承継会社である親会社（P社）の会計処理

個別財務諸表

分割型分割により、子会社（S社）のa1事業を親会社（P社）に移転する

第4章 グループ内組織再編ストラクチャー別会計・税務のポイント

場合は，P社がS社を吸収合併する場合の会計処理に準じた処理を行うとされています。

したがって，S社から受け入れる資産及び負債は連結上の帳簿価額で計上することになり，そのうちP社持分相当額については，S社株式との引換えが行われたものとして相応のS社株式を減額し，その差額を抱合せ株式消滅差損益として計上します。また，少数株主持分相当額については，P社が少数株主に対して発行するP社株式の時価を基礎として算定した額を払込資本の増加として認識し，その差額をのれんとして計上します。

【図表4-46】 分割承継会社である親会社（P社）の個別財務諸表上の会計処理

	P社B/S		説　　明
分割前	資　産 2,800	負　債 800	事業分割前のP社の貸借対照表は，左記のとおり。
		純資産 2,000	
	S社株式 800		

	P社B/S		説　　明
分割後B/S	資　産 3,450	負　債 800	a1事業のP社持分相当分の受入れについては，S社株式との引換えが行われたと考え，S社株式の帳簿価額を減額し，a1事業の帳簿価額のP社持分相当額との差額を抱合せ株式消滅差益として認識する。 a1事業資産　800※1 ／ S　社　株　式　400※2 　　　　　　　　　　　抱合せ株式消滅差益　400 ※1　a1事業資産の帳簿価額1,000×80％＝800 ※2　ここでは，関連する帳簿価額の比率で算出している。 　　S社株式800×50％(a1事業に係る株主資本相当額の適正な帳簿価額1,000÷S社分割前の純資産の適正な帳簿価額2,000)＝400 この他に，関連する時価の比率や分割前後の時価総額の比率により算出する方法がある。 また，a1事業少数株主持分相当額の受入れ及びP社が少数株主に株式を交付する取引は「少数株主との取引」として時価で測定し，差額はのれんとして処理することとなる。 a1事業資産　　200 ／ 純資産(資本剰余金)　250※3 の　れ　ん　　 50 ／ ※3　発行したP社株式の時価1,250×20％＝250
		純資産 2,650	
	S社株式 400		
	a1事業 1,000		
	のれん 50		

ストラクチャー別編

連結財務諸表

連結上の会計処理は，P社が個別財務諸表で減少させたS社株式（抱合せ株式）の適正な帳簿価額及び抱合せ株式消滅差損益を連結内部の取引として消去します。また，子会社（S社）のa1事業を親会社に移転したことにより，移転したa1事業のP社持分が増加していることから，少数株主からの追加取得が行われたとして処理します。

【図表4-47】 分割承継会社である親会社（P社）の連結財務諸表上の会計処理

	単純合算B/S		説　明
単純合算	資　産 4,650 S社株式 400 のれん 50	負　債 1,000 純資産 3,650	P社とS社の資産，負債，純資産を単純合算する。 資　産：3,450(P社)+1,200(S社)=4,650 負　債：800(P社)+200(S社)=1,000 純資産：2,650(P社)+1,000(S社)=3,650
連結仕訳	⬇		P社とS社の投資と資本を相殺消去し，取得後剰余金を振り替える。 　純　資　産　1,200 ／ 少数株主持分　400 　　　　　　　　　　　　　S　社　株　式　800 次に，個別上のグループ間取引を消去する。また，追加取得に伴う少数株主持分の減少分を認識する。 　S　社　株　式　400 ／ 純資産(資本剰余金)　800 　抱合せ株式消滅差損益　400 ／ 　（利益剰余金） 　少　数　株　主　持　分　200 ／ 純資産(資本剰余金)　200
分割後連結B/S	P社連結B/S 資　産 4,250 のれん 50	負　債 1,000 少数株主持分 200 純資産 3,050	上記より，P社の連結貸借対照表は，左記のとおり。

② 子会社が分割型分割により親会社に事業を移転する場合の税務処理

少数株主が存在する子会社が分割型分割により親会社に事業を移転する場合の課税関係は、前述の分割型吸収分割（親会社が子会社に事業を移転する場合）と同一です。

【図表4-48】 子会社が親会社に事業を分割(分割型)する場合の税務処理の概要

当事者	適格分割	非適格分割
子会社（分割法人）	帳簿価額で移転 （課税なし）	時価で移転 （譲渡損益課税あり）
親会社(分割承継法人)	帳簿価額で引継ぎ （含み損益の課税繰延べ）	時価で引継ぎ （税務上ののれんの発生）
子会社（分割法人）の株主	課税なし	・みなし配当課税あり ・株式譲渡損益課税 　－金銭交付あり…課税あり 　－金銭交付なし…課税なし

❾ 分社型吸収分割（子会社が他の子会社に事業を移転する場合）の会計処理・税務処理

① 分社型吸収分割（子会社が他の子会社に事業を移転する場合）の会計処理

子会社が他の子会社に分社型吸収分割により事業を移転する場合、分社型吸収分割（親会社が100％子会社に事業を移転する場合）と同様に、共通支配下の取引となるため、移転する資産及び負債は分割直前に分割会社である子会社で付されていた適正な帳簿価額によることになります。したがって、分割会社である子会社の個別財務諸表上、分割会社である子会社が取得する他の子会社（分割承継会社）株式の取得原価は、移転事業に係る株主資本相当額に基づいて算定され、移転損益は認識しないことになります。

なお、移転する事業に係る繰延税金資産及び繰延税金負債がある場合は、これを控除して株式の取得原価を算定することになります。

ストラクチャー別編

　また，分割承継会社である他の子会社は，移転された資産及び負債を分割の効力発生日の前日に分割会社である子会社で付された適正な帳簿価額により計上し，対価として交付することにより増加した株主資本については，払込資本として計上します。

　親会社の連結上は，子会社が他の子会社に事業を移転することにより，移転した事業と他の子会社に対する持分が変動するため，少数株主との取引に準じて，のれんと持分変動損益が認識されることになります。

　子会社が他の子会社に事業を移転（分社型）する場合で，対価が子会社株式のみである場合の会計処理の概要は，【図表4－49】のとおりです。

【図表4－49】　子会社が他の子会社に事業を分割（分社型）する場合の会計処理の概要

当　事　者	個別財務諸表	連結財務諸表
親　会　社	－	のれん又は持分変動損益の認識 （少数株主との取引）
子　会　社 （分割会社）	共通支配下の取引 ・帳簿価額で移転 （移転損益を認識しない）	－
他の子会社 （分割承継会社）	共通支配下の取引 ・帳簿価額で引継ぎ	－

【設　例】

- S1社はP社の100％子会社，S2社はP社の80％子会社である。
- S1株式の発行済株式数は1,000株，S2株式の発行済株式数は1,000株（P社保有は800株）である。
- P社のS1社株式帳簿価額は600，S2社株式帳簿価額は960である。
- S1社はS2社にa1事業を分社型吸収分割により移転した。
  a1事業の適正な帳簿価額は400（時価500）である。
- 分割に際し，S2社はS1社に対して，分割の対価としてS2社株式250株を発行した。S2社株式の時価は@2である。

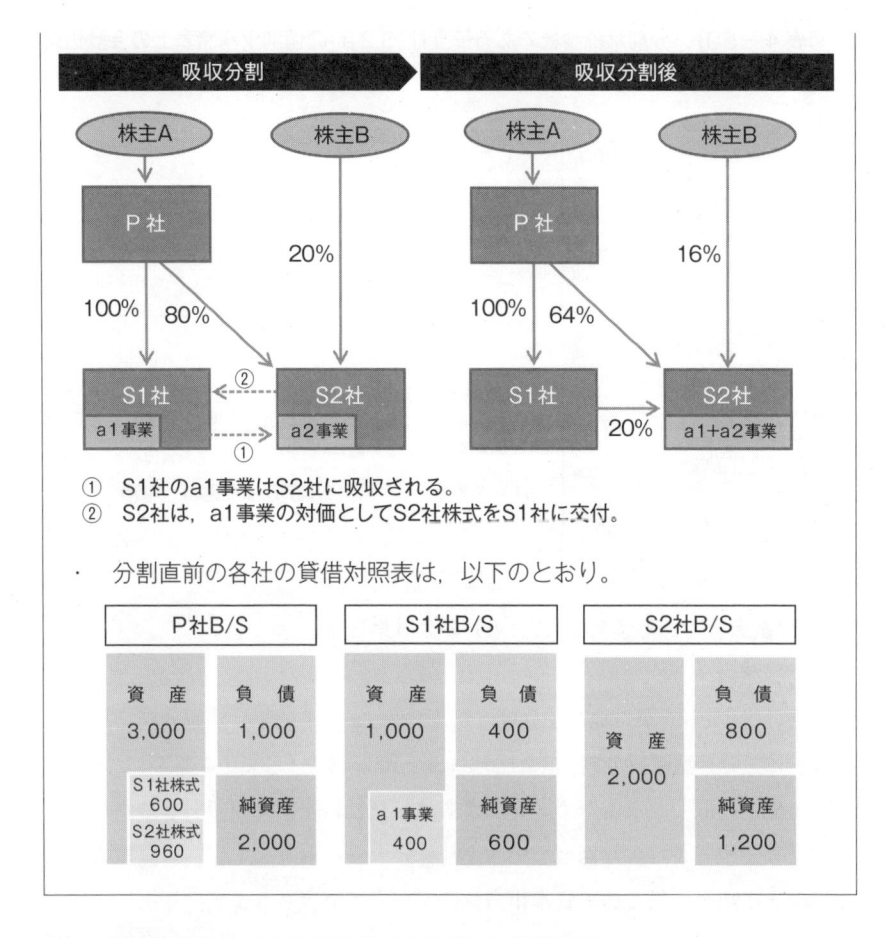

第4章　グループ内組織再編ストラクチャー別会計・税務のポイント

```
【吸収分割】                          【吸収分割後】

    株主A        株主B              株主A         株主B
     │           │                  │            │
     │100%       │20%               │100%        │16%
     ▼           │                  ▼            │
    P社          │                 P社           │
   │  │          │                │  │           │
100%│ │80%       │             100%│ │64%        │
   │  │←---②----│                │  │           │
   ▼  ▼         ▼                 ▼  ▼           ▼
  S1社───────→S2社               S1社───20%───→S2社
  a1事業  ←①   a2事業                          a1+a2事業
```

①　S1社のa1事業はS2社に吸収される。
②　S2社は，a1事業の対価としてS2社株式をS1社に交付。

・　分割直前の各社の貸借対照表は，以下のとおり。

P社B/S		S1社B/S		S2社B/S	
資　産 3,000	負　債 1,000	資　産 1,000	負　債 400	資　産 2,000	負　債 800
S1社株式 600	純資産 2,000	a1事業 400	純資産 600		純資産 1,200
S2社株式 960					

ｉ）　分割承継会社である子会社（S2社）の会計処理

個別財務諸表

　子会社（S1社）から他の子会社（S2社）へa1事業を移転する取引は，分社型吸収分割（親会社が100％子会社に事業を移転する場合）と同様に，共通支配下の取引となるため，S2社がa1事業を帳簿価額で引き継ぐことになります。また，対価としてS2社株式をS1社に交付することにより増加した株主資本については，払込資本として計上します。

213

【図表4-50】 分割承継会社である子会社(S2社)の個別財務諸表上の会計処理

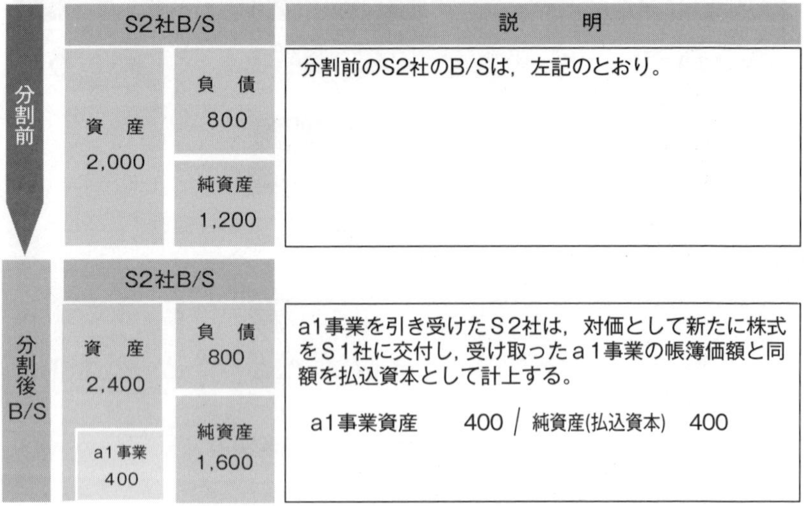

	S2社B/S		説　明
分割前	資産 2,000	負債 800	分割前のS2社のB/Sは、左記のとおり。
		純資産 1,200	
分割後B/S	資産 2,400 / a1事業 400	負債 800	a1事業を引き受けたS2社は、対価として新たに株式をS1社に交付し、受け取ったa1事業の帳簿価額と同額を払込資本として計上する。
		純資産 1,600	a1事業資産　　400 ／ 純資産(払込資本)　400

ii）分割会社である子会社（S1社）の会計処理

個別財務諸表

　子会社（S1社）から他の子会社（S2社）へa1事業を分社型分割で移転する取引は、分社型吸収分割（親会社が100％子会社に事業を移転する場合）と同様に、共通支配下の取引となるため、a1事業はS2社に帳簿価額で引き継がれることになります。また、対価としてS2社株式を受け取りますが、当該株式の価額は、a1事業に係る株主資本相当額に基づいて算定されます。

第4章　グループ内組織再編ストラクチャー別会計・税務のポイント

【図表4－51】　分割会社である子会社（S1社）の個別財務諸表上の会計処理

	S1社B/S		説　　　明
分割前	資　産 1,000 / a1事業 400	負　債 400 / 純資産 600	事業分割前のS1社のB/Sは，左記のとおり。
分割後 B/S	S1社B/S　資　産 1,000 / S2社株式 400	負　債 400 / 純資産 600	S1社では移転損益を認識せず，S1社が追加取得するS2社株式の取得原価は，a1事業に係る株主資本相当額に基づいて算定される。 S2社株式　　　400　／　a1事業資産　　　400

ⅲ）　分割会社及び分割承継会社の親会社（P社）の会計処理

個別財務諸表

　子会社間の会社分割取引により，親会社の分割承継会社に対する持分が変動しますが，会計処理は必要ありません。

連結財務諸表

　移転前のa1事業は，すべてP社の100％子会社であるS1社の持分ですが，他の子会社（S2社）に事業が移転した場合，移転後のa1事業の一部は少数株主のものとなり，P社の連結上の持分が減少することになるため，持分変動損益が発生します。

　また，S1社はS2社より対価としてS2社株式を受け取ることによりP社のS2社に対する持分が増加（少数株主持分が減少）し，のれんが発生します。

ストラクチャー別編

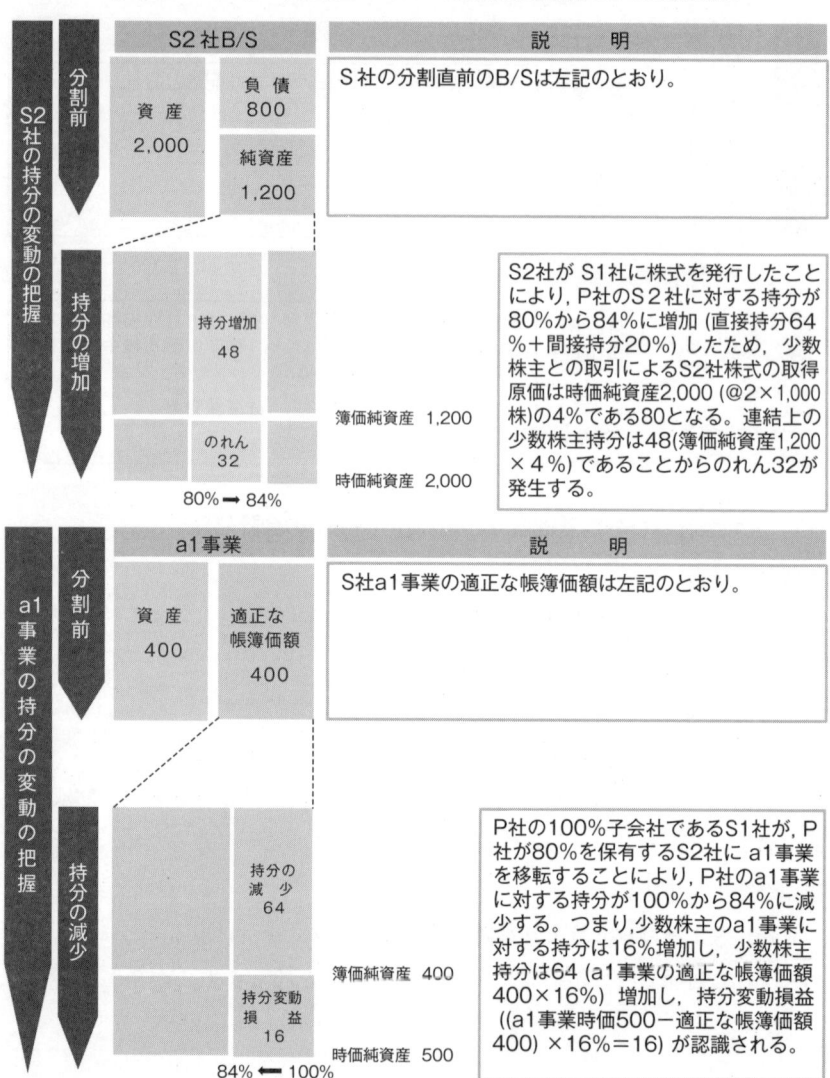

【図表4−52】 親会社（P社）の連結財務諸表上の会計処理

S2社の持分の変動の把握

分割前

S2社B/S
- 資産 2,000
- 負債 800
- 純資産 1,200

持分の増加

- 持分増加 48
- のれん 32
- 簿価純資産 1,200
- 時価純資産 2,000

80% → 84%

説明

S社の分割直前のB/Sは左記のとおり。

S2社がS1社に株式を発行したことにより、P社のS2社に対する持分が80%から84%に増加（直接持分64%＋間接持分20%）したため、少数株主との取引によるS2社株式の取得原価は時価純資産2,000（@2×1,000株）の4%である80となる。連結上の少数株主持分は48（簿価純資産1,200×4%）であることからのれん32が発生する。

a1事業の持分の変動の把握

分割前

a1事業
- 資産 400
- 適正な帳簿価額 400

持分の減少

- 持分の減少 64
- 持分変動損益 16
- 簿価純資産 400
- 時価純資産 500

84% ← 100%

説明

S社a1事業の適正な帳簿価額は左記のとおり。

P社の100%子会社であるS1社が、P社が80%を保有するS2社にa1事業を移転することにより、P社のa1事業に対する持分が100%から84%に減少する。つまり、少数株主のa1事業に対する持分は16%増加し、少数株主持分は64（a1事業の適正な帳簿価額400×16%）増加し、持分変動損益（（a1事業時価500−適正な帳簿価額400）×16%＝16）が認識される。

第4章 グループ内組織再編ストラクチャー別会計・税務のポイント

連結処理

単純合算

単純合算B/S

資産 6,400	負債 2,200
	純資産 4,200

説明

P社, S1社及びS2社の資産, 負債及び純資産を単純合算する。
- 資 産：3,000(P社)＋1,000(S1社)＋2,400(S2社)
  ＝6,400
- 負 債：1,000(P社)＋400(S1社)＋800(S2社)
  ＝2,200
- 純資産：2,000(P社)＋600(S1社)＋1,600(S2社)
  ＝4,200

連結仕訳

説明

S1社とS2社の投資と資本の相殺消去を行う。
(S1社分)
| 純 資 産 | 600 | / | S1社株式 | 600 |

(S2社分)
| 純 資 産 | 1,200 | / | S2社株式 | 960 |
| | | | 少数株主持分 | 240 |

S2社及びa1事業の持分変動の処理を行う。
(S2社持分変動分)
| 少数株主持分 | 48※2 | / | S2社株式 | 80※1 |
| の れ ん | 32※3 | | | |

分割の対価が株式であるため, S2社(a2事業)に対する持分が, 80%(＝800株÷1,000株)から84%(＝(800株＋250株)÷1,250株)に増加した。

- ※1 @2(S2社株式の時価)×1,000株×4%＝80
- ※2 1,200×4%＝48
- ※3 貸借差額

(a1事業持分変動)
株 主 資 本	400※4	/	S2社株式	320※5
			少数株主持分	64※6
			持分変動損益	16※7

- ※4 増資の取消し
- ※5 a2事業追加取得に要した株式を除いたS2株式
  (400−80＝320)
- ※6 a1事業にかかる少数株主持分増加額
  64(＝400×16%)
- ※7 貸借差額

分割後連結B/S

P社B/S

資産 4,472	負債 2,200
のれん 32	少数株主持分 256
	純資産 2,016

説明

以上より, 連結財務諸表は左記のとおり。

② 子会社が分社型分割により他の子会社に事業を移転する場合の税務処理

子会社が分社型分割により他の子会社事業を移転する場合の税務処理は，分社型吸収分割（親会社が子会社に事業を移転する場合）の税務処理と同一です。

【図表4－53】 子会社が他の子会社に事業を分割(分社型)する場合の税務処理の概要

当　事　者	適格分割	非適格分割
子　会　社 （分割法人）	帳簿価額で移転 （課税なし）	時価で移転 （譲渡損益課税あり）
他の子会社 （分割承継法人）	帳簿価額で引継ぎ （含み損益の課税繰延べ）	時価で引継ぎ （税務上ののれんの発生）
子会社（分割法人） の株主	課税なし	課税なし

❿ 分割型吸収分割（子会社が他の子会社に事業を移転する場合）の会計処理・税務処理

① 分割型吸収分割（子会社が他の子会社に事業を移転する場合）の会計処理の概要

分割型吸収分割の場合，分割会社では分社型吸収分割が行われた上で，分割承継会社の株式を分割会社の株主に配当したものとして会計処理が行われます。

したがって，子会社（分割会社）においては，共通支配下における分社型吸収分割と同一の会計処理を行った上で，移転事業の対価として受け取った他の子会社（分割承継会社）の株式を子会社の株主に現物配当したものとして剰余金の取崩処理を行うこととなります。

また，他の子会社（分割承継会社）においては，共通支配下における分社型吸収分割と同一の会計処理を行うのみとなります（但し，増加すべき株主資本は払込資本又は親会社で計上されていた株主資本の内訳を適切に配分した額をもって計上することができます）。

なお，親会社においては，他の子会社（分割承継会社）の株式を受け取るこ

第4章 グループ内組織再編ストラクチャー別会計・税務のポイント

ととなりますが，これまで保有していた子会社（分割会社）の株式と実質的に引き換えられたものとみなし，移転した事業に対応する子会社（分割会社）の株式を他の子会社（分割承継会社）の株式に振り替える処理を行います（交換損益は認識しません）。

親会社の連結上は，子会社が他の子会社に事業を移転することにより，移転した事業と他の子会社への持分が変動するため，少数株主との取引に準じてのれんと持分変動損益が認識されることになります。

子会社が他の子会社に分割型分割により事業を移転する場合の会計処理の概要は，【図表4－54】のとおりです。

【図表4－54】 子会社が他の子会社に事業を分割(分割型)する場合の会計処理の概要

当事者	個別財務諸表	連結財務諸表
子会社 （分割会社）	共通支配下の会計処理 ・帳簿価額で移転 　（移転損益を認識しない） ・現物配当の会計処理	－
他の子会社 （分割承継会社）	共通支配下の会計処理 ・帳簿価額で引継ぎ	－
親会社	分割会社の株式の帳簿価額を分割承継会社の帳簿価額に振替え	のれん又は持分変動損益の認識 （少数株主との取引の処理）

【設 例】

- S1社はP社の100％子会社，S2社はP社の80％子会社である。
- S1の発行済株式数は1,000株，S2株式の発行済株式数は1,000株（P社保有は800株）である。
- P社のS1社株式帳簿価額は600，S2社株式帳簿価額は960である。
- S1社はS2社にa1事業を分割型吸収分割により移転した。a1事業の適正な帳簿価額は400（時価500）である。
- 分割に際し，S2社はS1社に対して分割の対価としてS2社株式

250株を発行し、S1社は受け取ったS2社株式を取得と同時にP社に現物配当した。
・ S2社株式の時価は@2である。

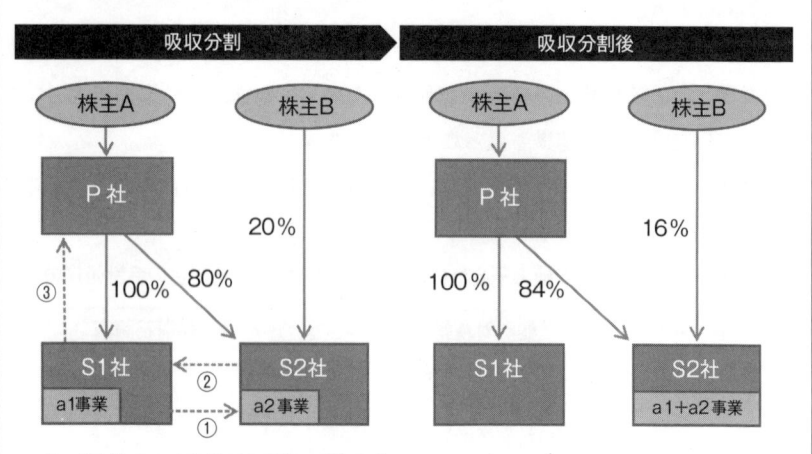

吸収分割	吸収分割後

```
株主A          株主B           株主A          株主B
  ↓              ↓               ↓              ↓
 P社  ──20%──→                  P社           
  │100%     80%                  │100%  84%     16%
  ↓    ↘                         ↓     ↘        ↓
 S1社 ←②── S2社                 S1社           S2社
 a1事業 ──①→ a2事業                             a1+a2事業
  ↑③
```

① S1社のa1事業はS2社に吸収される。
② S2社はS1社へ、a1事業の対価としてS2社株式を交付する。
③ S1社は受け取ったS2社株式をP社へ現物分配する。

・ 分割直前の各社の貸借対照表は、以下のとおり。

P社B/S

資　産 3,000	負　債 1,000
S1社株式 600 S2社株式 960	純資産 2,000

S1社B/S

資　産 1,000	負　債 400
a1事業 400	純資産 600

S2社B/S

資　産 2,000	負　債 800
	純資産 1,200

第4章 グループ内組織再編ストラクチャー別会計・税務のポイント

ⅰ) 分割会社である子会社（S1社）の会計処理

個別財務諸表

　分割型吸収分割により，子会社（S1社）のa1事業を他の子会社（S2社）に移転する場合，S1社（分割会社）においては，分社型吸収分割と現物配当の会計処理を行います。

　まず，分社型吸収分割の処理として，a1事業をS2社にS1社における適正な帳簿価額で移転し，対価として受け取るS2社株式の取得原価は，a1事業に係る株主資本相当額に基づいて算定します。

　次に，現物配当の処理として，S2社（分割承継会社）から受け取ったS2社株式の取得原価と剰余金を減少させます。

【図表4-55】　分割会社である子会社（S1社）の個別財務諸表上の会計処理

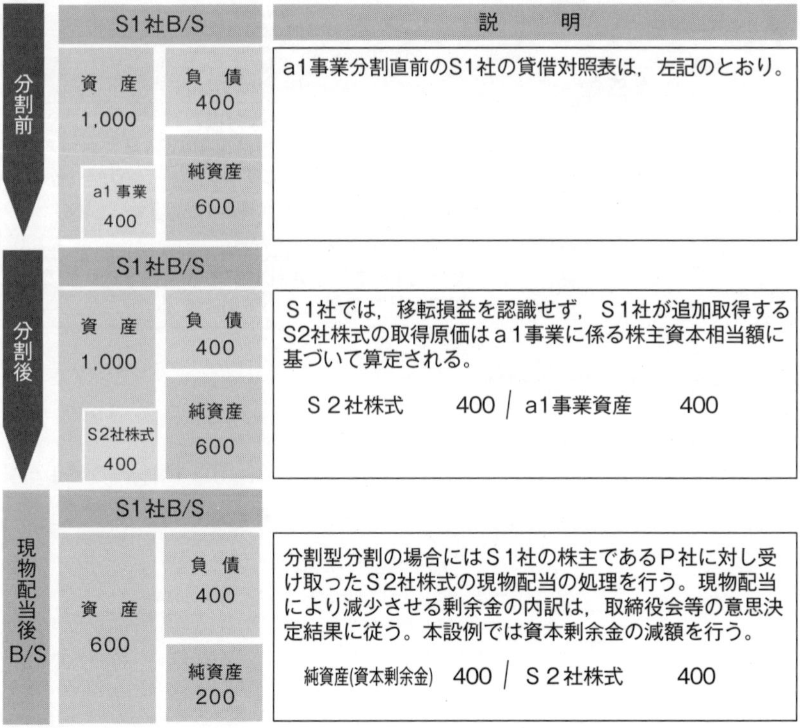

	S1社B/S		説　明
分割前	資　産 1,000	負　債 400	a1事業分割直前のS1社の貸借対照表は，左記のとおり。
	a1事業 400	純資産 600	
分割後	資　産 1,000	負　債 400	S1社では，移転損益を認識せず，S1社が追加取得するS2社株式の取得原価はa1事業に係る株主資本相当額に基づいて算定される。 　S2社株式　　400　／　a1事業資産　　400
	S2社株式 400	純資産 600	
現物配当後B/S	資　産 600	負　債 400	分割型分割の場合にはS1社の株主であるP社に対し受け取ったS2社株式の現物配当の処理を行う。現物配当により減少させる剰余金の内訳は，取締役会等の意思決定結果に従う。本設例では資本剰余金の減額を行う。 　純資産(資本剰余金)　400　／　S2社株式　　400
		純資産 200	

ⅱ） 分割承継会社である子会社（S2社）の会計処理

個別財務諸表

　分割型吸収分割により，子会社（S1社）のa1事業を他の子会社（S2社）に移転する場合，分社型吸収分割の場合と同様に，S2社は，S1社から移転した資産及び負債を適正な帳簿価額で計上し，同額の株主資本を増加させます。

【図表4－56】　分割承継会社である子会社（S2社）の個別財務諸表上の会計処理

	S2社B/S		説　　明
分割前	資産 2,000	負債 800	S2社の貸借対照表は，左記のとおり。
		純資産 1,200	
分割後B/S	資産 2,400（うちa1事業 400）	負債 800	a1事業を引き受けたS2社は対価として新たに株式をS1社に交付し，受け取ったa1事業のS1社における帳簿価額と同額を払込資本とする。 　a1事業資産　　400 ／ 純資産(払込資本)　400※ ※　払込資本（資本金又は資本剰余金）とするか，又はS1社で計上されていた株主資本の内訳を適切に配分した額をもって計上する。
		純資産 1,600	

ⅲ） 親会社（P社）の会計処理

個別財務諸表

　親会社（P社）が受け取ったS2社株式については，S1社株式のa1事業相当分と実質的に引き換えられたものとみなし，振替処理を行います。

第4章 グループ内組織再編ストラクチャー別会計・税務のポイント

【図表４－57】 親会社（P社）の個別財務諸表上の会計処理

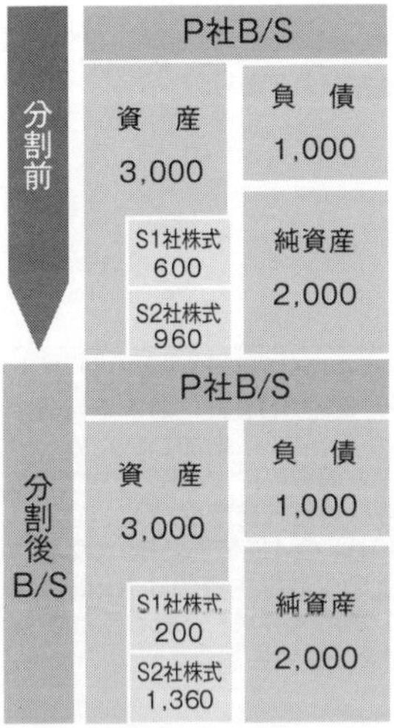

	P社B/S		説　　明
分割前	資　産 3,000	負　債 1,000	分割前のP社のB/Sは、左記のとおり。
	S1社株式 600	純資産 2,000	
	S2社株式 960		

	P社B/S		
分割後 B/S	資　産 3,000	負　債 1,000	P社が受け取ったS2社株式は、S1社株式のa1事業相当分と引き換えられたものとみなして処理する。 S2社株式　　400 ／ S1社株式　　400※ ※　ここでは関連する帳簿価額の比率で算出している。 　　S社株式600×66%(a1事業の帳簿価額400／S1社分割前純資産600)＝400 　　この他に、関連する時価の比率や分割前後の時価の総額の比率により算出する方法がある。
	S1社株式 200	純資産 2,000	
	S2社株式 1,360		

連結財務諸表

　移転前のa1事業は、すべてP社の100％子会社であるS1社の持分ですが、他の子会社（S2社）に事業が移転した場合、移転後のa1事業の一部は少数株主のものとなり、P社のa1事業に対する連結上の持分が減少するため、持分変動損益が発生します。

　また、P社はS2社より対価としてS2社株式を受け取ることによりP社のS2社に対する持分が増加（少数株主持分が減少）し、のれんが発生します。

ストラクチャー別編

【図表4-58】 親会社（P社）の連結財務諸表上の会計処理

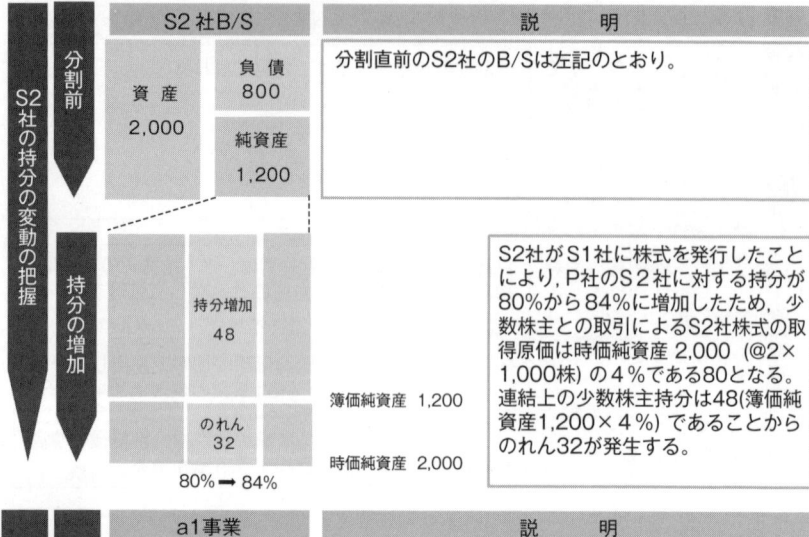

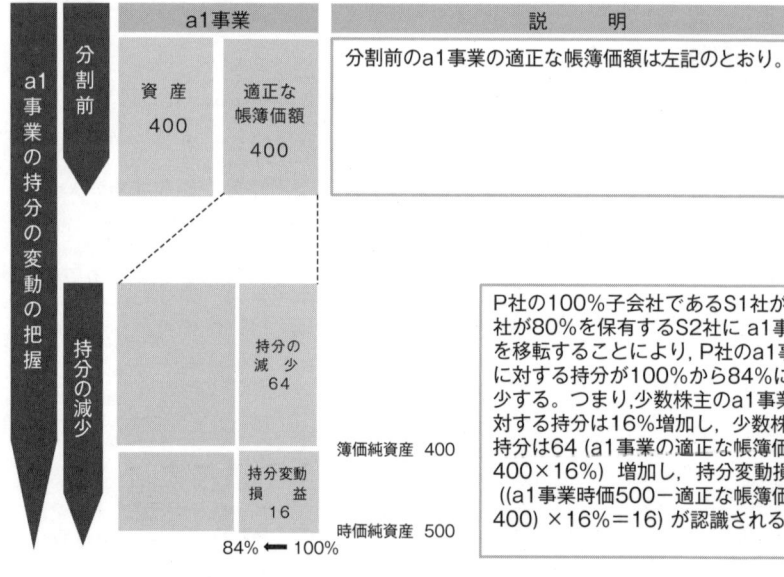

S2社の持分の変動の把握

分割前 S2社B/S
- 資産 2,000
- 負債 800
- 純資産 1,200

持分の増加
- 持分増加 48
- のれん 32
- 簿価純資産 1,200
- 時価純資産 2,000
- 80% → 84%

説明

分割直前のS2社のB/Sは左記のとおり。

S2社がS1社に株式を発行したことにより、P社のS2社に対する持分が80%から84％に増加したため、少数株主との取引によるS2社株式の取得原価は時価純資産2,000（@2×1,000株）の4％である80となる。連結上の少数株主持分は48（簿価純資産1,200×4％）であることからのれん32が発生する。

a1事業の持分の変動の把握

分割前 a1事業
- 資産 400
- 適正な帳簿価額 400

持分の減少
- 持分の減少 64
- 持分変動損益 16
- 簿価純資産 400
- 時価純資産 500
- 84% ← 100%

説明

分割前のa1事業の適正な帳簿価額は左記のとおり。

P社の100％子会社であるS1社が、P社が80％を保有するS2社にa1事業を移転することにより、P社のa1事業に対する持分が100％から84％に減少する。つまり、少数株主のa1事業に対する持分は16％増加し、少数株主持分は64（a1事業の適正な帳簿価額400×16％）増加し、持分変動損益（(a1事業時価500－適正な帳簿価額400)×16％＝16）が認識される。

第4章 グループ内組織再編ストラクチャー別会計・税務のポイント

	単純合算B/S		説　明
単純合算	資　産 6,000	負　債 2,200 / 純資産 3,800	P社,S1社及びS2社の資産，負債及び純資産を単純合算する。 資　産：3,000(P社)＋600(S1社)＋2,400(S2社)＝6,000 負　債：1,000(P社)＋400(S1社)＋800(S2社)＝2,200 純資産：2,000(P社)＋200(S1社)＋1,600(S2社)＝3,800

連結処理

連結仕訳

S1社とS2社の投資と資本の相殺消去を行う。
(S1社分)
　純　資　産　　600　／　S1社株式　　600
(S2社分)
　純　資　産　1,200　／　S2社株式　　960
　　　　　　　　　　　　　少数株主持分　240

S2社及びa1事業の持分変動の処理を行う。
(S2社持分変動分)
　少数株主持分　48※2　／　S2社株式　　80※1
　の　れ　ん　　32※3

分割の対価が株式であるため，S2社に対する持分が，80％(＝800株÷1,000株)から84％(＝(800株＋250株)÷1,250株)に増加した。
　※1　＠2(S2社株式の時価)×1,000株×4％＝80
　※2　1,200×4％＝48
　※3　貸借差額

(a1事業持分変動)
　純　資　産　　400※4　／　S2社株式　　320※5
　　　　　　　　　　　　　　少数株主持分　64※6
　　　　　　　　　　　　　　持分変動損益　16※7
　※4　S2社の資本増加の取消し
　※5　a2事業追加取得に要した株式を除いた株式
　　　(400－80＝320)
　※6　a1事業にかかる少数株主持分増加額
　　　(＝400×16％＝64)
　※7　貸借差額

	P社B/S		説　明
分割後連結B/S	資　産 4,072 のれん 32 a事業 400	負　債 2,200 少数株主持分 256 純資産 1,616	以上より，連結財務諸表は左記のとおり。

225

② 子会社が分割型分割により他の子会社に事業を移転する場合の税務処理

子会社が他の子会社に分割型分割により事業を移転する場合の税務処理は、分割型分割（親会社が子会社に事業を移転する場合）の税務処理と同一です。

【図表4-59】 子会社が他の子会社に事業を分割(分割型)する場合の税務処理の概要

当事者	適格分割	非適格分割
子会社 （分割法人）	帳簿価額で移転 （課税なし）	時価で移転 （譲渡損益課税あり）
他の子会社 （分割承継法人）	帳簿価額で引継ぎ （含み損益の課税繰延べ）	時価で引継ぎ （税務上ののれんの発生）
子会社(分割法人)の株主	課税なし	・みなし配当課税あり ・株式譲渡損益課税 　－金銭等交付あり…課税あり 　－金銭等交付なし…課税なし

11 無対価吸収分割（100％子会社が親会社に事業を移転する場合）の会計処理・税務処理

① 無対価吸収分割（100％子会社が親会社に事業を移転する場合）の会計処理

実務上、完全親子会社関係にある場合、無対価で組織再編が行われることがあります。ここでは、100％子会社が親会社に無対価吸収分割を行うケースを例にとって解説します。

無対価吸収分割の場合、分割型吸収分割の会計処理に準じて処理することとされています。

したがって、子会社（分割会社）においては、移転する資産及び負債は帳簿価額によることとなり、株主資本と共に減少させる処理を行うこととなります。

一方、親会社（分割承継法人）においては、移転事業に係る資産及び負債を帳簿価額で引き継いだ上で、分割直前に保有していた子会社株式の帳簿価額の

第4章 グループ内組織再編ストラクチャー別会計・税務のポイント

一部と引き換えられたとみなして、会計処理が行われます（差額は抱合せ株式消滅差損益として処理）。

子会社が親会社に事業を分割する場合で、無対価の場合の会計処理の概要は、【図表4-60】のとおりです。

【図表4-60】 子会社が親会社に事業を無対価吸収分割する場合の会計処理の概要

当事者	個別財務諸表	連結財務諸表
親会社 （分割承継会社）	共通支配下の会計処理 ・帳簿価額で引継ぎ ・抱合せ株式消滅差損益の認識	個別上の分割仕訳を内部取引として相殺消去
子会社 （分割会社）	共通支配下の会計処理 ・帳簿価額で移転 　（移転損益を認識しない）	－

【設 例】

- P社はS社株式を100％保有（帳簿価額500）している。
- S社はP社にa1事業を無対価で吸収分割した。
- a1事業の資産の帳簿価額は400である。

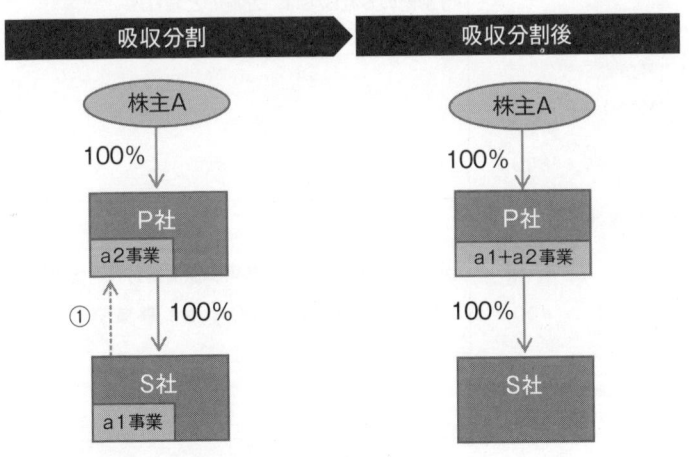

①　a1事業はP社に吸収される（無対価）。

ストラクチャー別編

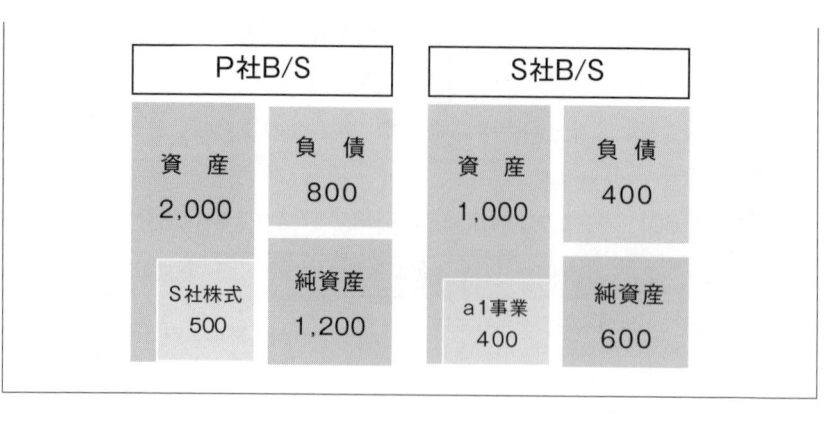

```
    P社B/S              S社B/S
┌─────┬─────┐     ┌─────┬─────┐
│     │ 負債 │     │     │ 負債 │
│ 資産 │ 800 │     │ 資産 │ 400 │
│2,000│     │     │1,000│     │
│     ├─────┤     │     ├─────┤
├─────┤ 純資産│     ├─────┤ 純資産│
│S社株式│1,200│     │a1事業│ 600 │
│ 500 │     │     │ 400 │     │
└─────┴─────┘     └─────┴─────┘
```

ⅰ) 分割会社である子会社（S社）の会計処理

個別財務諸表

　分割会社である子会社（S社）は，親会社（P社）に移転するa1事業の資産及び負債を適正な帳簿価額で移転し，a1事業の株主資本相当額について，株主資本を減少させる処理を行います。

【図表4－61】　分割会社である子会社（S社）の個別財務諸表上の会計処理

	S社B/S	説　　明
分割前	資産 1,000（a1事業 400）／負債 400／純資産 600	分割前のS社B/Sは，左記のとおり。
分割後B/S	資産 600／負債 400／純資産 200	分割した事業の適正な帳簿価額で株主資本を減額。 純資産(株主資本)　400 ／ a1事業資産　400

228

ii） 分割承継会社である親会社（P社）の会計処理

個別財務諸表

分割承継会社である親会社（P社）は，子会社（S社）から移転するa１事業の資産及び負債を連結上の帳簿価額で計上します。同時に，S社株式との引換えが行われたものとして，相応のS社株式を減額し，受け入れたa１事業の株主資本相当額との差額を抱合せ株式消滅差損益として計上します。

【図表４－62】 分割承継会社である親会社（P社）の個別財務諸表上の会計処理

	P社B/S		説　明
分割前	資産 2,000	負債 800	分割前のP社B/Sは，左記のとおり。
		純資産 1,200	
	S社株式 500		
分割後B/S	P社B/S		a1事業の受入れについては，S社株式との引換えが行われたと考え，S社株式を減額し，a1事業の帳簿価額との差額を抱合せ株式消滅差損益として認識する。 　a１事業資産　　400　／　S　社　株　式　　333※ 　　　　　　　　　　　　　　抱合せ株式消滅差損　67 ※　ここでは，関連する帳簿価額の比率で算出している。 　　S社株式500×66.7%（a1事業の帳簿価額400／S社分割直前の純資産の帳簿価額600）＝333 　　この他に，関連する時価の比率や分割前後の時価総額の比率により算出する方法がある。
	資産 2,067	負債 800	
	a1事業 400	純資産 1,267	
	S社株式 167		

連結財務諸表

連結財務諸表では，連結グループ内で資産及び負債が移動しただけであるため，個別財務諸表上，行った分割に係る会計処理を振り戻す処理を行います。

ストラクチャー別編

【図表4−63】 分割承継会社である親会社（P社）の連結財務諸表上の会計処理

単純合算

単純合算B/S
- 資産 2,667
- 負債 1,200
- S社株式 167
- 純資産 1,467

説明：
単純合算を行う。
資　産：2,067(P社)＋600(S社)＝2,667
負　債：800(P社)＋400(S社)＝1,200
純資産：1,267(P社)＋200(S社)＝1,467

連結仕訳

投資と資本の相殺消去を行う。

| 純資産(資本金) | 500 / S 社 株 式 | 500 |

分割がなかったものとして，個別仕訳の戻しを行う。

（親会社分）
| S 社 株 式 | 333 / a1 事 業 資 産 | 400 |
| 抱合せ株式消滅差損 | 67 | |

（子会社分）
| a1 事 業 資 産 | 400 / 株 主 資 本 | 400 |

分割後連結B/S

P社連結B/S
- 資産 2,500
- 負債 1,200
- 純資産 1,300

上記の結果，連結B/Sは，左記のとおり。

② 100％子会社が親会社に無対価吸収分割により事業を移転する場合の税務処理

100％子会社が親会社に無対価吸収分割で事業を移転する場合の税務処理の概要は，【図表4−64】のとおりです。

【図表4－64】 100％子会社が親会社に事業を分割（無対価吸収分割）する場合の税務処理の概要

当事者	適格吸収分割
親会社（分割承継法人）	帳簿価額で引継ぎ （含み損益の課税繰延べ）
子会社（分割法人）	帳簿価額で移転 （課税なし）

ⅰ) 分割法人である子会社の税務処理

　100％子会社が親会社に無対価吸収分割により事業を移転する場合，金銭等の交付がないため，支配関係継続要件を満たす限り適格分割となります。そのため，100％子会社の移転する資産及び負債は親会社に帳簿価額で引き継がれ，分割法人に譲渡損益は発生せず，課税関係は発生しません。

ⅱ) 分割承継法人である親会社の税務処理

　分割承継法人である親会社では，適格分割に該当すれば，移転する資産及び負債を帳簿価額で受け入れることになります。

　なお，分割型分割では，適格分割であったとしても，税務上の繰越欠損金を分割承継法人へ引き継ぐことはできません。また，適格分割の場合には，税務上の重要な論点として以下の事項に留意する必要がありますが，詳細は第2章をご参照下さい。

　　(ア) 分割承継法人の繰越欠損金の引継ぎ
　　(イ) 特定資産の譲渡損失の損金不算入

ストラクチャー別編

⑫ グループ内事業譲渡（親会社が子会社に事業を移転する場合－現金対価）に関する会計処理・税務処理

① グループ内事業譲渡（親会社が子会社に事業を移転する場合－現金対価）の会計処理

親会社（事業譲渡会社）が子会社（事業譲受会社）に現金を対価として事業譲渡を行う場合，親会社では移転事業に係る株主資本相当額と対価としての現金との差額を移転損益として認識します。また，子会社では親会社より移転された事業に係る資産及び負債を移転直前の適正な帳簿価額により計上し，対価として支払った現金との差額をのれんとして認識します。

グループ内事業譲渡（親会社が子会社に事業を移転する場合－現金対価）における会計処理の概要は，【図表4－65】のとおりです。

【図表4－65】　グループ内事業譲渡（親会社が子会社に事業を譲渡する場合－現金対価）の会計処理の概要

当事者	個別財務諸表	連結財務諸表
親会社 （事業譲渡会社）	共通支配下の会計処理 ・移転損益を認識する	個別上の事業譲渡の仕訳を内部取引として相殺消去（移転損益の消去／のれんの消去）
子会社 （事業譲受会社）	共通支配下の会計処理 ・帳簿価額で引継ぎ 　（のれんの認識）	－

【設例】

- P社はS社株式を設立時から60％保有（帳簿価額は60）。
- 親会社P社は，子会社S社に事業譲渡によりa事業を譲渡する。
- a事業の対価は現金100で合意された。

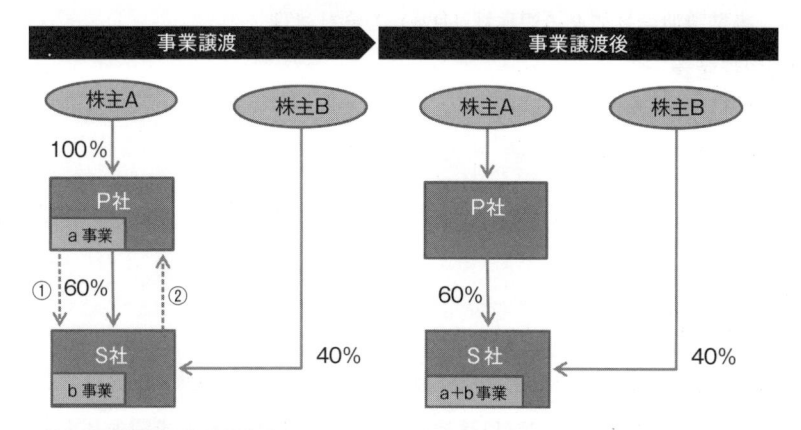

第4章　グループ内組織再編ストラクチャー別会計・税務のポイント

```
　　　　　事業譲渡　　　　　　　　　　　　事業譲渡後
```

株主A ──100%──→ P社（a事業）
　　　　　　　　　　　│①
　　　　　　　　　　60%│　②
　　　　　　　　　　　↓
株主B ──40%──→ S社（b事業）

事業譲渡後：
株主A ──→ P社 ──60%──→ S社（a+b事業）←──40%── 株主B

① P社はS社に事業を譲渡。
② S社はP社に社に対してa事業の対価100を支払。

・事業譲渡・譲受前のP社・S社の貸借対照表とa事業の資産・負債は，以下のとおり。

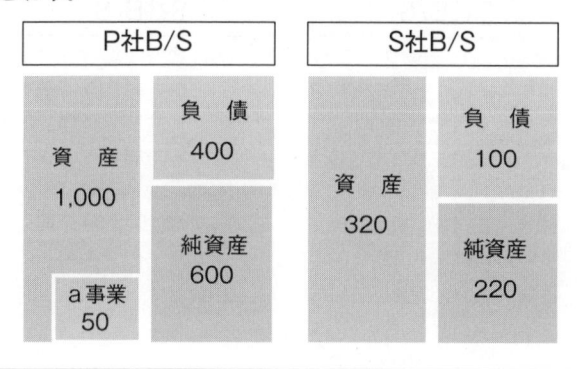

P社B/S
資　産　1,000
　a事業　50
負　債　400
純資産　600

S社B/S
資　産　320
負　債　100
純資産　220

ⅰ）　事業譲受会社である子会社（S社）の会計処理

<u>個別財務諸表</u>

　S社はa事業を帳簿価額で受け入れ，対価として支払った現金との差額をのれんとして認識します。

| （借）a 事 業 資 産 | 50 | （貸）現　　　　金 | 100 |
| の　れ　ん | 50 | | |

233

ii) 事業譲渡会社である親会社（P社）の会計処理
個別財務諸表

P社は，a事業に係る株主資本相当額と対価として受け取った現金との差額を移転損益として認識します。

（借）現　　　金	100	（貸）a 事 業 資 産	50
		移 転 損 益	50

連結財務諸表

連結財務諸表では，連結グループ内で資産及び負債が移動しただけであるため，親会社で認識した未実現利益と子会社で認識したのれんを消去します。

事業譲渡後，連結前の各社の貸借対照表は，以下のとおりです。

【図表4－66】　事業譲渡後，連結前の各社貸借対照表

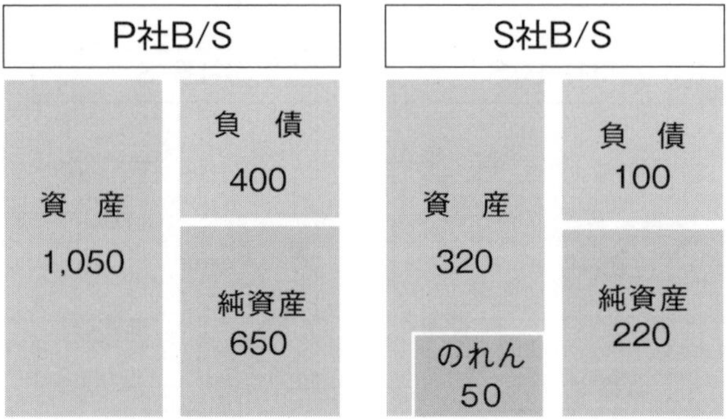

P社B/S

| 資　産 1,050 | 負　債 400 |
| | 純資産 650 |

S社B/S

資　産 320	負　債 100
	純資産 220
のれん 50	

第4章 グループ内組織再編ストラクチャー別会計・税務のポイント

【図表4－67】 事業譲渡会社である親会社（P社）の連結財務諸表上の会計処理

単純合算

単純合算B/S
- 資産 1,370
- のれん 50
- 負債 500
- 純資産 870

説明
事業譲渡後のP社、S社の財務諸表を単純合算する。
資　産：1,050(P社)＋320(S社)＝1,370
負　債：400(P社)＋100(S社)＝500
純資産：650(P社)＋220(S社)＝870

連結仕訳

説明
投資勘定と資本勘定を相殺消去する。
S社の取得後剰余金の40％は、少数株主持分に振り替える。

純　資　産	156	S 社 株 式	60
		少数株主持分	96

連結財務諸表上は、P社の個別財務諸表で認識した事業の移転損益を未実現利益と捉え、消去する。
相手勘定はS社で認識したのれんとなる。

移転損益(P社)	50	のれん(S社)	50
（利益剰余金）			

事業譲渡後連結B/S

P社連結B/S
- 資産 1,260
- 負債 500
- 少数株主持分 96
- 純資産 664

上記の結果、連結貸借対照表は左記のとおり。

② グループ内事業譲渡（親会社が子会社に事業を移転する場合－現金対価）の税務処理

親会社が子会社に事業譲渡を行う場合の税務処理の概要は，【図表4－68】のとおりです。

【図表4－68】　グループ内事業譲渡の税務処理の概要

当事者	完全支配関係	支配関係（少数株主が存在）
親会社 （事業譲渡会社）	時価で移転 （譲渡損益の一部繰延べ）	時価で移転 （譲渡損益課税あり）
子会社 （事業譲受会社）	時価で引継ぎ （税務上ののれんの発生）	時価で引継ぎ （税務上ののれんの発生）

ⅰ）　事業譲渡会社である親会社の税務処理

　現金を対価とするグループ内事業譲渡は，当事会社が完全支配関係にあるかどうかで税務処理が異なってきます。

　完全支配関係にあるグループ内の事業譲渡では，グループ法人税制の適用により譲渡損益の一部※が繰延べられ，グループ外への譲渡や償却，除却，評価替えなどの際に当該譲渡損益が実現し，課税されることになります。

　　※　譲渡損益の繰延べの対象となる資産は，固定資産（営業権を含む），棚卸資産である土地，有価証券，金銭債権及び繰延資産（売買目的有価証券や帳簿価額1,000万円未満の資産等を除く）です。

　一方，完全支配関係がない場合には，原則どおり譲渡損益を認識します。

ⅱ）　事業譲受会社である子会社の税務処理

　移転する資産及び負債を時価で引き継ぎ，対価として支払った現金との差額は資産調整勘定又は差額負債調整勘定（税務上ののれん）として認識されます。

第4章　グループ内組織再編ストラクチャー別会計・税務のポイント

3 持株会社化

　持株会社化のスキームは，親会社が行っている事業を分社して事業子会社を設立する方法（親会社が管理事業のみを行う持株会社となる方法）と上位に持株会社を設立して親会社自体を子会社化する方法（親会社を事業子会社化する方法）があります。前者は単独新設分割，後者は株式移転が利用されることが多いと考えられますので，以下ではこれらのストラクチャーに係る会計及び税務を説明します。

❶ 単独新設分割に関する会計処理・税務処理

① 単独新設分割の会計処理

　単独新設分割の場合，分社型吸収分割（親会社が100％子会社に分社型吸収分割により事業を移転する場合）の会計処理に準じて会計処理が行われます。

　したがって，親会社においては，移転する資産及び負債は分割直前に親会社で付されていた適正な帳簿価額によることになり，移転損益は認識しないことになります。親会社が追加取得する子会社株式の取得原価は，移転事業に係る株主資本相当額に基づいて算定されます。新設される子会社においては，親会社から受け入れる資産及び負債を分割の効力発生日の前日に親会社で付されていた適正な帳簿価額により計上し，その差額と同額の払込資本を増加させます。

　単独新設分割の場合の会計処理の概要は，【図表４−69】のとおりです。

【図表４−69】　単独新設分割の会計処理の概要

当　事　者	個別財務諸表	連結財務諸表
親　会　社 （新設分割会社）	共通支配下の会計処理 ・帳簿価額で移転	個別上の分割仕訳を内部取引として相殺消去
子　会　社 （新設分割設立会社）	共通支配下の会計処理 ・帳簿価額で引継ぎ	−

ストラクチャー別編

【設　例】

- P社（新設分割会社）は，単独新設分割によりS社（新設分割設立会社）を設立し，事業を移転する。これにより，P社が持株会社となり，S社が事業を行う。
- P社は対価としてS社株式を取得する。
- 移転事業に係る資産（事業用資産）の適正な帳簿価額は1,000とする。

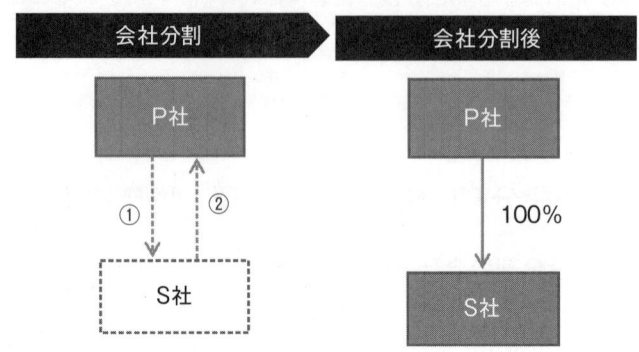

```
会社分割                   会社分割後

   P社                        P社
   ↓↑                         │100%
   ① ②                        ↓
   S社                        S社
```

① 事業に関する資産・負債の移転。
② S社株式の交付。

- 単独新設分割前のP社の貸借対照表は，以下のとおり。

```
        P社B/S
┌─────────────┬─────────────┐
│   資　産    │   負　債    │
│   1,100     │    500      │
│             ├─────────────┤
│  ┌──────┐  │             │
│  │事業用│  │   純資産    │
│  │資　産│  │    600      │
│  │1,000 │  │             │
└──┴──────┴──┴─────────────┘
```

238

ⅰ) 新設分割設立会社（S社）の会計処理

個別財務諸表

新設分割会社（P社）から受け入れる資産及び負債は，新設分割会社（P社）における適正な帳簿価額で引き継ぐことになります。

また，対価としてS社株式をP社に交付することにより増加した株主資本については移転事業に係る株主資本相当額を払込資本（資本金又は資本剰余金）として処理します。

（借）事 業 用 資 産　1,000※1	（貸）純資産(払込資本)　1,000※2	

※1　新設分割会社（P社）において付された適正な帳簿価額
※2　移転事業に係る株主資本相当額

ⅱ) 新設分割会社（P社）の会計処理

個別財務諸表

新設分割会社（P社）においては，新設分割設立会社（S社）に移転する資産及び負債はP社における適正な帳簿価額で引継がれることになります。また，対価として取得する新設分割設立会社（S社）の株式の取得原価は，移転事業に係る株主資本相当額に基づいて算定されます。

（借）S 　社　 株　 式　1,000※3	（貸）事 業 用 資 産　　1,000	

※3　移転事業に係る株主資本相当額

連結財務諸表

連結財務諸表では，連結グループ内で資産及び負債が移動しただけで経済的実態に変化はないため，個別財務諸表上行った会計処理を振り戻す処理を行います。

連結前の各社の貸借対照表は，以下のようになります。

ストラクチャー別編

【図表４−70】 連結前の各社貸借対照表

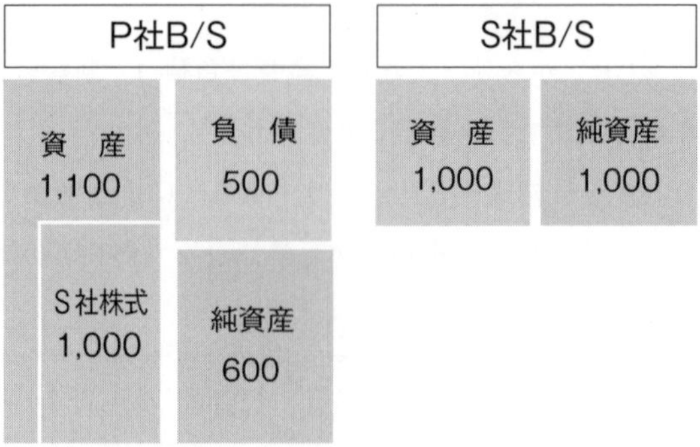

P社B/S
- 資産 1,100
- S社株式 1,000
- 負債 500
- 純資産 600

S社B/S
- 資産 1,000
- 純資産 1,000

【図表４−71】 新設分割会社である親会社（P社）の連結財務諸表上の会計処理

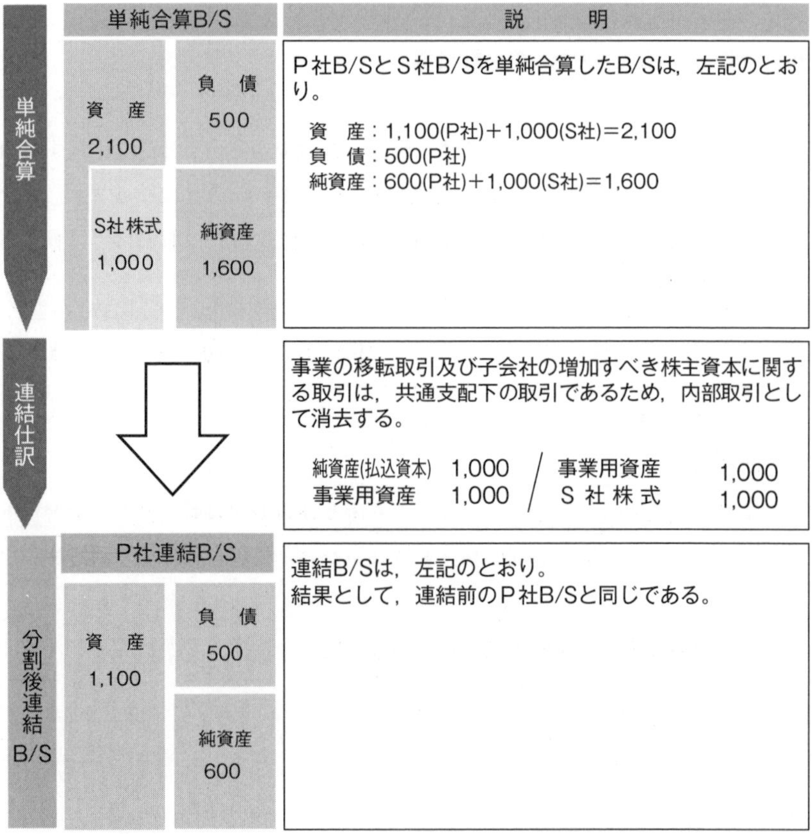

段階	単純合算B/S	説明
単純合算	資産 2,100／負債 500／S社株式 1,000／純資産 1,600	P社B/SとS社B/Sを単純合算したB/Sは，左記のとおり。 資　産：1,100(P社)＋1,000(S社)＝2,100 負　債：500(P社) 純資産：600(P社)＋1,000(S社)＝1,600
連結仕訳	⬇	事業の移転取引及び子会社の増加すべき株主資本に関する取引は，共通支配下の取引であるため，内部取引として消去する。 純資産(払込資本) 1,000 ／ 事業用資産 1,000 事業用資産　　　 1,000 ／ S 社 株 式　 1,000
分割後連結B/S	P社連結B/S 資産 1,100／負債 500／純資産 600	連結B/Sは，左記のとおり。 結果として，連結前のP社B/Sと同じである。

② 単独新設分割の税務処理

単独新設分割における税務処理の概要は，【図表4－72】のとおりです。

【図表4－72】 単独新設分割の税務処理の概要

当 事 者	適格新設分割
親会社（新設分割法人）	帳簿価額で移転（課税なし）
子会社（新設分割承継法人）	帳簿価額で引継ぎ（含み損益の課税繰延べ）

ⅰ） 新設分割法人の税務処理

　持株会社化を目的とした新設分割の場合，新設分割法人は通常，支配関係継続要件を満たすため適格分割となります。適格分割であるため，移転資産は帳簿価額による譲渡となることから，新設分割法人において譲渡損益は発生せず，課税関係は発生しません。

ⅱ） 新設分割承継法人の税務処理

　通常，適格分割であるため，移転資産は帳簿価額により引き継がれ，新設分割承継法人には課税関係は生じません。

　なお，新設分割の場合，新設分割承継法人の繰越欠損金の使用制限及び特定資産の譲渡等損失の損金不算入の論点も生じませんが，新設分割法人の繰越欠損金の使用制限がかかる場合があります。

❷ 単独株式移転に関する会計処理・税務処理

① 単独株式移転の会計処理

　単独株式移転は，親会社単独で株式移転を行い持株会社を設立する方法であり，単独新設分割とは異なり，事業会社の資産を移転させる必要がありません。したがって，単独株式移転によって設立された株式移転設立完全親会社において取得する子会社株式と，対価として交付する株式移転設立完全親会社株式の増加を，移転した資産及び負債の適正な帳簿価額によって認識します。

　単独株式移転の場合の会計処理の概要は，【図表4－73】のとおりです。

ストラクチャー別編

【図表4−73】 単独株式移転の会計処理の概要

当事者	個別財務諸表	連結財務諸表
株式移転設立完全親会社	共通支配下の会計処理 ・子会社株式を帳簿価額で計上	個別上の株式移転仕訳を内部取引として相殺消去
株式移転完全子会社	処理なし	−

【設 例】

- P社は，単独の株式移転により，持株会社H社を設立する。
- H社はP社株式を取得し，P社を100％子会社とする。

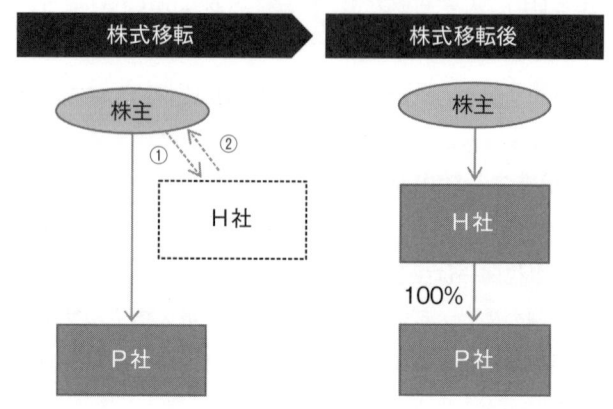

```
     株式移転              株式移転後

      株主                   株主
       │                      │
     ①↓↖②                    ↓
     ┌───┐                 ┌───┐
     │H社│                 │H社│
     └───┘                 └───┘
       │                    100%│
       ↓                      ↓
     ┌───┐                 ┌───┐
     │P社│                 │P社│
     └───┘                 └───┘
```

① P社株式の拠出。
② H社株式の交付。

- 株式移転前のP社の貸借対照表は，以下のとおり。

```
       P社B/S
┌──────┬──────┐
│            │  負 債   │
│            │   400    │
│  資 産    ├──────┤
│  1,000    │          │
│            │  純資産  │
│            │   600    │
└──────┴──────┘
```

242

第4章　グループ内組織再編ストラクチャー別会計・税務のポイント

ⅰ）株式移転完全子会社（P社）の会計処理
個別財務諸表

　株式移転完全子会社（P社）からみると，株式移転により株主が従来の株主からH社に入れ替わったにすぎず，株式移転完全子会社（P社）では特別な会計処理は発生しません。

ⅱ）株式移転設立完全親会社（H社）の会計処理
個別財務諸表

　単独株式移転により設立された場合の株式移転設立完全親会社（H社）の個別財務諸表において，株式移転設立完全親会社（H社）が取得する子会社株式（旧親会社＝P社の株式）の取得原価は，原則として株式移転の効力発生日直前における当該子会社（旧親会社＝P社）の適正な帳簿価額による株主資本の額により算定します。

　また，株式移転完全親会社（H社）の増加する株主資本の額は，払込資本として計上します。増加すべき払込資本の内訳項目は，会社法の規定に基づき決定します

| （借）P　社　株　式 | 600※ | （貸）純資産(払込資本) | 600 |

　※　原則として株式移転の効力発生日直前における当該子会社（旧親会社＝P社）の適正な帳簿価額による株主資本の額

連結財務諸表

　連結財務諸表では，連結グループ内で株式が移動しただけであるため，個別財務諸表上行った会計処理を振り戻す処理を行います。

ストラクチャー別編

連結前の各社の貸借対照表は以下のようになっています。

【図表４－７４】 連結前の各社貸借対照表

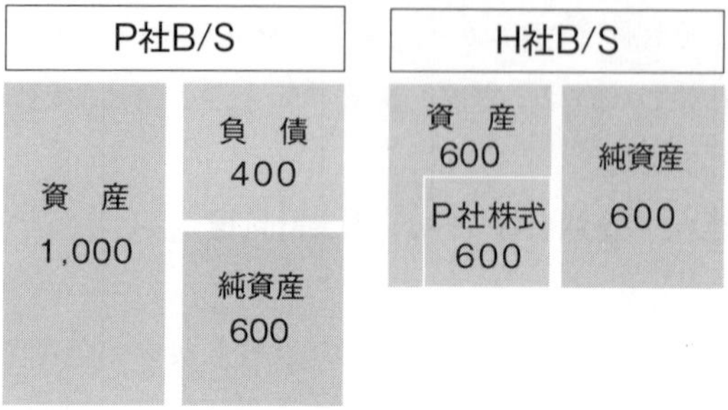

P社B/S
- 資産 1,000
- 負債 400
- 純資産 600

H社B/S
- 資産 600
- P社株式 600
- 純資産 600

【図表４－７５】 株式移転設立完全親会社（H社）の連結財務諸表上の会計処理

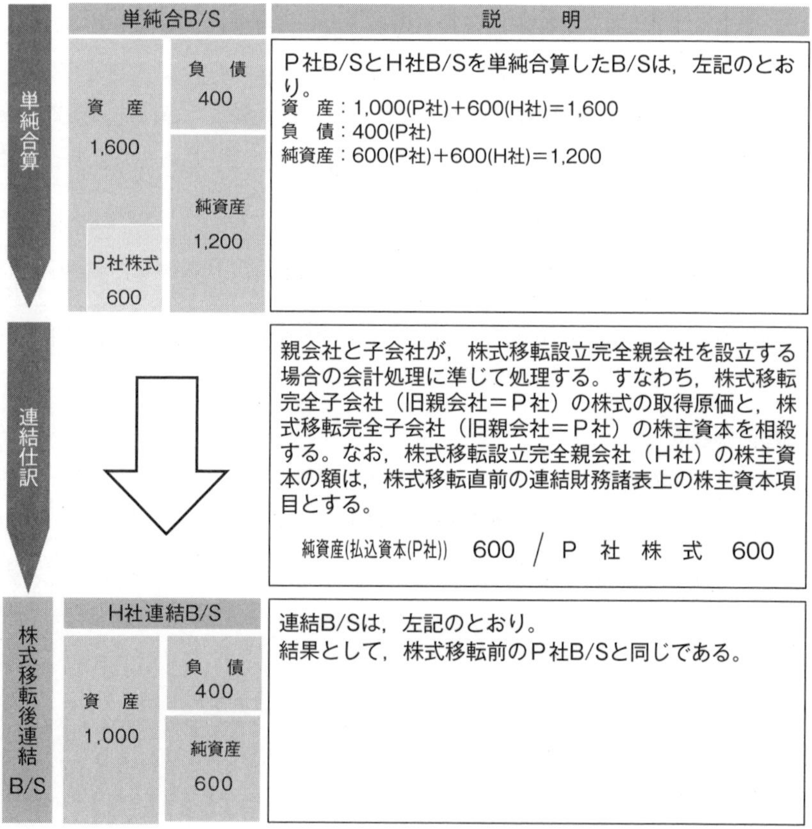

	単純合B/S	説　明
単純合算	資産 1,600／負債 400／純資産 1,200／P社株式 600	P社B/SとH社B/Sを単純合算したB/Sは，左記のとおり。 資　産：1,000(P社)＋600(H社)＝1,600 負　債：400(P社) 純資産：600(P社)＋600(H社)＝1,200
連結仕訳	⬇	親会社と子会社が，株式移転設立完全親会社を設立する場合の会計処理に準じて処理する。すなわち，株式移転完全子会社（旧親会社＝P社）の株式の取得原価と，株式移転完全子会社（旧親会社＝P社）の株主資本を相殺する。なお，株式移転設立完全親会社（H社）の株主資本の額は，株式移転直前の連結財務諸表上の株主資本項目とする。 純資産(払込資本(P社))　600　／　P　社　株　式　600
株式移転後連結B/S	H社連結B/S 資産 1,000／負債 400／純資産 600	連結B/Sは，左記のとおり。 結果として，株式移転前のP社B/Sと同じである。

② 単独株式移転の税務処理

単独株式移転における当事者は，株式移転設立完全親法人，株式移転完全子法人及び株式移転完全子法人の株主となります。各当事者の税務処理の概要は，以下のとおりです。

【図表4-76】 単独株式移転の税務処理の概要

当事者	適格株式移転
株式移転設立完全親法人	課税なし
株式移転完全子法人	課税なし
株式移転完全子法人の株主	課税なし

ⅰ) 株式移転設立完全親法人の税務処理

株式移転では，完全親法人に対する課税関係は発生しません。

ⅱ) 株式移転完全子法人の税務処理

持株会社化を目的とする場合は通常，支配関係継続要件を満たし，適格株式移転となるため，課税関係は発生しません。

ⅲ) 株式移転完全子法人の株主の税務処理

株式移転では，適格・非適格の区分にかかわらず完全子法人の株主にみなし配当課税は生じません。また，株式移転完全親法人株式のみを交付する場合には，株式譲渡損益課税は生じません。

❸ グループ内株式移転に関する会計処理・税務処理

これは，親会社と子会社が株式移転により，新たに株式移転設立完全親会社（持株会社）を設立する方法であり，単独株式移転と同様，事業会社の資産を移転させる必要がありません。したがって，グループ内株式移転によって設立された株式移転設立完全親会社において，取得する子会社株式は，共通支配下の取引については，適正な帳簿価額による株主資本の額により算定し，少数株主との取引については時価により算定します。

ストラクチャー別編

① グループ内株式移転の会計処理

グループ内株式移転の場合の会計処理の概要は，【図表4-77】のとおりです。

【図表4-77】 グループ内株式移転の会計処理の概要

当事者	個別財務諸表	連結財務諸表
株式移転設立完全親会社	共通支配下の会計処理 ・子会社株式（親会社持分相当）を帳簿価額で計上 ・子会社株式（少数株主持分相当）を時価で計上（少数株主との取引）	のれんの認識 （少数株主との取引）
株式移転完全子会社 （旧親会社）	旧子会社株式を株式移転設立完全親会社株式に帳簿価額で計上	－
株式移転完全子会社 （旧子会社）	処理なし	－

【設 例】

- P社は，設立当初よりS社株式の80%を400で取得している。
- P社とS社は，新設するH社へ株式を移転させる契約を締結する。
- 株式移転比率（P社：S社）は1：0.5で合意された。
- 発行済株式総数はP社80株，S社50株である。
- 株式移転日のP社株式の時価により算定したS社の少数株主に交付したH社株式の時価は@40である。
- 株式移転時のH社の増加資本金は800とする。

第4章 グループ内組織再編ストラクチャー別会計・税務のポイント

株式移転

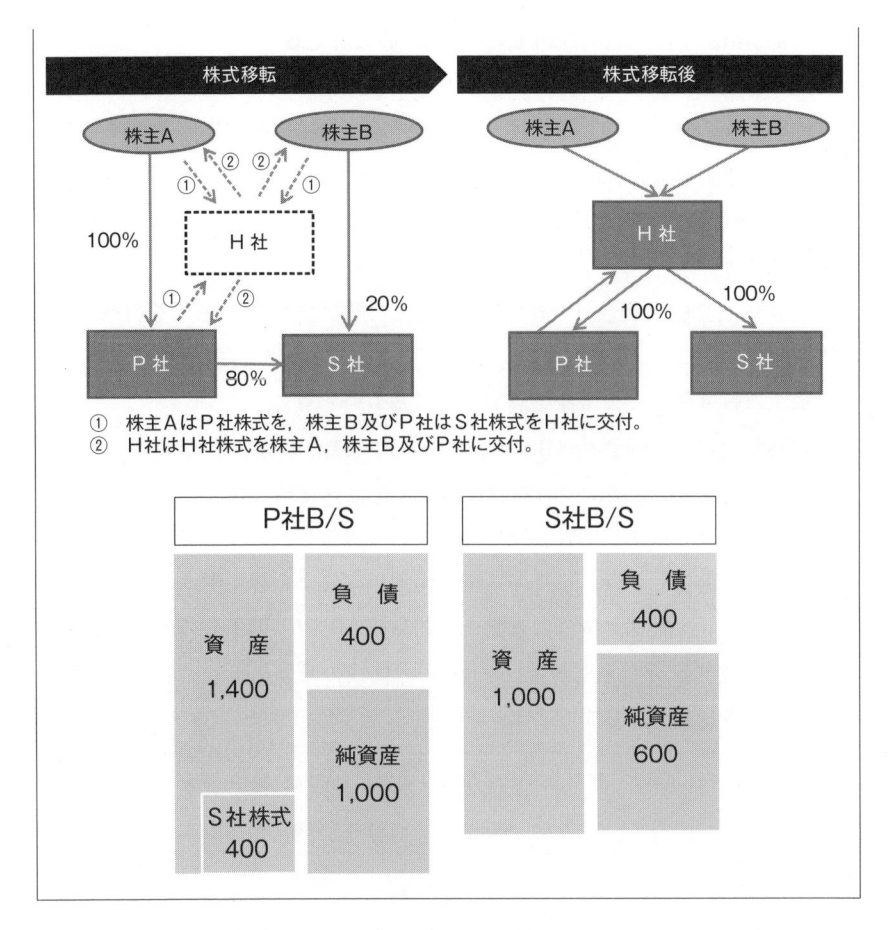

株主A　株主B
100%　　20%
P社　──80%──　S社

株式移転後

株主A　株主B　→　H社
H社　──100%──　P社
H社　──100%──　S社

① 株主AはP社株式を，株主B及びP社はS社株式をH社に交付。
② H社はH社株式を株主A，株主B及びP社に交付。

P社B/S
資　産　1,400
S社株式　400
負　債　400
純資産　1,000

S社B/S
資　産　1,000
負　債　400
純資産　600

i） 株式移転完全子会社（旧親会社＝P社）の会計処理

個別財務諸表

株式移転に際して，株式移転完全子会社（旧親会社＝P社）が，株式移転完全子会社（旧子会社＝S社）の株式と引換えに受け入れた株式移転設立完全親会社株式（H社）の取得原価は，株式移転完全子会社（旧子会社＝S社）株式の株式移転直前の適正な帳簿価額により計上します。

| （借）H 社 株 式 | 400 | （貸）S 社 株 式 | 400 |

ストラクチャー別編

ii) 株式移転完全子会社（旧子会社＝S社）の会計処理

株式移転完全子会社（旧子会社＝S社）では株主構成がP社及び株主Bという従来の構成からH社の完全子会社となりますが、株主構成が変わるだけであるため、特に会計処理は発生しません。

iii) 株式移転設立完全親会社（H社）の会計処理

<u>個別財務諸表</u>

株式移転設立完全親会社（H社）が取得した株式移転設立完全子会社（旧親会社＝P社）の株式の取得原価は、原則として、株式移転日の前日におけるP社の適正な帳簿価額による株主資本の額に基づいて算定します。

株式移転設立完全親会社（H社）が取得した株式移転完全子会社（旧子会社＝S社）の株式の取得原価は、旧親会社持分と少数株主持分に分けて算定し、合計することになります。旧親会社持分については投資が継続していることから、株式移転日の前日におけるS社の適正な帳簿価額による株主資本の額に基づいて算定します。少数株主持分は外部からの移転として、旧子会社の少数株主に交付した株式移転設立完全親会社（H社）の株式の時価相当額に取得に直接要した支出額を加算して算定します。

（借）P 社 株 式	$1,000^{※1}$	（貸）純資産（払込資本）	800
S 社 株 式 （親会社持分）	$480^{※2}$	（貸）純資産（払込資本）	880
S 社 株 式 （少数株主持分）	$200^{※3}$		

※1 原則として、株式移転日の前日におけるP社の適正な帳簿価額による株主資本の額

※2 株式移転日の前日における適正な帳簿価額
　　純資産$600 \times 80\% = 480$

※3 旧子会社の少数株主に交付した株式移転設立完全親会社（H社）の株式の時価相当額
　　H社時価@40×50株$\times 20\% \times 0.5 = 200$

第4章 グループ内組織再編ストラクチャー別会計・税務のポイント

連結財務諸表

　連結仕訳においては，株式移転設立完全親会社（H社）に計上されたP社及びS社に対する投資勘定と，P社及びS社の資本勘定を相殺消去します。また，S社の少数株主に交付されたH社株式の時価と，S社の株主資本のうち少数株主持分相当額との差額はのれんとなります。

　連結前の各社の貸借対照表は，以下のようになっています。

【図表4−78】　連結前の各社貸借対照表

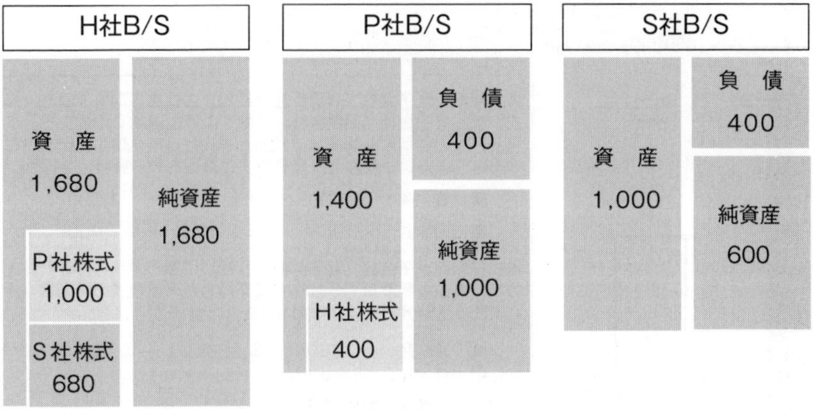

H社B/S		P社B/S		S社B/S	
資産 1,680	純資産 1,680	資産 1,400	負債 400	資産 1,000	負債 400
P社株式 1,000			純資産 1,000		純資産 600
S社株式 680		H社株式 400			

【図表4－79】 株式移転設立完全親会社（H社）の連結財務諸表上の会計処理

単純合算

単純合算B/S
- 資産 4,080
- 負債 800
- 純資産 3,280
  - H社株式 400
  - P社株式 1,000
  - S社株式 680

説明

各社のB/Sを単純合算したB/Sは，左記のとおり。

資　産：1,400(P社)＋1,000(S社)＋1,680(H社)＝4,080
負　債：400(P社)＋400(S社)＝800
純資産：1,000(P社)＋600(S社)＋1,680(H社)＝3,280

投資資本消去

株式移転完全子会社（旧親会社＝P社）の株式の取得原価と，株式移転完全子会社（旧親会社＝P社）の株主資本を相殺する。また，P社の個別財務諸表上で親会社株式として処理しているH社株式は，連結財務諸表上，自己株式となるため，振替えを行う。

| 純　資　産 | 1,000 | P 社 株 式 | 1,000 |
| 自 己 株 式 | 400 | H 社 株 式 | 400 |

株式移転完全子会社（旧子会社＝S社）に関しても，投資と資本の相殺消去を行うが，S社株主に交付したH社株式の時価相当額と少数株主持分との差額はのれんとして計上する。

| 純　資　産 | 600 | S 社 株 式 | 680 |
| の　れ　ん | 80※ | | |

※ H社株式の時価相当額
　H社時価＠40×50株×20%×0.5＝200
　少数株主持分600(S社純資産)×20%＝120
　のれん　200－120＝80

なお，株式移転設立完全親会社の連結上の株主資本の額は，株式移転直前の連結財務諸表上の株主資本項目に，少数株主との取引により増加した払込資本の額を加算する。

株式移転後連結B/S

H社連結B/S
- 資産 2,080
- 負債 800
- 純資産 1,280
- のれん 80
- 自己株式 △400

H社の連結B/Sは，左記のとおり。

② グループ内株式移転の税務処理

グループ内株式移転の税務処理の概要は，以下のとおりです。

【図表４－80】　グループ内株式移転の税務処理の概要

当　事　者	適格株式移転
株式移転設立完全親法人	課税なし
株式移転完全子法人（旧親法人及び旧子法人）	課税なし
株式移転完全子法人の株主	課税なし

ⅰ）　株式移転設立完全親法人の税務処理

株式移転では，完全親法人に対する課税関係は発生しません。

ⅱ）　株式移転完全子法人の税務処理

持株会社化を目的とする場合は，通常，支配関係継続要件を満たし，適格株式移転となるため，課税関係は発生しません。

ⅲ）　株式移転完全子法人の株主の税務処理

株式移転では，適格・非適格の区分にかかわらず完全子法人の株主にみなし配当課税は生じません。また，株式移転完全親法人株式のみを交付する場合には，株式譲渡損益課税は生じません。

ストラクチャー別編

4 完全子会社化（スクイーズアウト含む）

完全子会社化とは，少数株主のいるグループ会社を100％子会社化する場合をいいます。ここでは，株式交付による株式交換による方法，及び自己株式取得による方法について説明します。

❶ 株式交換による完全子会社化に関する会計処理・税務処理

① 株式交換による完全子会社化の会計処理

株式交換による完全子会社化を行う場合，親会社は親会社株式を対価として少数株主の所有する子会社株式を取得することになります。この場合，子会社株式の取得原価は，親会社株式の時価に基づき算定され，同額の払込資本の増加を認識することになります。

株式交換による完全子会社化の場合の会計処理の概要は，【図表４－81】のとおりです。

【図表４－81】 株式交換による完全子会社化の会計処理の概要

当事者	個別財務諸表	連結財務諸表
株式交換完全親会社	共通支配下の会計処理 ・子会社株式（少数株主持分相当）を時価で計上（少数株主との取引）	のれんの認識 （少数株主との取引）
株式交換完全子会社	処理なし	－

第4章　グループ内組織再編ストラクチャー別会計・税務のポイント

【設　例】

- P社は株式交換により，S社を完全子会社化する。
- P社は設立当初よりS社株式の80％を400で取得している。
- P社の株価は@40，株式交換比率（P社：S社）は1：0.5
- 発行済株式総数はP社80株，S社50株である。

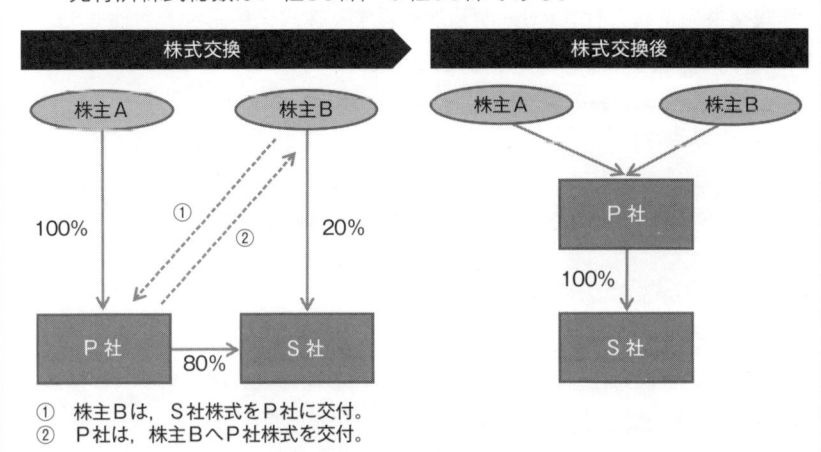

株式交換　→　**株式交換後**

株主A ─100%→ P社 ─80%→ S社　　株主B ─20%→ S社
① 株主Bは，S社株式をP社に交付。
② P社は，株主BへP社株式を交付。

株式交換後：株主A・株主B → P社 ─100%→ S社

- 株式交換前の各社の貸借対照表は，以下のとおり。

P社B/S
- 資産 1,400
- S社株式 400
- 負債 400
- 純資産 1,000

S社B/S
- 資産 1,000
- 負債 400
- 純資産 600

ⅰ) 株式交換完全子会社（S社）の会計処理

株式交換完全子会社（S社）は従来の株主構成が変化するだけであるため，特に会計処理は発生しません。

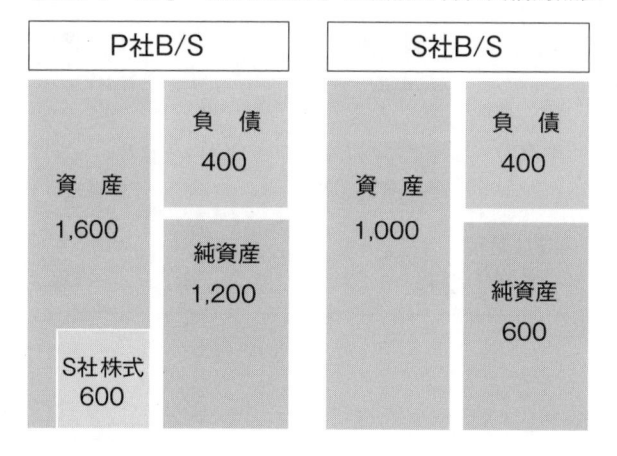

ⅱ) 株式交換完全親会社（P社）の会計処理

個別財務諸表

株式交換完全親会社（P社）が追加取得する株式交換完全子会社（S社）株式の取得原価は，外部取得となるため，取得の対価（少数株主に交付した株式交換完全親会社（P社）株式の時価）に取得に直接要した支出額を加算して算定します。

（借）S 社 株 式	200※1	（貸）純資産（払込資本）	200

※1　@40×10株×0.5＝200

連結財務諸表

株式交換完全親会社（P社）では，追加取得した株式交換完全子会社株式（S社株式）の取得原価と減少する少数株主持分との差額をのれんとして認識します。

連結前の貸借対照表は，以下のようになっています。

【図表4-82】　株主交換後，連結前の各社貸借対照表

P社B/S		S社B/S	
資　産 1,600	負　債 400	資　産 1,000	負　債 400
	純資産 1,200		純資産 600
S社株式 600			

第4章 グループ内組織再編ストラクチャー別会計・税務のポイント

【図表4-83】 株式交換完全親会社（P社）の連結財務諸表上の会計処理

	単純合算B/S	説　　明
単純合算	負債 800 資産 2,600 純資産 1,800 S社株式 600	P社B/SとS社B/Sを単純合算したB/Sは，左記のとおり。 資　産：1,600(P社)＋1,000(S社)＝2,600 負　債：400(P社)＋400(S社)＝800 純資産：1,200(P社)＋600(S社)＝1,800
連結仕訳	⬇	当初取得に係る投資と資本の相殺消去を行う。 　純　資　産　520 ／ S　社　株　式　400 　　　　　　　　　　　少数株主持分　120 追加取得した子会社株式の取得原価と，追加取得により増加する親会社持分（追加取得持分）又は減少する少数株主持分の金額との差額は，のれんに計上する。 　少数株主持分　120 ／ S　社　株　式　200 　の　れ　ん　　80
株式交換後連結B/S	P社連結B/S 負債 800 資産 2,080 純資産 1,280 のれん 80	上記の結果，P社連結B/Sは左記のとおり。

255

ストラクチャー別編

② 株式交換による完全子会社化の税務処理

株式交換による完全子会社化に係る税務処理の概要は，【図表4－84】のとおりです。

【図表4－84】 株式交換による完全子会社化の税務処理の概要

当 事 者	適格株式交換
株式交換完全親法人	課税なし
株式交換完全子法人	課税なし
株式交換完全子法人の株主	課税なし

ⅰ） 完全親法人の税務処理

株式交換においては，完全親法人に対する課税関係は発生しません。

ⅱ） 完全子法人の税務処理

株式交換による完全子会社化の場合，金銭等の交付がなく，支配関係継続要件，従業員引継要件，主要事業継続性要件を満たす場合，適格株式交換となるため，課税関係は発生しません。

ⅲ） 完全子法人の株主の税務処理

株式交換では，みなし配当課税は生じません。また，株式交換完全親法人株式のみを交付する場合には，株式譲渡損益課税は生じません。

❷ 自己株式取得による完全子会社化に関する会計処理・税務処理

① 自己株式取得による完全子会社化の会計処理

自己株式取得による完全子会社化を行う場合，自己株式の取得原価は買取価格により算定し，純資産のマイナス項目として処理します。

自己株式取得による完全子会社化の場合の会計処理の概要は，【図表4－85】のとおりです。

第4章 グループ内組織再編ストラクチャー別会計・税務のポイント

【図表4－85】 自己株式取得による完全子会社化の場合の会計処理の概要

当事者	個別財務諸表	連結財務諸表
親会社	－	のれんの認識（少数株主との取引）
子会社	買取価格で自己株式を計上	－

【設 例】

- P社は設立当初よりS社株式80％を400で取得している。
- S社は少数株主から自己株式を300で買い取る。

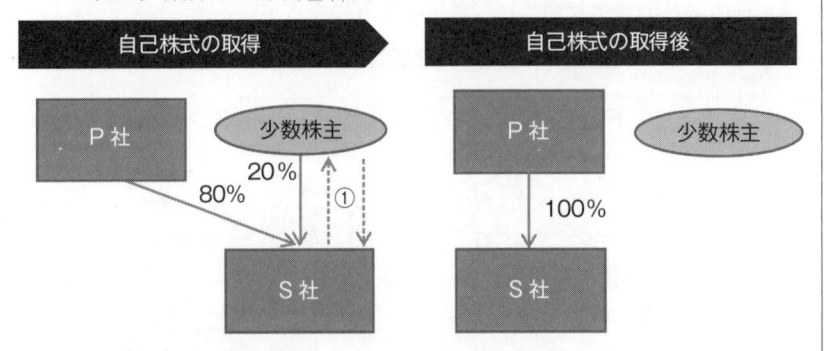

自己株式の取得　　　　**自己株式の取得後**

①自己株式の取得と対価の支払

- 自己株式取得前の各社の貸借対照表は，以下のとおり。

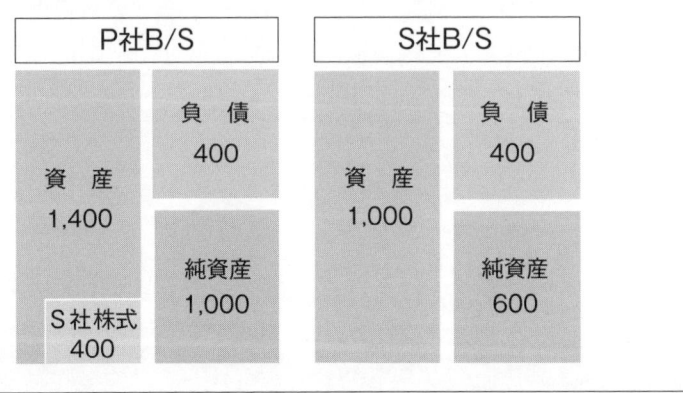

P社B/S
- 資産 1,400
- S社株式 400
- 負債 400
- 純資産 1,000

S社B/S
- 資産 1,000
- 負債 400
- 純資産 600

257

ストラクチャー別編

ⅰ) 子会社（S社）の会計処理

個別財務諸表

　子会社が，少数株主から自己株式を取得した場合，取得した自己株式は，取得原価をもって純資産の部の株主資本から控除されます。

（借）自　己　株　式　　300	（貸）現　　　　　金　　300

ⅱ) 親会社（P社）の会計処理

連結財務諸表

　連結前の各社の貸借対照表は，以下のようになっています。

【図表4-86】　連結前の各社貸借対照表

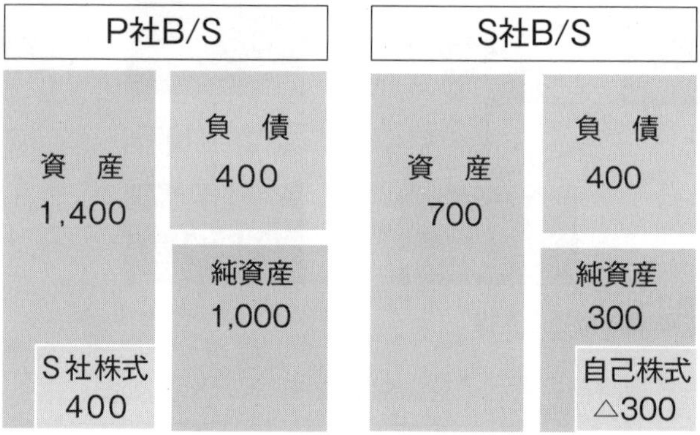

P社B/S
- 資産　1,400
- S社株式　400
- 負債　400
- 純資産　1,000

S社B/S
- 資産　700
- 負債　400
- 純資産　300
- 自己株式　△300

第4章　グループ内組織再編ストラクチャー別会計・税務のポイント

【図表4-87】　親会社（P社）の連結財務諸表上の会計処理

	単純合算B/S		説　　明
単純合算	資　産 2,100	負　債 800	P社B/SとS社B/Sを単純合算したB/Sは，左記のとおり。 資　産：1,400(P社)＋700(S社)＝2,100 負　債：400(P社)＋400(S社)＝800 純資産：1,000(P社)＋300(S社)＝1,300
		純資産 1,300	
	S社株式 400	自己株式 △300	

連結仕訳	⬇	当初取得に係る投資と資本の相殺消去仕訳を行う。 　純　資　産　520　／　S　社　株　式　400 　　　　　　　　　　／　少数株主持分　　120※ 　※　自己株式取得前S社純資産600×20％＝120 自己株式の少数株主からの取得は，親会社による少数株主からの取得に準じて取り扱い，自己株式の対価と少数株主持分の減少額との差額はのれんとして処理する。 　少数株主持分　120　／　自　己　株　式　300 　の　れ　ん　180　／

	P社連結B/S		上記の結果，連結B/Sは左記のとおり。
自己株式取得後連結B/S	資　産 1,880	負　債 800	
		純資産 1,080	
	のれん 180		

② 自己株式取得の税務処理

自己株式取得に係る税務処理の概要は以下のとおりです。

【図表4－88】自己株式取得の税務処理の概要

当　事　者	課税関係
発行会社である子会社 （自己株式取得を行う法人）	課税なし
発行会社である子会社の少数株主 （自己株式取得に応じる側）	みなし配当及び譲渡損益課税あり

ⅰ）　発行会社（自己株式取得を行う法人）の税務処理

　発行会社が自己株式を取得した場合，資本取引として発行会社に課税関係は発生しません。

ⅱ）　発行会社の少数株主（自己株式取得に応じる側）の税務処理

　発行会社が，少数株主から相対取引により自己株式を現金で取得した場合，みなし配当課税及び譲渡損益課税が発生します。

③　全部取得条項付種類株式を利用した自己株式取得に係る税務処理（参考）

　自己株式取得の場合は，株式公開買付けにより議決権株式を3分の2以上取得した後，普通株式を全部取得条項付種類株式に変換して1株未満とした上で，強制的に自己株式取得を進める場合がありますが，この場合の税務処理については上記と異なる点があります。全部取得条項付種類株式を利用した場合の自己株式取得に係る税務処理の概要は以下のとおりです。

【図表4-89】 全部取得条項付種類株式を利用した場合の自己株式取得の税務処理の概要

当事者	課税関係
発行会社 （自己株式取得を行う法人）	課税なし
発行会社の少数株主 （自己株式取得に応じる側）	・公開買付けに応じる場合 　みなし配当課税あり，譲渡損益課税あり ・公開買付けに応じない場合 　（全部取得条項付種類株式の取得の価格決定の申立てを行った場合） 　　みなし配当課税なし，譲渡損益課税あり 　（買取請求を行った場合） 　　みなし配当及び譲渡損益課税あり 　（全部取得条項付種類株式へ変換され，全部取得条項を実行後，金銭の交付を受ける場合） 　　みなし配当課税なし，譲渡損益課税あり
発行会社の親法人	課税なし（端株として金銭が交付される部分についてはみなし配当課税なし，譲渡損益課税あり）

ⅰ） 発行会社である子会社（自己株式取得を行う法人）の税務処理

　発行会社である子法人が自己株式を取得した場合，資本取引として発行会社である子法人に課税関係は発生しません。

ⅱ） 発行会社である子会社（自己株式取得を行う法人）の株主の税務処理

　全部取得条項付種類株式を利用するスクイーズアウトを実行する前には，株式公開買付けが行われるのが一般的と考えられます。当該株式公開買付けに応じるか否かにより課税関係は変わるため，留意が必要です。

　(ア) 株式公開買付けに応じる場合

　通常の自己株式の取引と同様に，みなし配当及び株式の譲渡損益課税が発生します。

　(イ) 株式公開買付けに応じない場合

全部取得条項付種類株式の取得の価格の決定の申立てをした場合

　全部取得条項付種類株式の取得に反対し，裁判所に対して価格決定の申立て

を行った場合には、自己株式の取得ではあるものの、みなし配当が適用される事由からは除外されており、株式の譲渡損益課税のみが発生することとなります。

全部取得条項付種類株式への種類変更の際に、株主総会で定款変更に反対した場合

全部取得条項付種類株式への種類変更の際に、株主総会において定款変更に反対した場合には、反対株主の買取請求権を行使できます。この場合には、通常の自己株式の取引と同様に、みなし配当と株式譲渡損益課税が発生します。

全部取得条項付種類株式への変換が行われ、取得条項が発動し、金銭の交付を受ける場合

普通株式が全部取得条項付種類株式に変換され、発行会社(自己株式取得を行う法人)が、全部取得条項を発動した場合、1株未満の端数の交付を受け、端数部分について端数処理により金銭が交付されることから、みなし配当課税はなく、株式譲渡損益課税となります。

ⅲ) 発行会社（自己株式取得を行う法人）の親会社の税務処理

普通株式のすべてが全部取得条項付種類株式に変換されるため、交付を受けた株式と譲渡した株式の価額は同額と考えられ、また全部取得条項付種類株式のみが交付されることから、株式の譲渡損益課税及びみなし配当も発生しません。

ただし、子法人が全部取得条項を発動することで全部取得条項付種類株式と引換えに新株を取得することになり、取得した新株の端数部分については、端数処理により金銭交付されますが、当該端数処理部分については、みなし配当の適用から除外されているため、株式の譲渡損益課税のみが発生することになります。

付録：ストラクチャー別法的手続

1 株式取得：公開買付の場合 ※1

枠内のイベントは同時並行

主なイベント	日程	公開買付者	対象会社
株式取得に関する決議（取締役会）		必要に応じて取締役会決議	
買付代理人との契約		必要（※2）	
公正取引委員会への届出	株式を取得する前の30日前まで	必要（※3）	
公開買付の適時開示	通常、買付期間初日の前日	買付者が上場会社の場合は必要	
公開買付開始公告	買付期間初日	必要（※4）	
公開買付届出書の提出 公開買付説明書の交付	公告を行った日	必要（※5）	公開買付届出書写しの受理
対象会社の意見表明報告書の提出	開始公告から10営業日以内	意見表明報告書写しの受理	
意見表明の適時開示	開始公告から10営業日以内		
買付者に対する質問	開始公告から10営業日以内		必要（※6） 対象会社が上場会社の場合は必要
対象会社への回答	意見説明報告書の送付を受けた日から5営業日以内	質問が記載されている場合必要（※7）	可能（※6）
公開買付報告書の公表または公告、提出 応募株主への通知	公開買付期間終了の翌日	必要（※8）	

264

付録：ストラクチャー別法的手続

※1 以下の場合は公開買付に該当する（金商法27の2①、金商令6の2④かっこ書）。
① 市場外取引により、60日以内に10名超から買付け、買付け後の所有割合が5%超となる場合（著しく少数の者から行う場合を除く）
② 市場外取引により、60日以内に10名以下から買付け、買付け後の所有割合が3分の1を超える場合
③ 買付け前に過半数を保有する者（特別関係者含む）が、市場外取引により、60日以内に10名以下から買付け、買付け後の所有割合が3分の2を超える場合
④ ToSTNETなどの立会外市場取引により、買付け後の所有割合が3分の1を超える場合
⑤ 他のものが公開買付を行っている場合に、買付け前に3分の1超を保有するものが、5%超の買付けを行う場合
⑥ 3ヵ月以内に、10%を超える株式を取得し、そのうち5%超を特定売買等または市場外取引等で取得した方買付け後の所有割合が3分の1を超える場合
なお、市場で株式を買付ける場合、大量保有報告制度が適用されるため、5%を超えて取得したら5営業日以内に大量保有報告書を管轄の財務局へ提出する必要がある（金商法27の23）。
※2 公開買付を行う場合、買付の代金の支払いにその他の事務を金融商品取引業者（証券会社等）または銀行等に行わせる（金商法27の2④）。
※3 公開買付者及びその企業結合集団の国内売上高の合計が200億円を超える場合に、国内売上高50億円を超える会社の株式を取得する場合、取得する議決権所有割合が新たに20%または50%を超えることがある場合は、公正取引委員会に事前に届出をしなければならない（独占禁止法10②、⑤）。
なお、以下の2つの要件を満たす場合は株式取得禁止期間（届出から30日間）を短縮することができる。
① 明らかに独占禁止上問題がない場合
② 株式取得禁止期間を短縮することにより、企業結合面で申し出た場合
いずれの会社も同一企業結合、買付期間等を公告する必要がある（金商法27の3①）。
※4 公告内容は、目的、買付価格、買付期間以上60営業日以内（金商法27の2②）
（買付期間は、20営業日以上60営業日以内）
※5 公開買付届出書及び添付書類は、内閣総理大臣（関東財務局）へ提出する（金商法27の3②）。
また、公開買付届出と同一の内容を記載した公開買付説明書を交付する必要がある（金商法27の9①）。
応募株主に対しては、公開買付届出書と同一の内容を記載した公開買付説明書を交付する（金商法27の9①）。
※6 公開買付者は、公開買付に対する意見表明報告書を内閣総理大臣（関東財務局）に提出する（金商法27の10①）。
対象会社は、公開買付に対する意見を記載した意見表明報告書もできる（金商法27の10②）。
なお、意見表明報告書には以下の記載もできる。
① 公開買付に対する質問
② 公開買付期間が30営業日以内の場合は買付期間の延長請求とその理由
また、意見表明報告書に買付に対する質問が記載されていた場合、買付者は質問している金融商品取引所が上場している金融商品取引所へ送付する（金商法27の10⑨）。
対象会社が上場されていた場合、買付者は質問回答報告書を内閣総理大臣（関東財務局）へ提出する（回答の必要がないとした場合はその旨、その理由）を記載した質問回答報告書を対象会社（回答の必要がないとした場合はその旨、その理由）を記載した質問回答報告書を対象会社を内閣総理大臣（関東財務局）へ提出する（金商法27の10⑪）。
また、質問した公開買付者は、質問回答報告書の写しを対象会社または公告をする（金商法27の10⑬）。
※7 公開買付者は、公開買付を終了した日に、公表・公告または対象株式数等を公表または公告した内容を記載した公開買付報告書を内閣総理大臣に提出しなければならない（金商法27の13）。
また、公表・公告を行った応募株式数等を公表または公告した内容を記載した公開買付報告書を内閣総理大臣に提出しなければならない（金商法27の13②）。
※8 公開買付者は、公開買付に係る応募株式数または公表した内容を記載した公開買付報告書を内閣総理大臣へ提出しなければならない（金商法27の13②）。

【凡例】
金商法：金融商品取引法
金商令：金融商品取引法施行令

2 株式取得：第三者割当増資を行い、総数引受けの場合 ※1

主なイベント	日程	株式引受者	発行会社
株式引受けの合意		協議	
募集株式事項の決定・通知		通知の受領	取締役会or株主総会 (※2)
金融商品取引所への事前相談	開示予定日の10日前まで(東証の場合)		必要
適時開示	決定後直ちに		必要 (※3)
公正取引委員会への届出	株式を取得する前の30日前まで (※4)	必要 (※4)	
総数引受の契約		締結	
既存株主への通知	払込期日の2週間前まで		場合により必要 (※5)
出資の履行	払込期日		必要
増資の登記	払込期日から2週間以内		必要
臨時報告書	該当事項が発生した場合遅滞なく		場合により必要 (※6)

付録：ストラクチャー別法的手続

※1 総数引受けによらない第三者割当増資の場合は、申込手続きおよび割当決議決議が不要となる（会社法235）。
　　また、第三者割当増資が、金商法に規定する募集（金商法2）に該当する場合は、有価証券届出書または有価証券通知書の提出（金商法4）、目論見書の作成（金商法13）が必要となるが、総数引受契約による第三者割当増資の場合は、金商法に規定される募集には該当しないため、開示が求められていない。

※2 以下に該当する場合、株主総会特別決議が必要。
　　① 発行会社が非公開会社の場合に株主総会決議で取締役会に委任することも可能（会社法200）
　　② 公開会社であっても、払込金額が募集引受人に特に有利な金額である場合（会社法201）（この場合、株主総会で必要性を説明しなければならない（会社法199②）。

※3 適時開示のほか、以下のような上場規制が設けられている。
　　○上場廃止基準
　　　ア）希釈化率が300％を超えるとき
　　　イ）第三者割当増資により発行会社の支配株主が異動した場合。支配株主と発行会社の取引に関する健全性が著しく毀損されていると取引所が認めるとき
　　○行為規制
　　　ア）希釈化率が25％以上になるとき（緊急性が極めて高い場合は不要）は、独立第三者による第三者割当の必要性および相当性に関する意見を入手する。もしくは株主総会の決議などの意思確認を行う。

※4 株式取得者及びその企業結合集団の国内売上高が200億円を超える場合に、国内売上高が50億円を超える子会社の売上を含む会社の株式を取得する場合、取得後の議決権保有割合が新たに20％または50％を超えることになる場合は、公正取引委員会に事前に届出をしなければならない（独占禁止法10②、⑥）。
　　なお、以下の2つの要件を満たす場合は株式取得禁止上場規制がない
　　　① 明らかに独占禁止法上問題がない場合
　　　② 株式取得禁止期間を短縮することについて届出会社が書面で申し出た場合
　　但し、いずれの会社も同一企業結合集団内に属した決定によって、株主に対して通知が必要。届出が不要。

※5 株式の募集事項を取締役会の決議によって決定した場合、株主に対して通知が必要となる（会社法201⑤）。

※6 発行会社が有価証券報告書の提出会社であり、第三者割当増資によって、親会社の異動または主要株主の異動に該当した場合には、臨時報告書の提出が必要となる（金商法24の5④）。

267

3 吸収合併

枠内のイベントは同時並行

主なイベント	日程	合併存続会社	合併消滅会社
会社合併に関する基本的事項の決議（取締役会）		取締役会決議	取締役会決議
適時開示・法定開示（臨時報告書）	決議後、直ちに	臨時開示：上場会社の場合、原則必要 適時開示など 有価証券報告書提出会社で一定の場合に必要	
合併契約書の作成		協議	
合併契約書の承認（取締役会）・締結		取締役会の承認	取締役会の承認
事前開示事項の備置		必要（※1）	必要（※1）
株主総会招集通知	公開会社：総会の日の2週間前 非公開会社：総会の日の1週間前	必要（※2）	必要（※2）
合併契約の承認（株主総会）	効力発生日の前日まで	株主総会特別決議（会社法795①）（※3）	株主総会特別決議（会社法783①）（※4）
債権者保護手続	効力発生日の最低1ヶ月前	必要（※5）	必要（※5）
反対株主に対し、株式買取請求のための通知、公告	効力発生日の20日前まで		株主に対する通知、公告
公正取引委員会への届出・受理	会社合併の30日前まで	必要（※6）	
効力発生日		必要（※7）	必要（※7）
合併の登記	効力発生日から2週間以内	必要	必要
事後開示事項の備置	効力発生日から6ヶ月間	必要	必要

付録：ストラクチャー別法的手続

※1 契約締結日～効力発生後6ヶ月を経過するまでの間、本店にて事前開示事項を備置（会社法794①、782①）。
※2 以下の定めがない場合に株主の全員の同意がある場合は、招集の手続きを省略できる。
　①株主総会を欠席した株主が書面によって議決権を行使できる場合
　②株主総会を欠席した株主が電磁的方法によって議決権を行使できる場合
※3 交付する財産の金額が存続会社の純資産の5分の1を超えない場合は、簡易合併に該当し株主総会決議を省略することができる（会社法796③）。
消滅会社が存続会社の90％以上の議決権を保有している場合は、略式合併に該当し株主総会決議を省略することができる。
但し、以下に該当する場合は株主総会決議を省略することができない。
　①反対株主が合併存続会社の総株主の総株主の議決権の6分の1を超える場合
　②存続会社が非公開会社であり譲渡制限株式を割り当てている場合
※4 存続会社が消滅会社の90％以上の議決権を保有している場合、略式合併に該当し、株主総会決議を省略することができる（会社法784）。
但し、合併消滅会社が公開会社で、合併対価が譲渡制限株式である場合は、省略できない。この場合の株主総会決議
は特殊決議による（会社法309③）。
※5 官報にて公告、かつ知れている債権者には、各別にこれを催告しなければならない。異議を述べることができる期間は、1ヶ月を下ることはできない（会社法789②、799②）。
※6 合併をしようとする会社のうち、いずれか1社にかかる国内売上高の合計額が200億円を超え、かつ他のいずれか1社にかかる国内売上高の
合計額が50億円を超える場合は事前の届出が必要となる（独占禁止法15②）。
なお、以下の2つの要件を満たす場合は合併の禁止期間（届出から30日間）を短縮することができる。
　①明らかに独占禁止上問題がない場合
　②合併の禁止期間を短縮することについて届出を会社が書面で申し出た場合
いずれの会社も同一企業結合集団内に属する場合は、届出不要。
また、特段の事情がある場合には、届出会社及び相手会社の意思決定を示す文書等を添付することにより、株主総会の承認前に届出書を提出することも可能。
※7 存続会社と消滅会社で、同時に登記を行う必要がある。

269

4 新設合併、新設分割、株式移転

枠内のイベントは同時並行

主なイベント	日程	新設合併会社 新設分割会社 株式移転完全子会社	新設分割設立会社 新設合併消滅会社 株式移転設立完全親会社
新設合併等に関する基本的事項の決議（取締役会）	決議後、直ちに	取締役会決議	
適時開示・法定開示（臨時報告書）		適時開示：上場会社の場合、原則必要 臨時報告書など：有価証券報告書提出会社で一定の場合に必要	
新設合併等の計画または契約の作成		協議	
新設合併等の計画または契約の承認（取締役会）		取締役会の承認	
事前開示事項の備置		必要（※1）	
株主総会招集通知	公開会社：総会の日の2週間前 非公開会社：総会の日の1週間前	必要（※2）	
新設合併等の承認（株主総会）	効力発生日の前日まで	株主総会特殊決議（会社法804①）（※3）	
労働者等への事前協議（※4） （労働契約の承継に関する）	（※4）	必要	
労働者等への通知（※4）	（※4）	必要	
労働者の異議申述	通知がなされた日から少なくとも13日間	必要	
債権者保護手続	効力発生日の最低1ヶ月前	必要（一定の場合に必要）（※5）	
新規上場申請	効力発生日の3週間前まで	新設設立会社が上場する場合は必要	
公正取引委員会への届出	新設合併の前の30日前まで	必要（※6）	
反対株主に対し、株式買取請求のための通知、公告	効力発生日の20日前まで	必要	
効力発生日	上記手続きから2週間以内	必要	
事後開示事項の備置	効力発生日から6ヶ月間	必要	
設立登記			設立登記が必要

付録：ストラクチャー別法的手続

※1 契約締結日～効力発生日の6ヶ月を経過するまでの間、本店にて事前開示事項を備置。
※2 以下の定めがない場合に株主の全員の同意がある場合は、招集の手続きを省略できる。
　① 株主総会を欠席した株主が書面によって議決権を行使する場合
　② 株主総会を欠席した株主が電磁的方法によって議決権を行使できる場合
※3 新設合併等により新規設立会社に承継させる資産の総資産等の5分の1を超えない場合は、株主総会決議を省略できる（労働承継法）。
※4 新設分割等のみ。
※5 分割承継の株主総会の2週間前の日の前日までは株主総会が不要な場合は分割契約が締結された日から起算して2週間を経過する日まで。
「官報に公告、かつ知れている債権者には、各別にこれを催告しなければならない。異議を述べることができる期間は、1ヶ月を下ることは不可（会社法810）。
※6 以下に該当する場合、事前の届出が必要となる。

○合併
　合併をしようとする会社のうちいずれか1社にかかる国内売上高が50億円を超える場合

○共同新設分割
　いずれか1社（全部承継会社）にかかる国内売上高が200億円を超え、かつ、他のいずれか1社にかかる国内売上高が50億円を超える場合
　いずれか1社（全部承継会社）にかかる国内売上高が200億円を超え、かつ、他のいずれか1社（重要部分承継会社）にかかる国内売上高が30億円を超える場合
　いずれか1社（重要部分承継会社）にかかる国内売上高が100億円を超え、かつ、他のいずれか1社にかかる国内売上高が30億円を超える場合

○共同株式移転
　株式移転をしようとする会社のうち、いずれか1社にかかる国内売上高の合計額が200億円を超え、かつ他のいずれか1社にかかる国内売上高が50億円を超える場合

なお、いずれの場合も以下の2つの要件を満たす場合は禁止期間（届出から30日間）を短縮することができる。
　① 明らかに独占禁止法上問題がない場合
　② 禁止期間を短縮することについて届出会社が書面で申し出た場合
但し、いずれの会社も同一企業結合集団内に属する場合は、届出が不要。届出会社及び相手会社の意思決定を示す文書等を添付することにより、株主総会の承認前に届出書を提出することも可能。
また、特段の事情がある場合には、株主総会の承認前に届出書を提出することも可能。

271

5 吸収分割

枠内のイベントは同時進行

主なイベント	日程	承継会社	分割会社
会社分割に関する基本的事項の決議（取締役会）		取締役会決議	取締役会決議
適時開示・法定開示（臨時報告書）	決議後、直ちに	適時開示　上場会社の場合、原則必要 臨時報告書など　有価証券報告書提出会社で一定の場合に必要	
分割事業及び資産・負債等の決定		協議	協議
分割契約書の作成		協議	協議
分割契約書の承認（取締役会）・締結		取締役会の承認	取締役会の承認
事前開示事項の措置		必要（※2）	必要（※2）
株主総会招集通知	公開会社：総会の日の2週間前 非公開会社：総会の日の1週間前	必要（※3）	必要（※3）
分割契約の承認（株主総会）	効力発生の日の前日まで	株主総会特別決議 （会社法795①）（※4）	株主総会特別決議 （会社法783①）（※5）
労働者への事前協議 （労働契約の承継に関する）	（※1）		必要
労働者等への通知	（※1）		必要
労働者の異議申述	通知がなされた日から少なくとも13日間		必要
債権者保護手続	効力発生日の最低1ヶ月前	必要（※6）	必要（※6）
反対株主に対し、株式買取請求のための通知、公告	効力発生日の20日前まで	必要（※7）	株主に対する通知、公告
公正取引委員会への届出・受理	会社分割の30日前まで	必要	必要
効力発生日			
吸収分割の登記	効力発生日から2週間以内	必要	必要
事後開示事項の措置	効力発生日から6ヶ月間	必要	必要

272

付録：ストラクチャー別法的手続

※1 分割承認の株主総会の2週間前の日の前日または株主総会が不要な場合は分割契約が締結された日から起算して2週間を経過する日まで(労働承継法)。
※2 契約備置開始日〜効力発生後6ヶ月を経過する日までの間。
※3 以下の定めがない場合は、本店にて事前開示事項を備置。
① 株主総会を欠席した株主の全員の同意がある場合は、招集の手続きを省略できる。
② 株主総会を欠席した株主が書面によって議決権を行使できる場合
③ 株主総会を欠席した株主が電磁的方法によって議決権を行使できる場合
※4 交付する財産の金額が純資産の5分の1を超えない場合は、簡易分割に該当し株主総会決議を省略することができる(会社法796③)。
また、分割会社が承継会社の90%以上の議決権を保有している場合は、略式分割に該当し株主総会決議を省略することができる。
但し、以下に該当する場合は株主総会決議を省略することができない。
① (債務超過分割の会社分割の場合)(会社法796③但書)
② 反対株主が承継会社の総株式数の6分の1を超える場合
③ 承継会社が非公開会社で、譲渡制限株式を分割に割り当てる場合
※5 承継させる資産の帳簿価額の合計額が、分割会社の総資産額の5分の1 (20%) を超えない場合は、略式分割に該当し株主総会決議を省略することができる(会社法784③)。
また、承継会社が分割会社の90%以上の議決権を保有している場合は、略式分割に該当し株主総会決議を省略することができる。
※6 官報公告、かつ知れている債権者には、各別にこれを催告しなければならない。異議を述べることができる期間は、1ヶ月を下ることはできない(会社法789②、799②)。
なお、分割会社に債務の履行を請求できる債権者、不利益を被る恐れがないため、異議申し立てはできない。
但し、分割承継会社については、すべての債務者は不利益を被る恐れがあるため、異議申し立てができる。
※7 吸収分割をしようとする会社が以下に該当する場合は届出をしなければならない(独占禁止法15の2②、③)。
○分割会社 (全部承継) の国内売上高の合計額が200億円を超え、かつ承継会社の国内売上高が50億円を超える場合
○分割会社 (全部承継) の国内売上高の合計額が50億円を超え、かつ承継会社の国内売上高が200億円を超える場合
○分割会社 (重要部分承継) の分割対象部分にかかる国内売上高が100億円を超え、かつ承継会社にかかる国内売上高計額が50億円を超える場合
○分割会社 (重要部分承継) の分割対象部分にかかる国内売上高が30億円を超え、かつ承継会社にかかる国内売上高計額が200億円を超える場合
なお、以下の2つの要件を満たす場合は会社分割は禁止期間 (届出から30日間) を短縮することができる。
① 明らかに独占禁止法上問題がない場合
② 会社分割の禁止期間を短縮することについて届出会社が書面で申し出た場合
但し、いずれの会社も同一企業結合集団内に属する場合は、届出が不要。届出会社は、届出会社及び相手会社の意思決定を示す文書等を添付することにより、株主総会の承認前に届出前に届出書を提出することも可能。
また、特殊の事情がある場合には、届出書を提出することも可能。

273

6 株式交換

枠内のイベントは同時並行

主なイベント	日程	株式交換親会社	株式交換子会社
株式交換に関する基本的事項の決議（取締役会）		取締役会決議	取締役会決議
適時開示・法定開示（臨時報告書）	決議後、直ちに	適時開示 上場会社の場合、原則必要 臨時報告書など 有価証券報告書提出会社で一定の場合に必要	協議
株式交換契約書の作成		協議	
株式交換契約書の承認（取締役会）・締結		取締役会の承認	取締役会の承認
事前開示事項の備置		必要（※1）	必要（※1）
株主総会招集通知	公開会社：総会の日の2週間前 非公開会社：総会の日の1週間前	必要（※2）	必要（※2）
合併契約の承認（株主総会）	効力発生日の前日まで	株主総会特別決議（会社法795①）（※3）	株主総会特別決議（会社法783①）（※4）
債権者保護手続	効力発生日の最低1ヶ月前	一定の場合に必要（会社法795①）（※5）	一定の場合に必要
反対株主に対し、株式買取請求のための通知、公告	効力発生日の20日前まで	株主に対する通知、公告	株主に対する通知、公告
公正取引委員会への届出	株式を取得する日の30日前まで	必要（※6）	
効力発生日			
増資の登記	効力発生日から2週間以内	必要	必要
事後開示事項の備置	効力発生日から6ヶ月間	必要	必要

付録：ストラクチャー別法的手続

※1 契約備置開始日～効力発生後6ヶ月を経過するまでの間、本店にて事前開示事項を備置。
※2 以下の定めがない場合、株主総会の全員の同意がある場合は、招集の手続きを省略できる（会社法794①、782①）。
　① 株主総会を欠席した株主全員の書面による同意によって議決権を行使できる場合
　② 株主総会を欠席した株主が電磁的方法によって議決権を行使できる場合
※3 交付する財産の金額が純資産の5分の1を超えない場合は、簡易株式交換に該当し株主総会決議を省略することができる。
但し、株式交換親会社が非公開会社であり譲渡制限株式を割り当てている場合は、株主総会決議などにより、省略することができない（会社法784）。
※4 親会社が子会社の90％以上の議決権を保有している場合、略式株式交換に該当し、株主総会決議を省略することができる（会社法784①但書）。なお、この場合の株主総会決議は特殊決議による（会社法309③）。
但し、株式交換子会社が公開会社で、交換対価が譲渡制限株式である場合は、省略できない。
※5 債権者保護手続は原則不要。但し、子会社株主へ交付される合併の対価が、親会社の株式以外である場合などには、債権者保護手続が必要（会社法810①）。
なお、官報に公告、かつ知れている債権者には、各別にこれを催告しなければならず、異議を述べることができる期間は、1ヶ月を下ることはできない（会社法789、799）。
※6 株式取得者及びその企業結合集団の国内の国内売上高が200億円を超える（子会社の売上を含む）会社の株式を取得する場合、取得後の議決権保有割合が新たに20％または50％を超えることになる場合、公正取引委員会に事前に届出をしなければならない（独占禁止法10②、⑤）。
なお、以下の2つの要件を満たす場合は株式取得取得禁止期間（届出から30日間）を短縮する旨書面で申し出た場合
　① 明らかに独占禁止法上問題がない場合
　② 株式取得禁止期間を短縮することについて届出会社が書面で申し出た場合、届出は不要。
いずれの会社も同一企業結合集団に属するため、届出会社及び相手会社の意思決定を示す文書等を添付することにより、株主総会の承認前に届出書を提出することも可能。

275

7 事業譲渡

主なイベント	日程	事業譲受会社	事業譲渡会社
事業譲渡に関する基本的事項の決議（取締役会）		取締役会決議	取締役会決議
適時開示・法定開示（臨時報告書）	決議後、直ちに	適時開示 臨時報告書・有価証券報告書	適時開示 上場会社の場合、原則必要 有価証券報告書提出会社で一定の場合に必要
引継事業及び資産・負債等の確定		協議により個別に確定	
移転させる債務に対応する債権者の同意		必要	必要
従業員の同意		協議	
事業譲渡契約（仮契約）の締結			
事業譲受承認株主総会開催決議（取締役会）		取締役会決議（※1）	取締役会決議
株主総会招集通知	公開会社：総会の日の2週間前 非公開会社：総会の日の1週間前	必要（※2）	必要（※2）
事業譲渡契約の承認（株主総会）		株主総会特別決議（※1）	株主総会特別決議（※4）
公正取引委員会への届出・受理	事業等を譲り受ける前の30日前まで	必要（※3）	
反対株主に対し、株式買取請求のための通知、公告	効力発生日の20日前まで		株主に対する通知、公告（※5）
効力発生日	効力発生日		

276

付録：ストラクチャー別法的手続

※1 事業の一部の譲受の場合、取締役会決議のみで意思決定可能となる。
但し、譲受の対価として交付する財産の帳簿価格が譲受会社の純資産の5分の1（20%）を超える場合は、特別決議が必要となる（会社法467①）。
譲受決議を省略できる（会社法468②）。また、譲渡会社の議決権の90%以上を有している場合は、略式事業受に該当し、株主総会決議を省略できる。

※2 以下の定めがない場合は、株主の同意の全員が書面によって議決権を行使できる場合
① 株主総会を欠席した株主が書面によって議決権を行使できる場合
② 株主総会を欠席した株主が電磁的方法により議決権を行使できる場合

※3 国内売上高の合計額が200億円を超える場合は、事業等の譲渡の届出を行わなければならない（独占禁止法16②）。
場合は、以下の2つの要件を満たす場合は事業等の譲受の禁止期間（届出から30日間）を短縮することができる。
① 明らかに独占禁止法上問題がない場合
② 事業等の譲受禁止期間を短縮することにより相手会社の意思決定を示す文書を添付する文書等を添えて提出する場合
但し、いずれの会社も同一の企業結合集団に属する場合は、届出会社及び届出会社の意思決定を示す文書を添付することにより、株主総会の承認前に届出書を提出することとなり届出は不要。
また、特段の事情がある場合には、届出会社も同一の企業結合集団を短縮することも可能。

※4 事業の全部の譲渡や重要な一部の譲渡の場合、原則として、株主総会特別決議が必要となる。
但し、定款で特段の定めがなく、株主総会の承認を省略する資産の、譲渡する資産の帳簿価額が、譲渡株式会社の総資産額の5分の1（20%）を超えない場合であれば、簡易事業譲渡制度により、株主総会決議を省略できる（会社法467①）。

※5 以下の場合を除き、株主へ事業譲渡・事業の全部の譲渡（他の会社のすべての事業）をする旨を通知または公告する必要がある。簡易事
① 譲渡会社が、全ての事業を譲渡しかつ会社の解散を株主総会で決議した場合
② 簡易事業譲渡の場合
なお、簡易事業譲受の場合、株主の買取請求権が認められるため、通知または公告が必要となる。
原則、通知が必要であるが、公開会社である場合、公開会社で決議した場合、事業譲渡・譲受を株主総会で決議した場合は、公告によることができる。

277

【執筆者紹介】（五十音順）
奥山　　大（公認会計士）
加茂　雄一（公認会計士）
近藤　　弘（公認会計士）
下川　高史（公認会計士）
杉江　俊志（公認会計士）
堤　　　康（公認会計士）
古市　岳久（公認会計士）
山田　勝也（公認会計士）

【編者紹介】
太陽ＡＳＧ有限責任監査法人
Grant Thornton International メンバーファーム
〈所在地〉
　東京事務所：〒107-0052　東京都港区赤坂8－1－22　赤坂王子ビル5階
　（本　部）　TEL（03）5474-0111　FAX（03）5474-0112
　大阪事務所：〒530-0015　大阪府大阪市北区中崎西2－4－12　梅田センタービル25階
　　　　　　　TEL（06）6373-3030　FAX（06）6373-3303
　名古屋事務所：〒450-0002　愛知県名古屋市中村区名駅4－6－23　第三堀内ビル7階
　　　　　　　TEL（052）569-5605　FAX（052）569-5606
　北陸事務所：〒920-0031　石川県金沢市広岡1－1－18　伊藤忠金沢ビル6階
　　　　　　　TEL（076）231-3270　FAX（076）263-9181
〈URL〉http://www.gtjapan.or.jp/
〈沿　革〉
　1971年9月　　太陽監査法人設立
　1985年9月　　元監査法人設立
　1991年4月　　アクタス監査法人設立
　1994年10月　 グラント・ソントン　インターナショナル加盟
　1999年4月　　元監査法人とアクタス監査法人が合併しアクタス元監査法人となる
　2001年7月　　エーエスジー監査法人に社名変更（2003年2月よりASG監査法人）
　2006年1月　　太陽監査法人とASG監査法人が合併し太陽ASG監査法人となる
　2008年7月　　有限責任組織形態に移行　太陽ASG有限責任監査法人となる
　2012年7月　　永昌監査法人と合併
〈業務概要〉
　当法人は，会社法や金融商品取引法，私立学校法人等に基づく会計監査を主な業務としており，この他にも，株式公開準備会社の会計監査や業務支援，J-SOX対応のための業務支援及びM&Aにおける財務デュー・ディリジェンス業務及び株式価値算定業務等に多くの実績がある。また，グラントソントン太陽ASG税理士法人，グラントソントン太陽ASG㈱，㈱太陽ASGアドバイザリーサービス，グラントソントン・マスターズトラスト㈱を加えた太陽ASGグループ5社は，世界6大会計事務所のひとつ Grant Thornton の日本メンバーとして，会計業務，国内外税務，経営および財務コンサルティング業務をトータルなサービスとして提供している。

編者との契約により検印省略

平成24年10月30日　初版第1刷発行

M&A・組織再編
ストラクチャー別会計・税務のポイント

編　者	太陽ASG有限責任監査法人
発行者	大　坪　嘉　春
印刷所	税経印刷株式会社
製本所	株式会社　三森製本所

発行所　〒161-0033　東京都新宿区下落合2丁目5番13号　株式会社 税務経理協会

振　替　00190-2-187408
ＦＡＸ　(03)3565-3391
電話　(03)3953-3301（編集部）
　　　(03)3953-3325（営業部）
URL　http://www.zeikei.co.jp/
乱丁・落丁の場合は、お取替えいたします。

© 太陽ASG有限責任監査法人 2012　　　　　　　Printed in Japan

本書を無断で複写複製（コピー）することは、著作権法上の例外を除き、禁じられています。
本書をコピーされる場合は、事前に日本複製権センター（ＪＲＲＣ）の許諾を受けてください。
JRRC〈http://www.jrrc.or.jp　eメール：info@jrrc.or.jp　電話：03-3401-2382〉

ISBN978-4-419-05850-0　C3034